beck **I**sche
reihe

W0056308

b^{sr}

«Wissen ist Macht.» Dies erfährt der junge, hochbegabte Jens Seiler, als er, mit einer Gehbehinderung zur Welt gekommen, lange Jahre seiner Kindheit und Jugend im Krankenhaus verbringen muss. Die viele freie Zeit nutzt er nämlich dazu, sich ein immenses Wissen anzueignen, mit dem er seine Mitwelt rasch beeindrucken kann. Heute ist Jens Seiler, in der Öffentlichkeit unter dem Namen «Jens der Denker» bekannt, mehrfacher Weltrekordhalter der Gedächtniskunst und im Schnellrechnen. In diesem Buch verrät er die Techniken, mit denen er zu «Deutschlands schlauestem Mann» (RTL) wurde.

Zu wissen, wie man lernt, ist der Schlüssel zu mehr Erfolg und Lebensqualität. Dieses leicht lesbare Buch gibt Ihnen das Werkzeug dazu an die Hand.

Jens Seiler, geboren 1966, arbeitet als Gedächtnistrainer. Mit seiner Bühnenshow war er bisher in 27 Ländern, darunter auf dem Weltwirtschaftsgipfel in Davos, sowie in verschiedenen Fernsehsendungen, darunter der RTL Samstagabendshow «Unglaublich», zu Gast. In der Reihe C. H. Beck Kompakt sind von ihm erschienen: *Gedächtnistraining* (2009) und *Schneller lesen* (2009).

Buchen Sie *Jens den Denker* alias Jens Seiler und sein «Gedanken-Varieté», die Show der Gedächtnisleistungen und des Schnellrechnens. Mit seiner charmanten Partnerin Sandra La Cognata unterhält er sein Publikum mit verblüffenden Rechentricks und atemberaubenden Gedächtnisleistungen. So wettet er darauf, schneller rechnen zu können als ein vom Publikum bedienter Taschenrechner, und führt vor, dass er das Telefonbuch des jeweiligen Auftrittsorts auswendig gelernt hat.

Jens Seiler

Der große Gehirntrainer

**Besser lernen,
schneller denken,
mehr behalten**

**mit dem Gedächtniskünstler
und Weltrekordhalter**

Verlag C.H.Beck

Originalausgabe

© Verlag C.H.Beck oHG, München 2011
Satz, Druck u. Bindung: Druckerei C.H.Beck, Nördlingen
Umschlaggestaltung: malsyteufel, Willich
Autorenfoto: © Jens Seiler
Printed in Germany
ISBN 978 3 406 61719 5

www.beck.de

Inhalt

Vorwort

Hallo, mein Name ist Jens der Denker.

1966 wurde ich als Jens Seiler geboren. Die ersten Worte, die meine Eltern nach meiner Geburt zu hören bekamen, waren: «Der Junge wird niemals laufen können.» Meine beiden Füße waren nach hinten gedreht. Bis zu meinem 16. Lebensjahr verbrachte ich einen Großteil meiner Zeit in Krankenhäusern. Mehrmals wurden mir dort beide Beine gebrochen und peu à peu gerichtet. Insgesamt wurde ich alleine an den Beinen 28-mal operiert.

Aufgrund dieser Behinderung war ich während meiner Jugend mehr im Krankenhaus als daheim bei meinen Eltern. Zu dieser Zeit gab es in einem Krankenzimmer keinen Fernseher, an Computer war überhaupt noch nicht zu denken. Selbst die Besuchszeiten waren streng reglementiert, so dass ich viel freie Zeit hatte.

Statt zu toben oder mit Gleichaltrigen zu spielen, trainierte ich meinen Kopf und beeindruckte schnell mit Wissen. Heute bin ich vierfacher Weltrekordhalter der Gedächtniskunst und im Schnellrechnen. Unter anderem habe ich alle bisher erschienenen 101 100 Fragen und Antworten des Spieleklassikers *Trivial Pursuit* sowie die komplette 30-bändige Brockhaus-Enzyklopädie auswendig gelernt.

Heute weiß ich: Wissen ist Macht.

Die Macht des Wissens liegt in der Fähigkeit, Informationen und Zusammenhänge aufzunehmen, zu begreifen, zu speichern, zu erinnern und sie bei Bedarf zu kommunizieren. Und hin und wieder gelingt es, etwas Neues daraus zu schaffen.

Der Schlüssel zu dieser Macht liegt darin, zu lernen, wie man lernt. Meine Antwort auf diese Frage lernen Sie in diesem Buch kennen. In Kurzform lautet sie: mit mentaler Fitness.

Mentale Fitness entsteht durch die Kombination der wichtigsten Hirntätigkeiten. Abgesehen von einer enormen Zeitersparnis steigern Sie dadurch Ihr Auffassungsvermögen, Ihre Allgemeinbildung und verbessern nicht zuletzt Ihren IQ.

Regelmäßig halte ich an Schulen Vorträge zum Thema Lernen und stelle immer wieder fest, dass dort das Lernen nicht gelehrt wird.

Es fängt schon damit an, dass die wenigsten Schüler und leider auch zu wenige Lehrer wissen, wie man Wissenswertes ausfindig macht. Die gängige Meinung lautet, man müsse einfach nur googeln. Meistens landet man dann bei Wikipedia. Nichts gegen Wikipedia – ich schreibe selbst zeitweilig an manchen Artikeln mit –, aber wer sich mit dem erstbesten Artikel zufriedengibt oder nur bei Wikipedia nachschaut, hat nicht richtig recherchiert. Als man zum Recherchieren noch in die Bibliothek ging, haben wir uns auch nicht mit dem Nachschlagen in einem einzigen Buch begnügt. Und das aus gutem Grund. Im Kapitel «Gründlicher recherchieren – mit System» erläutere ich, wie Sie durch kluges Recherchieren Ihre Allgemeinbildung erweitern können.

Der leichte und schnelle Zugriff auf Online-Datenbanken und dergleichen lässt uns bequem werden. «Warum soll ich mir noch etwas merken? Ich weiß doch, wo es steht.» Meine Antwort lautet: «Unser Gehirn ist trainierbar wie ein Muskel. Es nicht zu beanspruchen heißt, es verkümmern zu lassen.» Im Kapitel «Mehr behalten – mit Mnemotechnik» gebe ich Ihnen meine Methoden weiter, mit denen ich mir große Datenmengen schnell merken, Wissensnetze aufbauen und über sie verfügen kann.

Lernen muss strukturiert sein. Unser Gehirn verfügt über solche Strukturen. Doch nur die wenigsten sind in der Lage, diese Strukturen zu Papier zu bringen oder in Gesprächen anzuwenden. Mit dem Kapitel «Schneller denken – mit MindMaps» lernen Sie, diesem Problem Herr zu werden.

Und wenn Sie einmal erkannt haben, wie Sie am besten lernen können, werden Sie garantiert über viele weitere Dinge Bescheid wissen wollen. Im Kapitel «Intelligenter lesen – mit Speed Reading» zeige ich Ihnen auf, wie Sie sich diesen Wunsch erfüllen können, ohne viel Zeit in die Lektüre zu investieren. Geht es Ihnen anschließend wie mir und das Anhäufen und regelmäßige Anwenden von Wissen ist zu Ihrer Lieblingsbeschäftigung geworden, können Sie mit dem Abschlusskapitel «Die hohe Schule des Fotolesens» über sich hinauswachsen und in punkto Geschwindigkeit noch etwas draufsetzen.

Und der Lohn für Ihre Mühe? Am Ende des Buches angekommen, verfügen auch Sie über einen hohen Grad an mentaler Fitness – und vielleicht über eine neue Lieblingsbeschäftigung.

Aus Jens Seiler wurde Jens der Denker – und aus Ihnen?

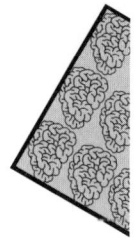

Kapitel 1

Die Basis: Unser Gehirn

Mentale Fitness entsteht aus einer Kombination der wichtigsten Hirntätigkeiten. Aber was passiert im Gehirn, wenn wir lernen? Und wie können wir so lernen, dass wir unsere Fähigkeiten und Strukturen optimal nutzen? Bevor wir zu den Lerntechniken kommen, möchte ich Sie zu einem kleinen Spaziergang in die Welt zwischen unseren Ohren, das faszinierende Reich des Gehirns, einladen.

Das Gehirn ist das Zentrum all unserer Sinnesempfindungen und Willkürhandlungen, Sitz des Bewusstseins, des Gedächtnisses und aller geistigen und seelischen Leistungen – kurz: Es ist vermutlich die komplexeste Struktur des Universums.

1,3 Kilogramm wiegt das Gehirn eines Erwachsenen im Schnitt. Das entspricht bei den meisten gerade mal zwei Prozent des Körpergewichtes. Dennoch benötigt es zwanzig Prozent unserer gesamten Energie. Und es verbraucht sogar etwa fünfzig Prozent der in das Blut freigesetzten Glukose.

Es gibt eine ganze Menge Rätsel, die uns unser Gehirn aufgibt, vieles, was wir noch nicht wissen. Und die Daten, die wir über das Gehirn erhalten, sind unvorstellbar. 5,8 Millionen Kilometer Nervenbahnen sollen in einem Gehirn vorhanden sein, das entspräche der Länge von 145 Erdumfängen. Die Nervenbahnen setzen sich aus wenigstens einer Milliarde Gehirnzellen zusammen, die untereinander Trillionen von Verknüpfungen eingehen.

Dabei fängt alles ganz klein an. Einer der bekanntesten Vierzeiler des Komikers Heinz Erhardt geht so:

Das Leben kommt auf alle Fälle
aus einer Zelle.
Doch manchmal endet's auch bei Strolchen
in einer solchen.

In der Tat entsteht das Gehirn wenige Stunden nach der Befruchtung aus einer gerade einmal 0,1 mm großen Eizelle. Trotz der Sandkorngröße spreche ich gern von einem Bio-Hightech-Labor der Superlative. Schon in diesem Stadium enthält es 20 000 bis 25 000 Gene, die wir uns wie verschlüsselte Pläne vorstellen können, auf denen die Entwicklung des Lebewesens vorgezeichnet ist.

Wenn wir von verschlüsselten oder codierten Plänen sprechen, impliziert das auch, dass diese decodiert werden, um all unsere Merkmale aufzuschlüsseln. Kaum vorzustellen, dass hierbei Milliarden an Codes zu knacken sind. Diese Aufgabe übernehmen vielfältige Eiweißformen, die Ribosomen.

Wenn das Gehirn entsteht, entwickelt sich zuerst ein winziges Rohr aus Nervenzellen oder Neuronen, welches sich zunächst aus drei Bläschen zusammensetzt. Aus diesen Bläschen bilden sich das Vorderhirn, das Mittelhirn sowie das Hinterhirn.

Das Vorderhirn wird oft auch als Großhirn bezeichnet. Es stellt die Voraussetzung für die geistig-seelische Leistungsfähigkeit unseres Gehirns dar. Das Vorderhirn ist von der Großhirnrinde umgeben, in dem die Informationen des zentralen Nervensystems zusammenlaufen, und ermöglicht uns, zu organisieren, zu erinnern, zu verstehen, zu kommunizieren und kreativ zu sein.

Das Mittelhirn schließt sich nach hinten an das Zwischenhirn an und enthält eine Reihe wichtiger Kerngebiete. Durch diesen Gehirnteil laufen alle auf- und absteigenden Nervenbahnen. Ihm schließt sich das Hinterhirn an, das mit dem verlängerten Mark in das Rückenmark übergeht.

Das Hinterhirn besteht aus dem Kleinhirn sowie der Brücke. Das Kleinhirn ist ein selbstständiger Hirnteil, der die Aufgabe hat, bei allen Bewegungen durch entsprechende Muskelkoordination das Gleichgewicht zu erhalten. Für diese Leistung ist es im sogenannten Nebenschluss mit allen sensiblen und motorischen Nervenbahnen verbunden und bildet vor allem den Integrationsort des Gleichgewichtsorganes. Über die Brücke empfängt es außerdem die motorischen Bewegungsimpulse aus der Großhirnrinde. Auf diese Weise wird das Kleinhirn in die Lage versetzt, die für bestimmte Bewegungsmuster notwendige Muskelkoordination automatisch durchzuführen.

Neuronen

Parallel zur Entwicklung der wichtigsten Hirnbereiche kommt es im Neuralrohr zur Neurogenese, es entstehen also Neuronen. Und das geschieht rasend schnell. Pro Minute werden auch in der ersten Zeit nach der Geburt noch etwa 250 000 Neuronen produziert, in manchen Quellen ist sogar von 500 000 Neuronen die Rede.

Hauptaufgabe unserer Neuronen ist die Kommunikation. Welche Neuronen wann und wo und in welcher Form miteinander kommunizieren, beeinflusst unsere Gefühle und bestimmt maßgeblich über unsere Erfolge oder Misserfolge, unsere Entwicklung und Handlungen.

Was für ein Meister der Kommunikation unser Gehirn ist, zeigt das Arbeitspensum der Neuronen. Bis zu unserer Geburt baut eine Nervenzelle einige Tausend Kontakte auf. Bestehen die Kontakte erst einmal, ändert sich die Anzahl der Neuronen nicht mehr, ihre Verbindungen untereinander hingegen schon.

Aufbau eines Neurons

Ein Neuron besteht aus einem Zellkörper, Dendriten und Nervenfasern.

Die Faser, das Axon, leitet die Signale vom Zellkörper, der vor allem den Stoffwechselprozessen der Nervenzellen dient, zu den Synapsen. Der Zellkörper ist von Dendriten umgeben. Dendrite sind baumartige Verzweigungen, an deren Enden sich Kotaktstellen, die Synapsen, befinden. Die Synapsen übertragen schließlich die Signale auf die nächsten Zellen.

Das Weiterleiten der Informationen in den Neuronen geschieht über elektrische Impulse. Erst wenn die Information am Axon angelangt ist, erfolgt die Weiterleitung von einer Synapse auf die nächste Zelle mittels chemischer Stoffe, der sogenannten Neurotransmitter. Hierbei spaltet sich die Synapse in kleinere Äste auf, die sie mit anderen Zellen verbindet.

Die Äste an den Synapsen sind für die Stärke der Verbindung zur nächsten Zelle verantwortlich. Sind viele Äste vorhanden, ist die Verbindung stark, nur schwach erregt wird die Empfängerzelle hingegen, wenn die übertragende Synapse lediglich über wenige Äste verfügt.

Durch Lernen kann jeder das Übertragen von Informationen an den Synapsen stärken. Die häufige Wiederholung von Lernprozessen führt zur Verstärkung der Synapsen am Ende dieser Neuronen. Die Anzahl ihrer Verzweigungen steigt.

Die Umkehrung gilt aber genauso. Lassen wir etwas schon Gelerntes oder Erfahrenes in unserer Erinnerung verkümmern, bilden sich die Verzweigungen zurück. Die Übertragung der Informationen lässt an Geschwindigkeit und Intensität nach.

Ich denke gerne in Bildern. Um mir die Auswirkungen des Lernens im Gehirn vorstellen zu können, rufe ich mir eine riesige frisch beschneite Fläche vor das innere Auge. Um an eine Information zu gelangen, muss ich diese Fläche vom einem zum anderen Ende überqueren. Mit jedem Schritt sinke ich ein, komme nur mühsam und schnaufend voran. Wenn ich diesen Weg zum zweiten Mal gehe, kann ich bereits meine Spuren nutzen, komme schon etwas schneller voran und brauche vor allem weniger Energie. Nachdem ich ein paar Mal hin- und hergelaufen bin, habe ich bereits einen Trampelpfad geschaffen, gelange fast ohne Anstrengung und schnell zur gewünschten Information. In der Zwischenzeit haben auch andere die Fläche betreten. Durch sie entstehen Verzweigungen in alle möglichen Richtungen, über die ich mir viele Informationen auf einmal einholen kann.

Nur in den seltensten Fällen geben die einzelnen Neuronen die empfangenen Impulse auf direktem Wege weiter. Das hat einen guten Grund: Durch die Fähigkeit, verschiedene Verbindungen – und das sogar parallel – zu nutzen, verfügen die Gehirnzellen über eine hohe Flexibilität. Wäre dies nicht der Fall, würden wir ohne Rücksicht auf äußere Einflüsse stets dasselbe empfinden.

Kennen Sie die begehbaren Kühlräume in Großmärkten, in denen man Fisch und Fleisch kaufen kann? In «meinem» Markt sind es hier konstant 12 °C. Doch im Sommer fröstelt es mich, während ich mich im Winter dort aufwärmen kann. Die Neuronen sorgen dafür, dass wir uns an Hitze und Kälte gewöhnen – und daher 12 °C einmal als kalt und einmal als warm empfinden.

Mehr noch: Neuronen passen sich zu jeder Zeit den Gegebenheiten und Veränderungen unseres Lebens an. Es werden also genau die Fertigkeiten und Fähigkeiten entwickelt, die für unseren ganz individuellen Lebensraum wichtig und vorteilhaft sind. Auf diese Weise sind alle äußeren Signale, die auf uns einwirken, dafür verantwortlich, welche Kontakte die Neuronen miteinander eingehen. Aber wir können auch aktiv Einfluss darauf nehmen, welchen Reizen wir uns aussetzen. Und das ist mein Credo: Wir sind nicht vorprogrammiert. Natürlich gibt es ein paar feste Koordinaten wie die Körpergröße oder die Augenfarbe. Aber wir haben es zum größten Teil selbst in der Hand, wie wir unsere Fähigkeiten und uns selbst entwickeln. Auch Persönlichkeit und Intelligenz sind keine feststehenden Tatsachen, sondern einer Entwicklung unterworfen und veränderbar.

Und man kann einiges tun, um ein Kind in einer anregenden Atmosphäre aufwachsen zu lassen.

Die Entwicklung des Gehirns von der Kindheit bis zum Erwachsenenalter

Das Gehirn des Babys

Wenn ein Kind geboren wird, sind die Nervenzellen in seinem Gehirn bereits vollständig vorhanden. Lediglich die Verbindungen der einzelnen Nervenzellen untereinander, die Synapsen, fehlen dem Säugling noch. Sie entstehen nach und nach durch die individuellen Erfahrungen, die das Kind macht, und das, was ihm, zuerst meist von den Eltern, beigebracht wird.

Meine Eltern hatten mich von Anfang an darin unterstützt, meine Potenziale so gut wie möglich zu nutzen. Als sie bei meiner Geburt erfuhren, dass ich lange Zeit in Krankenhäusern zubringen müsste, und klar wurde, dass ich daher zunächst wenige soziale Kontakte haben würde, setzten sie sich stundenlang an mein Bett und redeten mit mir.

Mit «reden» meine ich reden. Ich würde Eltern immer empfehlen, auf die Babylaute und auf das Lächeln des Säuglings mit Sprache zu reagieren. Der Säugling verlangt in diesem Moment Wortlaute zum Aufbau des Lautmusters.

Jens der Denker rät

Sprechen Sie ganz normal mit Ihrem Kind! Eine Unterhaltung in der Babysprache macht zwar beiden Seiten Spaß und ist für die Selbstwahrnehmung des Kindes und die Eltern-Kind-Bindung wichtig, sollte aber nicht die einzige Form der Kommunikation darstellen. Auf Dauer fehlt dem Baby sonst die Anregung, die für seine Entwicklung notwendig ist.

Ich erinnere auch, dass meine Eltern schon sehr früh mit mir Bilderbücher angesehen und mir viel vorgelesen haben. Auch dafür bin ich ihnen dankbar. Denn das Lesen wird ein Leben lang die Grundlage von Bildung bleiben. Auch wenn das Baby noch nicht versteht, was Sie ihm erzählen, schnappen Sie sich ein Bilderbuch und erklären Sie ihm die Bilder. «Das ist ein Auto» – hier kann ein Brummgeräusch zusätzlich unterstützen –, und fügen Sie am besten noch einen Gedanken hinzu – «das fährt bestimmt in die Stadt.»

Meine Eltern erzählten mir später, wie viel Spaß es ihnen gemacht habe, beim Lesen in unterschiedliche Rollen zu schlüpfen. Das kann im Dunkeln oder mit Hilfe einer Handpuppe zu einem richtigen Schauspiel werden. Sie werden selbst begeistert sein, wie sehr Ihr Kind auf diese Anregungen reagiert.

Wenn ich mir heute Bilder von meinem ersten Kinderzimmer anschaue, fällt mir auf, wie wenig es bei mir früher wie ein übliches Kinderzimmer aussah. Meine Eltern sagten mir, dass das nichts damit zu tun hatte, dass ich so oft nicht zu Hause sein konnte. Sie wollten das Zimmer einzig und allein anregend und motivierend einrichten. Und sie waren der Meinung, dass Sandmännchentapeten, bunte Kinderlampen und Flugzeug-Mobiles die Entwicklung eines Kindes nicht fördern würden. Und damit hatten sie Recht.

Jens der Denker rät

Tapezieren Sie das Kinderzimmer mit weißen Tapeten, hängen Sie komplexe Bilder von Bauten, Städten usw. auf. Tauschen Sie diese zwischendurch einmal gegen Konstruktionspläne oder andere schematische Darstellungen aus. Auch Bilder von Menschen in verschiedenen sozialen Situationen wecken Interesse.

Besorgen Sie ein stabiles Mobile, mit welchem Ihr Kind spielen kann, ohne dass es gleich zerbricht. Das fördert den Tastsinn und lässt Ihr Kind Bewegungsabläufe entdecken.

Bei der Musik gilt im Prinzip das Gleiche.

Jens der Denker rät
Haben Sie keine Angst, das Kind zu langweilen oder zu überfordern. Kinderlieder dürfen es zwar auch mal sein, aber lassen Sie Mozart und Co. nicht außen vor. Komplexe Musikstücke sollen für die Entwicklung des Gehirns sehr förderlich sein.

Das Gehirn des Kleinkindes

Kleinkinder sind süchtig danach zu lernen. Mit Neugier und Begeisterungsfähigkeit nehmen sie jede neue Information, jeden Eindruck, jeden Reiz auf und lassen sich dabei kaum unterkriegen.

Wenn ein Erwachsener etwas Besonderes lernen möchte und zwei-, dreimal scheitert, gibt er schnell auf. Er ist frustriert, Denkblockaden setzen ein: «Das kann ich nicht.» Ein Kind hat solche Blockaden glücklicherweise noch nicht. Es übt, es versucht, es scheitert, es versucht weiter. Denn nur so kommt es voran und erforscht seine Welt.

Damit es das tun kann, ist es auf Eltern und andere Bezugspersonen angewiesen, die sich die Zeit nehmen, die Fragen der Kinder zu beantworten. Genervte Bemerkungen wie «Was redest du da für einen Quatsch. Iss lieber!» sind nicht geeignet, die Neugier und Begeisterungsfähigkeit des Kindes zu unterstützen.

Fördern Sie Ihr Kind, geben Sie ihm «die Erlaubnis», zu denken, Fragen zu stellen, etwas auszuprobieren. Sie können dem Kind Ihre Freude über seine Gedanken zeigen – auch wenn die kindlichen Ideen auf den ersten Blick merkwürdig erscheinen.

Einmal hatte ich meiner Mutter beim Aufstehen gesagt, die Sonnenstrahlen kitzelten mir in der Nase. Sie ist nicht darüber hinweggegangen, sondern hat mir erklärt, dass die Sonne nur morgens durch dieses Fenster scheint, sich die Erde dreht und es so aussieht, als ob die Sonne weiterwandert. Hätte ich dann eines Tages mehr wissen wollen, hätte sie eine gute Gelegenheit gehabt, mir mehr über das Thema zu erzählen. Anknüpfungspunkte für eine maßgeschneiderte Wissensvermittlung ergeben sich täglich: Beim Zähneputzen bietet sich der Wasserkreislauf an, beim Frühstücken das Brotbacken, beim Spazierengehen die Verkehrsregeln.

Aber es geht nicht darum, an Ihrem Kind den bekannten Nürnberger Trichter anzusetzen und ihm endlose Vorträge zu halten. Lassen Sie ihm Zeit zur Reaktion, zum Nachdenken und Nachfragen.

Bieten Sie Ihrem Kind Alltagsgegenstände zum Spielen an: Zirkeltraining im Wohnzimmer, lassen Sie es eine möglichst lange Schale aus einer Orange schälen, bauen Sie zusammen Burgen, Türme oder Autos aus Eierkartons. Gemeinsam mit Ihrem Kind fällt Ihnen bestimmt etwas ein. Bald wird es von sich aus immer weitere neue Eindrücke, mehr Informationen und fantasievolle Erlebnisse einfordern. Und das ist richtig, wichtig – und kein Wunder. Nach den heutigen Erkenntnissen der Hirnforschung lernt Ihr Kind in den ersten zehn Jahren am leichtesten und vor allem am meisten. Und je früher wir lernen, desto besser. Je später wir lernen, desto schwerer fällt es uns. Diese Frage spielt auch eine Rolle, wenn es darum geht, mit welchem Alter die Kinder eingeschult werden sollen.

Meine Eltern hatten sich gedacht, es wäre besser, mich aufgrund der vielen zu erwartenden Fehlzeiten in der Schule schon mit fünf Jahren einzuschulen. Prompt haben sie von allen Seiten immer wieder die gleichen Einwände zu hören bekommen: «Das kommt darauf an, wie weit das Kind ist. Wenn es noch so klein ist, kann es mit den älteren nicht mithalten.» Oder: «Ihr Kind bekommt noch früh genug den Leistungsdruck zu spüren. Es hat ein Anrecht auf seine Kindheit.»

Eltern, die auf diese Weise argumentieren, meinen natürlich, ihren Kindern einen Gefallen zu tun. Aber hat das Kind wirklich eine glücklichere Kindheit, wenn es ein paar Monate länger mittlerweile langweilig gewordene Spiele spielen muss, anstatt endlich lesen und schreiben zu lernen? Für mich wäre das wahnsinnig langweilig gewesen. Und fast alle Kinder interessieren sich schon mit fünf Jahren für das Lesen und Schreiben.

Zur Orientierung: Wenn Ihr Kind die folgenden – oder verwandte – Übungen beherrscht, sollte es beim sogenannten Schulreifetest keine Probleme haben. Dort muss es folgende Fähigkeiten nur nachweisen können und noch keinesfalls perfekt beherrschen:

- Körperbeherrschung (auf einem Fuß hüpfen und Ähnliches)
- Feinmotorik (korrektes Halten des Stiftes und Ähnliches)
- Wahrnehmung (Tastsinn usw.)
- Denkfähigkeit (Strukturen erkennen: Was ist auf diesem Bild falsch? usw.)
- Formelle Operationen (kleine Rechenaufgaben)
- Gedächtnis (*Memory* …)
- Sprache
- Soziales Verhalten

Nach einem Kindergartenbesuch sollte Ihr Kind auch im Alter von fünf Jahren diesen Test bestehen können.

Im Alter von sechs Jahren ist das Gehirn dann zu 90 Prozent ausgewachsen. Durch Verbesserung seiner Muttersprache in Wortschatz und Grammatik sowie durch das Erlernen einer Fremdsprache «vervollständigt» sich das Gehirn, bis es dann etwa im 21. Lebensjahr voll ausgereift ist.

Wieso Schule bremst

Das Lernen im Krankenhaus hatte auch Vorteile für mich. Mit einer normalen Schulausbildung wäre ich wohl nie der Gedächtniskünstler Jens der Denker geworden. Schule bremst. Das ist für mich ganz offensichtlich.

Kinder lernen noch vor der Schulzeit spielerisch. Das heißt nicht, dass sie «nur» das Spielen lernen. Im Gegenteil:

- Spielerisch begegnen sie der Mathematik: Sie können Süßigkeiten gerecht aufteilen, sie können mit ihren Fingern ihr Alter anzeigen und Treppenstufen zählen.
- Spielerisch begegnen sie dem Schreiben und Lesen: Sie erkennen Buchstabenfolgen in Bilderbüchern, können oftmals ihren Namen schreiben.

- Spielerisch entdecken sie die Natur: Sie beobachten Tiere, nehmen schiefe Ebenen, Kugeln und Quader wahr und lernen Naturgesetze wie das Hebelgesetz kennen.
- Spielerisch begegnen sie Sprachen: Unvoreingenommen gehen sie auf andere Sprachen und Kulturen zu. Diese produktive Neugierde und Unvoreingenommenheit sollten wir auch in unserem Schulsystem verankern.

Doch irgendwann kommen diese Kinder in die Schule. Und da sitzt dann auch der eine oder andere Schüler, der diese Erfahrungen nicht gemacht hat. Anstatt diese Kinder jetzt gesondert – besser schon im Kindergarten – zu fördern, zwingt unser Schulsystem alle anderen schon Wissenden, sich diesen Schülern anzupassen. Logischerweise kommt dann Langeweile auf, und die Folge ist: Motivationsverlust!

Als ich mir beim Betreuen der Hausaufgaben meiner Kinder die Übungsaufgaben der Grundschule angeschaut habe, war ich entsetzt. Ich war schon immer der Meinung, dass unser Gehirn in der Schule einseitig gefördert wird. Doch ich war immer dem Irrtum aufgesessen, dass dies erst im fünften Schuljahr beginnt, wenn musische und künstlerische Fächer immer mehr den logischen weichen müssen.

Doch das Dilemma beginnt schon im ersten Schuljahr: Lückentexte, vorgegebene Wörter bei Sortierspielen usw. Wie soll das die Kreativität, die kreative Intelligenz unserer Kinder fördern? Schon als Zweijährige erfinden unsere Kinder Kunstsprachen, in der Schule bekommen sie Wort für Wort vorgesetzt. Das ist meiner Meinung nach eine fatale Entwicklung.

Wie Eltern ihre Kinder unterstützen können

Um motiviert lernen zu können, sollten Schüler das Lernen weiterhin mit dem unmittelbar Erlebten verbinden können. Das motiviert. Und die Eltern können natürlich auch etwas tun.

Jens der Denker rät
Nutzen Sie doch Ihre Urlaubsreise, Ihren Stadtbummel, Ihre Parkspaziergänge dazu, das gerade Erlebte mit Informationen, mit Fragen und Nachdenken zu verbinden.
Lassen Sie sich Denkrituale einfallen – Kinder lieben Rituale.

Als meine Tochter vier Jahre alt war, fuhr ich regelmäßig mit ihr ins Elsass zum Einkaufen. Immer, wenn wir den Rhein überquert hatten, fiel uns etwas zum Erzählen ein:
- Das ist der Grenzfluss Rhein. Was genau ist eine Grenze? Kennst du noch mehr Grenzen? Ist eine Grenze immer ein Fluss?
- Oft fahren auf dem Rhein verschiedene Schiffstypen: Schiffe transportieren Güter, auf Schiffen kann man Urlaub machen, auf Schiffen kann man sogar leben.
- Manchmal befanden wir uns ganz bewusst in Frankreich: Wie heißt denn die Hauptstadt? Welche Städte kennst du noch? Wie heißt das Brot bei den Franzosen?

Anregungen für solche Spiele finden sich überall. Im Park sprachen wir über die verschiedenen Tiere und Pflanzen und über die ausländischen Kinder, die wir dort sahen, mit ihren verschiedenen Religionen und kulturellen Hintergründen.

Gehen Sie selbst mit offenen Augen durch die Welt und lassen Sie Ihr Kind an Ihrem Wissen teilhaben. So helfen Sie ihm dabei, Verknüpfungen herzustellen und das Wissensnetz auszubauen. Irgendwann kommt in der Schule eine Information, die genau zu diesem Punkt passt und viel leichter hängen bleibt, als wenn es sich noch nie mit diesen Dingen beschäftigt hätte. An Bestehendes anzuknüpfen ist immer leichter, als bei null zu beginnen. Das Kind ist motiviert, kann im Unterricht etwas beitragen, gar ergänzen.

Das Gehirn eines Erwachsenen

Erwachsene verfügen aufgrund der zahlreichen Erfahrungen, die sie über die Jahre hinweg gesammelt haben, über starke Synapsen an den Enden der Nervenzellen und entsprechend viele Verbindungen dieser Neuronen. Je mehr Verbindungen vorhanden sind, desto leichter fällt das Erlernen eines neuen Stoffes.

Ursprünglich als reine Beschäftigungsmaßnahme und als Gedächtnisübung gedacht, hatte ich mir im Krankenhaus selbst die Stenografie beigebracht. Bald konnte ich langsame Schlager mitschreiben. Aus dem Krankenhaus entlassen, lernte ich einen Spitzenschreiber der Stenografie kennen, der mir eine noch kürzere Art des Stenografierens beibrachte. Es fiel mir leicht, sie zu lernen, und bald konnte ich alle Lieder mitschreiben.

Das Erlernen der englischen Sprache war für mich nicht einfach. Ich lernte Vokabeln, lernte die Grammatik, hatte aber kaum Gelegenheit zu sprechen. Als ich in der Schule eine zweite Sprache lernen musste, tat ich mich schwer, sehr schwer.

Hätte ich im Krankenhaus einen Bettnachbarn gehabt, der nur Englisch gesprochen hätte, wäre mir das Erlernen einer weiteren Fremdsprache viel leichter gefallen, da ich schon starke Synapsen hätte nutzen können.

Mit zunehmendem Alter wird es schwieriger, neue Verbindungen zwischen den Neuronen aufzubauen und Neues hinzuzulernen. Aber wir können unser Gehirn trainieren wie einen Muskel. Mit gezieltem Training verbessern Sie nicht nur Ihr Gedächtnis, sondern Sie lernen, Ihr Gehirn richtig zu nutzen.

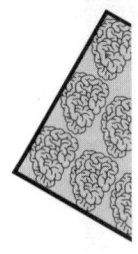

Kapitel 2

Lernen – aber wie?

Wie unser Gehirn funktioniert, wissen wir nun. In den weiteren Kapiteln zeige ich Ihnen auf, wie Sie alle Elemente des Gehirns effektiv nutzen können. Sie erfahren, wie Sie durch perfekte Organisation Ihrem Gehirn möglichst optimale Bedingungen schaffen, um sein Potenzial auszuschöpfen. Auf diese Weise sind Sie in der Lage, Unbeschreibliches zu leisten.

Aktivieren der Verknüpfungen (Synapsen)

Immer wenn wir etwas Neues lernen, werden die Verknüpfungen zwischen unseren Gehirnzellen stärker. Mehr noch: Lernen verschaltet große Gehirnregionen neu, Nervennetze organisieren sich je nach Bedarf grundlegend um.

Synapsenveränderung ermöglicht Erinnerung!

Die Eigenschaft von Synapsen, Nervenzellen oder ganzen Hirnarealen, sich in Abhängigkeit von ihrer Verwendung zu verändern, nennen Wissenschaftler neuronale Plastizität. Sie ist ein elementarer Mechanismus für Lern- und Gedächtnisprozesse. Wenn eine Nervenzelle eine weitere Nervenzelle dauerhaft und wiederholt anregt, wird die Signalübertragung dadurch effizienter. Die Nervenzellen kommunizieren mittels sogenannter Aktionspotenziale miteinander; das sind elektrische Impulse, die von der Sender- an die Empfängerzelle übermittelt werden. Treten diese Aktionspotenziale häufiger, schneller oder besser koordiniert auf, wird die Übertragung des Signals dauerhaft verstärkt. Der Mechanismus dieser Verstärkung wird als die Grundlage des Lernens betrachtet.

Als ich vor einiger Zeit Klavier zu spielen begann, meinte ich den Vorgang der Bildung neuer Synapsen förmlich am eigenen Leib zu verspüren. Mein Gehirn leistete doppelte Arbeit: Es koordinierte die Bewegungen der Finger mit dem entsprechenden Druck auf die richtige Taste und legte gleichzeitig die Nervenbahnen an, auf welchen das neu Erlernte gespeichert wurde.

Würde ich jetzt anfangen, ein weiteres Instrument zu erlernen, könnte ich dazu viele der Verknüpfungen nutzen, die durch das Klavierspielen geschaffen wurden. Das Lernen fiele mir leichter.

Jede Stunde des Lernens erleichtert das weitere Lernen!

Jens der Denker rät

Es lohnt sich, Neues zu lernen. Aus meiner Erfahrung als Seminarleiter weiß ich, dass viele Weiterbildung als etwas Lästiges betrachten, das sie möglichst schnell hinter sich bringen wollen. In diesem Fall lautet mein Rat: Über den Tellerrand schauen! Die Zeit, die ich in das Lernen von Neuem investiere, nutzt mein Gehirn dazu, neue Synapsen zu bilden.

Intensive Verknüpfungen zwischen den Gehirnzellen bleiben länger erhalten und verkümmern nicht so schnell. Je bewusster und konsequenter ich Neues lerne, desto sicherer habe ich den Lernstoff auch langfristig parat.

Der Umgang mit den drei Speichern

Unser Gehirn arbeitet mit drei verschiedenen Speichern: Ultrakurzzeitgedächtnis, Kurzzeitgedächtnis und Langzeitgedächtnis.

Egal, was, wie und mit welcher Methode wir lernen – alles landet zuerst im Ultrakurzzeitgedächtnis.

Das Ultrakurzzeitgedächtnis

Ohne Ultrakurzzeitgedächtnis würde unser Gehirn trotz all seiner Kapazität irgendwann überlaufen. Seine Funktion ist in erster Linie, unser Gehirn vor der Speicherung von Unwichtigem zu schützen. Erst wenn wir eine Information als wichtig und sinnvoll erachten, erfolgt eine Speicherung, und zwar im Kurzzeitgedächtnis.

Generell werden alle Informationen zwischen 0,1 und 20 Sekunden im Ultrakurzzeitgedächtnis festgehalten. In dieser Zeitspanne kommt es zu den notwendigen Reaktionen. Die Reaktionszeit nehmen wir nur unbewusst wahr, sie kann aber über Leben und Tod entscheiden. Denken Sie nur an zahlreiche Situationen im Straßenverkehr.

Jens der Denker rät

Für mich ist Allgemeinbildung sehr wichtig. Aus diesem Grund lerne ich stets so bewusst, dass die Lerninhalte nicht lediglich im Ultrakurzzeitgedächtnis verbleiben und dort schon nach wenigen Sekunden oder gar Millisekunden verblassen. Vielmehr sorge ich dafür, dass die Informationen auch wirklich gespeichert werden. Damit dies sicher und vor allem effizient geschieht, wiederhole ich jede noch so kleine neue Informationseinheit mindestens 20 Sekunden. Dabei versuche ich stets, Verbindungen mit bereits Erlerntem herzustellen. Wie Sie diesen wichtigen Schritt des Lernens organisiert durchführen können, erfahren Sie im Kapitel über «Mnemotechniken».

Das Kurzzeitgedächtnis

Wie wichtig der Vorgang des Filterns durch das Ultrakurzzeitgedächtnis ist, zeigt auch die Tatsache, dass das Kurzzeitgedächtnis durchschnittlich lediglich sieben Eindrücke über einige Sekunden oder wenige Minuten speichern kann. Aber auch das Kurzzeitgedächtnis filtert, hauptsächlich Sinneswahrnehmungen. Infolgedessen ist ein gutes Kurzzeitgedächtnis eine wesentliche Voraussetzung, um Informationen aufzunehmen und mit der Umwelt zu kommunizieren.

Im Gegensatz zum Ultrakurzzeitgedächtnis, das rein elektrisch funktioniert, speichert das Kurzzeitgedächtnis neue Informationen als chemische Prozesse ab. Diese Zeitspanne reicht für alltägliche Erledigungen, wie Telefonieren, Einkäufe machen, oder kurze Mitteilungen aus. Mehr noch: Haben wir ein bestimmtes Ereignis im Kurzzeitgedächtnis gespeichert, können wir noch nach drei bis vier Minuten darüber berichten.

Jens der Denker rät

Oft werde ich gefragt, wie ich mein Gedächtnis trainiere. In erster Linie halte ich mein Kurzzeitgedächtnis fit. Mein erster Tipp lautet stets: Anwenden! Wir müssen unser Gehirn als einen Muskel betrachten. Ohne Anwendung verkümmern Muskeln und Gedächtnis. Lernen Sie einfach mal wieder etwas auswendig, Gedichte zum Beispiel. Spielen Sie *Memory*, lösen Sie Sudokos. Ihr Gedächtnis wird es Ihnen danken.

Das Langzeitgedächtnis

Unser dritter Speicher ist das Langzeitgedächtnis. Hier wird alles abgelegt, was wir für lange Zeit, gar für immer behalten möchten. Wir speichern mehr im Langzeitgedächtnis ab, als uns bewusst ist. Aber selbst das bewusst Gemerkte scheint oftmals unauffindbar zu sein. Eine Ursache dafür ist der natürliche Prozess des Vergessens; eine andere, dass wir die Schlüsselworte, unter denen die entsprechende Information abgelegt ist, nicht mehr kennen.

Dem natürlichen Prozess des Vergessens können wir mit der regelmäßigen Nutzung unseres Gedächtnisses entgegenwirken. Um die Schlüsselwörter wiederzufinden, nutze ich die in diesem Buch ausführlich beschriebenen Mnemotechniken. Dabei verwende ich viel Fantasie darauf, neue Informationen mit bereits vorhandenem Wissen zu verknüpfen.

Jens der Denker rät

Das bewusste Abspeichern von Informationen gelingt am besten, wenn ich dabei meine sinnliche Vorstellungskraft einsetze. Möchte ich beispielsweise lernen, wie man in einer anderen Sprache «Ich öffne das Fenster» sagt, stelle ich mir sowohl auf Deutsch als auch in der jeweiligen Fremdsprache vor, wie ICH den Fenstergriff anfasse. Ich spüre, wie kalt er ist. Unmittelbar nach dem Öffnen des Fensters weht mir ein kühles Lüftchen durch die Haare. Ich beginne zu frösteln. Während jeder einzelnen dieser Vorstellungen spreche ich den Satz in der Fremdsprache laut aus.

Je mehr Assoziationen wir im Kopf zur Verfügung haben, je besser wir wissen, wie etwas funktioniert, schmeckt, riecht, aussieht, sich anfühlt usw., desto leichter fällt es uns, uns später daran zu erinnern.

Verschiedene Lerntypen

Der Prozess des Abspeicherns von neuen Informationen im Gehirn verläuft bei allen Menschen mehr oder weniger gleich. *Wie* wir etwas aufnehmen, lernen und abspeichern, hängt hingegen vom jeweiligen Lerntyp ab.

Man unterscheidet vier klassische Lerntypen: den visuellen, den auditiven, den haptischen und den motorischen. Es kommt zwar vor, dass beim Einzelnen ein Lernstil rein ausgeprägt ist (während alle anderen verkümmert sind), doch das ist äußerst selten der Fall, in der Regel bei autistischen Krankheitsbildern. Wir lernen nicht nur auf eine Art und Weise. Allenfalls ist ein Wahrnehmungskanal stärker ausgeprägt als die anderen.

In jüngster Zeit hat sich zudem eine Klassifizierung herausgebildet, die noch drei weitere Typen beschreibt. Zusätzlich werden der kommunikative, der personen- und der medienorientierte

Typ voneinander unterschieden. Diese Definition ist relevant geworden, weil sich, etwa durch die Entwicklung von Lernsoftware, neue Formen des Wissenserwerbs herausgebildet haben.

Erst als ich mir darüber klar wurde, welcher Lerntyp ich bin, war ich in der Lage, mir auch schwer erlernbare Inhalte leichter einzuprägen. Ich konnte die für mich beste Lernmethode anwenden.

Nicht alles lässt sich auf die gleiche Weise lernen. Deshalb empfehle ich, auch die anderen Eingangskanäle regelmäßig zu trainieren. Sind Sie zum Beispiel ein überwiegend visueller Lerntyp, werden Sie sich schwertun, über das Hören Informationen aufzunehmen. Trainieren Sie es dennoch. Irgendwann brauchen Sie diese Fähigkeit garantiert.

Der visuelle Lerntyp

Der visuelle Lerntyp verlässt sich auf das, was er sieht. Er nimmt Informationen gut auf, indem er ein Bild studiert oder selbst malt. Man erkennt ihn daran, dass er sich häufig Notizen macht oder Skizzen anfertigt. Fragt man ihn, wo etwas geschrieben steht, muss er nicht lange überlegen, um mit exakten Angaben aufwarten zu können. Visuelle Lerntypen können sich gut an Details erinnern. Sie arbeiten genau und ordentlich. Ihre Sprache und ihre Träume sind meistens bilderreich, farbig und voller Details. Gegen einen visuellen Lerntyp beim *Memory* zu gewinnen ist schwer.

Jens der Denker rät
Sind Sie ein überwiegend visueller Lerntyp, so sollten Sie Ihren Lernstoff bildlich aufbereiten. Fertigen Sie Skizzen an, entwerfen Sie MindMaps (siehe Kapitel 4), arbeiten Sie mit farbigen Stiften, nutzen Sie Flipcharts und dergleichen, schauen Sie Fernsehbeiträge oder Videofilme zu Ihrem Thema an. Auch Lernkarteien, das Internet oder Lernposter bieten sich an.

Der auditive Lerntyp

Der auditive Lerntyp lernt besonders gut, wenn er zuhören kann. Oft kann man ihn auch bei Selbstgesprächen oder lautem Mitlesen beobachten. Diesem Lerntyp sagt man eine hohe Auffassungsgabe und Kombinationsfähigkeit nach. Auch kann er das Gelernte gut nacherzählen.

Jens der Denker rät

Für den auditiven Lerntyp empfehle ich, den Lernstoff auf Tonträger aufzusprechen und sich dann vorzuspielen. Auch lautes Lesen hilft. Da sich dieser Lerntyp stark auf das Gehörte konzentriert, sollte er beim Hören möglichst ungestört bleiben, dies gilt insbesondere für Nebengeräusche. Neue Lernmaterialien, zum Beispiel gesprochene Vokabeldateien, die mit Musik unterlegt sind, oder Lernstoff in Gedicht- und Liedform kommen dem auditiven Lerntyp entgegen. Unmotiviert laufende Hintergrundmusik empfindet der auditive Lerntyp hingegen als sehr störend.

Der haptische und der motorische Lerntyp

Beide Lerntypen sind praktisch veranlagt, bewegen sich gerne und viel und begreifen das Lernen als einen aktiven Vorgang. Sie bauen eine Sache nach, gehen, um Distanzen zu vermessen, die Entfernungen selbst ab. Selbst im Zimmer laufen sie beim Lernen auf und ab. Beim Erzählen fallen sie durch ihre ausgeprägte Gestik und Mimik auf. Sie erinnern sich am besten an Wissen, das sie durch Fühlen, Bewegung und Handeln erworben haben.

Jens der Denker rät

Für den haptischen wie auch für den motorischen Lerntyp ist die Umsetzung des Lernstoffs in geeignete Lern- und Übungsformen außerordentlich wichtig. Diese Lerntypen wollen anpacken. Ohne lange nachzudenken, lassen sie sich von ihren Gefühlen leiten und setzen ihre Ideen in die Tat um. Meine Empfehlung ist, wo immer möglich, Experimente durchzuführen und eigene Erfahrungen durch «learning by doing» zu erwerben.

Der kommunikative Lerntyp

Der kommunikative Lerntyp lernt im Austausch mit anderen. Er ist ein guter Redner und ein noch besserer Zuhörer. Er holt sich seine Informationen, indem er gut durchdachte Fragen stellt und Thesen hinterfragt. Persönlicher Austausch und Gespräche stellen für ihn die besten Lernbedingungen dar.

Für den kommunikativen Lerntyp bietet sich fast zwangsläufig das Lernen in Gruppen an. Dabei lernt er am effizientesten, wenn er seinem Gegenüber widerspricht und dadurch die anderen Gruppenteilnehmer zum Nachdenken und zu weiteren Formulierungen zwingt. Ausgeprägte kommunikative Lerntypen nutzen Rollenspiele, in denen sie gleich verschiedene Positionen einnehmen.

Der personenorientierte Lerntyp

Der personenorientierte Lerntyp ist beim Lernen oftmals ein Einzelgänger. Er vertraut im Allgemeinen einem Mentor und lernt für sich alleine oder im Einzelunterricht. Stimmt hier die «Chemie», kann und wird der personenorientierte Lerntyp alles aufnehmen, was seine Lehrperson ihm vermittelt. Ist kein guter Draht vorhanden, hat dieser Lerntyp kaum eine Chance, sein Potenzial auszuschöpfen.

Der medienorientierte Lerntyp

Der medienorientierte Lerntyp zieht aus audiovisuellen Medien und Computern einen echten Nutzen und kommt damit oftmals weiter als mit den Lernmethoden, die in der Schule vermittelt werden. Im Grunde braucht er keine Lehrer, weil er in der Lage ist, sich die meisten Inhalte selbst zu vermitteln. Schon früh entwickelt der medienorientierte Lerntyp eine Begeisterung für technische Neuerungen und Zusammenhänge.

Und welcher Lerntyp sind Sie?
Machen Sie den Test auf Seite 233.

Jens der Denker rät
Auch wenn Sie Ihren Lerntyp bereits kennen – vermeiden Sie Einseitigkeit und machen Sie von möglichst vielen Eingangskanälen Gebrauch. Profitieren Sie von Vielfältigkeit! Schließlich haben Sie alle Sinne beisammen und sollten sie daher auch nutzen. Je vielfältiger Ihnen der Lernstoff präsentiert wird, desto besser sind Ihre Chancen, ihn sich einzuprägen und zu behalten. Mit der Fähigkeit, verschiedene Eingangskanäle zu nutzen, sind Sie darüber hinaus in der komfortablen Lage, diese zu kombinieren. Dies hat direkte Auswirkungen auf den Übergang der Informationen vom Ultrakurzzeit- ins Kurzzeitgedächtnis.

Lerntechniken

Unabhängig davon, welcher Lerntyp Sie sind, sollten Sie beim Lernen noch ein paar Techniken beachten. Wie lange lernen Sie zu welcher Tageszeit? Lernen Sie laut oder leise, allein oder in der Gruppe? Liegt Ihnen das passive Lernen mehr als das aktive?

Beginnen wir mit dem oft unterschätzten Thema der Pausen beim Lernen.

Pausen

Unterteilen Sie Ihren Lernstoff in kleine Lernblöcke, um Ihr Gehirn nicht zu überfordern. Bei zu langem intensivem Lernen lassen Konzentration und Leistungsfähigkeit rasch nach. Fehler schleichen sich ein. Pausen sind keine Zeitverschwendung, sondern dienen dazu, Energie aufzutanken.

Pausen sind nicht gleich Pausen. Auf alle Fälle sollten Sie darauf achten, dass Ihre Pausenbeschäftigung sich erheblich von der Lernarbeit unterscheidet. Nur so kann sich Ihr Gehirn wieder voll und ganz dem eigentlichen Thema widmen und neuen Lernstoff aufnehmen und verarbeiten.

Jens der Denker rät

Ich lege beim Lernen mehrere einminütige Pausen ein. Lerne ich – was oft vorkommt – über einen längeren Zeitraum, mache ich nach einer Stunde Lernen fünf bis zehn Minuten Pause. Nach zwei Stunden Lernen am Stück benötige ich bereits mindestens eine Stunde Pause.

Laut oder leise lernen?

Generell heißt es, laut zu lernen sei effektiver, da hier gleich mehrere Sinnesorgane eingebunden werden. Sie sehen den Lernstoff und hören ihn gleichzeitig.

Jens der Denker rät

Ich lerne mal laut, mal leise. Dies hängt davon ab, wie ich das erlernte Material nutzen möchte. Bereits beim Lernen simuliere ich das Ergebnis. Recherchiere ich für ein Buchprojekt, lerne ich leise. Arbeite ich dagegen einen Vortrag aus, lerne ich laut. Durch das simulierte Lernen kann ich das angeeignete Wissen später zum großen Teil mechanisch abspulen und mich infolgedessen auf andere Aspekte wie Augenkontakt, Schlagfertigkeit usw. konzentrieren.

Alleine lernen oder Gruppenarbeit?

Ich lerne lieber für mich alleine. Sitze ich in meinem Büro mit Blick auf den Schwarzwald, kann ich mich optimal konzentrieren, meinem eigenen Gedankenrhythmus und Lerntempo folgen.

Hinzu kommt, dass das meiste, was ich zu lernen habe, sich nicht dazu eignet, in Gruppen erarbeitet zu werden. Ich lerne viel auswendig: Listen oder Vokabeln zum Beispiel. Für meine Bücher muss ich vieles vorab recherchieren, anschließend in Exposé-Form bringen. Die Erwartungshaltung und Gesprächsbereitschaft einer Lerngruppe kann hier nur stören.

Andere hingegen fühlen sich beim Lernen besser in einer Gruppe aufgehoben. Alle Mitglieder einer Lerngruppe haben das gleiche Ziel vor Augen und arbeiten gemeinsam auf ein Ergebnis hin. Das hat Vorteile. Sie erreichen nicht nur einen positiven Lernerfolg, sondern erhalten auch die Bestätigung der anderen, was wiederum ihre sozialen Bedürfnisse befriedigt. Der Lernprozess geschieht in einem motivierenden und Erfolg bringenden Kreislauf. Wer wenig Lust verspürt, alleine am Schreibtisch zu lernen, kann sich in einer Lerngruppe notwendige Motivationsschübe holen und hält oftmals länger durch.

Durch die unterschiedlichen Vorkenntnisse der Gruppenmitglieder, die verschiedenen kreativen Arbeitstechniken und Problemlösungsstrategien erhält jeder Einzelne neue Denkimpulse. Gleichsam nebenbei werden Diskussions- und Argumentationstechniken angewandt und eingeübt, die eigenen Kenntnisse bekommen eine Struktur. Wissenslücken werden erkannt und geschlossen.

Jens der Denker rät
Damit die Gruppenarbeit gelingt, bedarf es der Einhaltung einiger Regeln:
- Je mehr Mitglieder eine Lerngruppe hat, desto schwieriger wird es, die gemeinsame Arbeit zu koordinieren. Die Gruppe sollte nicht mehr als fünf Teilnehmer umfassen.

- Eine Kooperation ist nur sinnvoll, wenn zuvor gemeinsam ein Lernziel definiert wird.
- Der Kenntnisstand sollte bei allen Mitgliedern der Lerngruppe ausgeglichen sein. Ansonsten kann es passieren, dass einer von Anfang an das Wort ergreift und die anderen zu passiven Lernern degradiert.
- Unbedingt notwendig ist Disziplin. Ein wenig Small Talk zu Beginn ist angebracht. Doch dann sollte sich voll und ganz dem Lernstoff gewidmet werden.
- Diskussionen sind ein gutes Instrument in der Gruppenarbeit. In Diskussionen treten unterschiedliche Sichtweisen zutage, und man erhält ein umfassendes Bild von der betreffenden Sache. Alle Ansichten müssen allerdings klar und für alle Teilnehmenden verständlich formuliert werden. Es versteht sich von selbst, dass persönliche Angriffe in einer Diskussion nichts verloren haben.
- Sinnvoll ist, die anstehenden Aufgaben auf mehrere Schultern zu verteilen. Sinn von Gruppenarbeit kann beispielsweise nicht sein, dass jeder in demselben Buch recherchiert. Ich empfehle, von Treffen zu Treffen die Aufgaben neu und klar zu verteilen.
- Alle sollten nach vorne, auf das Lernziel, schauen. Hat ein Gruppenmitglied kurzfristig Motivationsprobleme, sollten die anderen versuchen, sie oder ihn aufzumuntern, damit sie bzw. er den Anschluss nicht verpasst.

Aber auch bei Einhaltung dieser Regeln wirkt sich Gruppenarbeit nicht immer nur positiv auf Leistung und Ergebnis aus. Oft führen Rivalitäten zwischen den Mitgliedern oder die Unfähigkeit, aufeinander einzugehen, zum Streit.

Oder die besser motivierten Gruppenmitglieder ziehen sich zurück, weil sie angesichts der scheinbaren Unfähigkeit der anderen resignieren und den Lernstoff dann doch lieber alleine bewältigen möchten. Meistens handelt es sich dabei um Gruppenmitglieder, die von vornherein Aufgaben übernommen haben, die ihren Stärken besonders gut entsprechen. Das macht auch Sinn. Allerdings sollten diese Lerner sich anderen Aufgaben nicht gänzlich verschließen. Der Gruppe tut dies nicht gut, und sie selbst nehmen sich die Gelegenheit, Neues zu entdecken.

Schwierig wird die Gruppenarbeit auch ab dem Zeitpunkt, an dem eines der Mitglieder die eigenen Aufgaben erfüllt hat. Wenn sie oder er dann nicht die anderen unterstützt, sondern sich nur noch zurücklehnt, leidet das Gruppengefüge. Die Arbeit gerät ins Stocken.

Aktiv oder passiv lernen?

Ich lerne grundsätzlich aktiv. Das bedeutet, dass ich mir noch in der Lernphase Bestätigung durch eine Person meines Vertrauens hole. Sobald ich mir den Lernstoff angeeignet habe, erkläre ich ihn meiner Frau. Fragt sie nach und ich bin um eine Antwort verlegen, werden mir noch vorhandene Wissenslücken bewusst. Selbst wenn ich aber in der Lage bin, eine Antwort zu geben, frage ich mich, ob diese auch verständlich ist oder zu viele Vorkenntnisse voraussetzt. In diesem Stadium des Lernens kann ich noch ohne Probleme Erklärungen hinzufügen. Manchmal wird mir anhand der Reaktionen meiner Frau auch bewusst, dass an der einen oder anderen Stelle meines Vortrags eine bildliche Unterstützung in Form einer Grafik, eines Modells oder Ähnlichem hilfreich wäre.

Passiv lernt man hingegen am besten, wenn man neue Inhalte in einer Situation der Entspannung und des Wohlfühlens in seinem Gedächtnis verankert – so jedenfalls die aktuellen Erkenntnisse der Lernforschung. Wer häufiger Lernblockaden hat, sollte dafür sorgen, dass er sich so gut wie möglich entspannt und Lernen als angenehmen, selbst gewählten Prozess wahrnimmt. Entspannungsübungen, autogenes Training, progressive Muskelentspannungen und dergleichen können hier sehr hilfreich sein.

Lernen will organisiert sein

Dieses Buch beschreibt den Weg von Jens Seiler zum Lernspezialisten Jens dem Denker. Schritt für Schritt lernen Sie, die richtigen Lerntechniken anzuwenden, richtig zu recherchieren, den gefundenen Stoff schnell zu lesen, für das Gedächtnis aufzubereiten und sinnvoll zu strukturieren. Lernen will organisiert sein.

Das Material ordnen

Zu Beginn liegen mein Schreibtisch und angrenzende Flächen voller Bücher, Zeitschriften, Ausdrucke, Videobänder etc. Als Erstes gilt es, dieses Material zu systematisieren. Dafür gibt es verschiedene Techniken, auf die ich je nach Bedarf zurückgreife.

Diese Techniken sind im Einzelnen:

- Vorwissen aktivieren

  Zu Beginn jedes Lernvorgangs stelle ich in einer MindMap (s. Kapitel 4) bildlich dar, was ich bereits über das betreffende Thema weiß. Bei jedem neuen Punkt schaue ich, ob er sich mit bereits vorhandenem Wissen verknüpfen lässt. Diese Technik stellt die Basis der Mnemotechnik dar (s. Kapitel 5). So entsteht zwischen dem alten Wissen und dem neuen Stoff ein komplexes Gesamtbild, welches mir weiteres Lernen erleichtert.

- Ziel definieren

  Wie für den Gesamtprozess sollten Sie auch für jeden einzelnen Lernschritt ein Ziel festlegen. Dies funktioniert am einfachsten, indem Sie jedem Schritt eine Überschrift geben, welche einen Bezug zum Lernziel hat. So erhalten Sie zum einen eine gewisse Struktur, zum anderen können Sie später gezielt auf einzelne Aspekte des Gesamtthemas zugreifen.

- Schrittweise lernen

  Mit dem Finden von Überschriften für einzelne Aspekte haben Sie bildlich gesehen Türen geschaffen. Beim Lernen selbst gehen Sie von Tür zu Tür und lernen zunächst «nur» den hinter der jeweiligen Tür befindlichen Stoff. Berücksichtigen Sie dabei die Kapazität des Kurzzeitgedächtnisses: Lernen Sie mehr als sieben Elemente auf einmal, sortiert Ihr Gedächtnis wahllos aus. Wichtige Informationen können dadurch verloren gehen, ohne dass Sie es zunächst bemerken.

• Zusammenhang herstellen
  Habe ich die einzelnen Schritte gelernt, setze ich sie zu einer sinnvollen Reihenfolge zusammen. Diese Reihenfolge präge ich mir mithilfe der Mnemotechnik (s. Kapitel 5) ein und bin somit beispielsweise in der Lage, einen kompletten Vortrag zu halten, ohne auf Hilfsmittel zurückzugreifen.

Richtig lesen

Sollten Sie die Techniken des Schnelllesens (s. Kapitel 6) noch nicht beherrschen, ist es umso wichtiger, bei der Lektüre des Lernstoffes konzentriert vorzugehen. Beim Lesen längerer Texte besteht die Gefahr, die Zusammenhänge nicht zu erkennen. Gerade in Fachbüchern werden oftmals Bezüge hergestellt, denen Sie ohne Vorwissen nicht richtig folgen können. Tauchen dann noch Fachbegriffe auf, die Sie noch nicht kennen, fällt es doppelt schwer, den Bezug zum Gesamttext herzustellen.

Jens der Denker rät

Arbeiten Sie nicht nur *mit* dem Buch, sondern auch *im* Buch. Zugegeben, auch ich hatte anfangs Skrupel, im teuer erstandenen Fachbuch meine Notizen zu hinterlassen. Doch was hilft ein Fachbuch, dessen Inhalt nicht zu meinem Gehirn vordringt?

Ich markiere einzelne Schlüsselwörter farbig, setze Symbole an den Textrand, schreibe Randbemerkungen ins Buch. Auf diese Weise schaffe ich zwischen den Textstellen gut sichtbare Verbindungen, welche sich leichter lernen lassen als komplexe Textpassagen. Oft stellen diese Markierungen die oben beschriebenen Türen dar. Diese lassen sich mithilfe der Mnemotechnik erlernen oder in MindMaps oder auf Karteikarten übertragen.

Die PQ4R-Methode

Die PQ4R-Methode ist nach dem schnellen Lesen meine bevorzugte Lesemethode, welche ich zur Erarbeitung eines Textes verwende. Der Name leitet sich aus den Anfangsbuchstaben der sechs englischen Begriffe Preview (Vorprüfung), Questions (Fragen), Read (Lesen), Reflect (Nachdenken), Recite (Wiedergeben) und Review (Rückblick) ab.

Sie werden erkennen, dass ich beim Anwenden dieser Lesemethode alle Prinzipien anwende, die ich auch beim strukturierten Lernen bevorzuge. Mithilfe der PQ4R-Methode gelingt es mir, Texte besser zu verstehen und zu behalten. Fast nebenbei strukturiert die Methode das Arbeiten mit schwierigen Texten.

Wichtig ist, die sechs Phasen der Methode einzuhalten:

Vorprüfung (Preview)
Hier überfliege ich alle Kapitel des Buches, um die allgemeinen Themen zu bestimmen, die darin behandelt werden. Auf diese Weise identifiziere ich die Abschnitte, die sich zu Leseeinheiten zusammenfassen lassen. Jedem Abschnitt gebe ich eine eigene Überschrift.

Fragen (Questions)
Zu jedem Abschnitt formuliere ich Fragen. Oftmals genügt eine Umformulierung der Abschnittsüberschriften, um eine angemessene Frage zu stellen.

Lesen (Read)
Erst jetzt lese ich jeden Abschnitt sorgfältig. «Sorgfältig» bedeutet in diesem Fall, dass ich versuche, die mir selbst gestellten Fragen zu beantworten.

Nachdenken (Reflect)

Schon beim Lesen denke ich bewusst über den Text nach; will sagen, ich versuche, ihn zu verstehen und mit dem eigenen Vorwissen zu verbinden.

Wiedergeben (Recite)

Ist ein Abschnitt durchgearbeitet, versuche ich, ihn wiederzugeben. Kann ich mich nicht an alles erinnern, lese ich die betreffenden Passagen nochmals. Auf keinen Fall lese ich noch einmal den kompletten Text.

Rückblick (Review)

Ist der ganze Text erarbeitet, gehe ich ihn nochmals in Gedanken durch, um mir die wichtigsten Punkte ins Gedächtnis zurückzurufen. Ein letztes Mal beantworte ich die mir vorab gestellten Fragen.

Kann ich alle Fragen beantworten, habe ich den Stoff verstanden.

Wieso vergessen wir trotzdem so viel?

Nun kennen wir die Funktionsweise unseres Gehirns, wissen, welcher Lerntyp wir sind und wie wir am besten lernen können. Wir lernen entsprechend unserer Fähigkeiten, meistens zum optimalen Zeitpunkt und in angenehmer Atmosphäre. Warum vergessen wir dennoch so viel? Ist es nicht die Bestimmung unserer Neuronen zu lernen?

Die Antwort ist einfach: Unsere Neuronen lernen langsam, sehr, sehr langsam. Lernen ist ein Prozess, bei dem die Kommunikation zwischen den Neuronen allmählich auf die neuen Erfordernisse eingestellt wird. Das langsame Einstellen ist eine Folge der Plastizität. Würde sich die Kommunikationsstruktur schlagartig umstellen, müssten wir uns das erst gestern Gelernte heute schon wieder neu aneignen.

Ein weiterer Punkt ist, dass unsere Neuronen keine Details, sondern Gesamteindrücke abspeichern. Stellen Sie sich einen Autofahrer vor, der mit allen äußeren Signalen auf einmal konfrontiert würde: dem Fußgänger von rechts, der roten Ampel an der Kreuzung, aber auch der Schaufensterauslage auf der linken Seite, einem Flugzeug am Himmel usw. Was meinen Sie, welche Chance dieser Fahrer hätte, heil über die Kreuzung zu kommen?

Indem wir nur bestimmte Informationen aufnehmen und abspeichern, kommt es zu Tilgungen und Generalisierungen. Dadurch sorgen unsere Neuronen dafür, dass wir nicht mit Signalen überflutet werden.

Bedenken Sie dies, wenn Sie beim nächsten Mal lernen und den aufgenommenen Stoff nicht sofort umsetzen können. Langsam und allmählich werden sich Ihr Wissen, Ihre Erfahrung und Ihre Fähigkeit anpassen, nur dranbleiben müssen Sie.

Ihre Neuronen und damit auch Sie profitieren vom langsamen Lernen. Je langsamer Sie den Lernstoff aufnehmen, desto langfristiger und umfangreicher können Sie anschließend auf ihn zurückgreifen.

Sie sehen: Lernen muss neuronengerecht gestaltet sein. Liefern Sie Ihren Neuronen den Lernstoff auf angemessene Weise, lernen diese mit Leichtigkeit. Nicht zuletzt lernen wir dann mit Freude. Und mit Freude zu lernen heißt, erfolgreich zu lernen.

Wie beeinflussen wir die Kommunikation unserer Neuronen?

Indem wir unserem Gehirn Wissen vermitteln, dieses abspeichern und anwenden.

Als Erstes müssen wir dazu unsere Fähigkeit verbessern, uns selbst Wissen zu vermitteln. Dies geschieht, indem wir neue Speicherplätze schaffen, in denen Signale schneller und effektiver abgelegt werden können.

Als Nächstes müssen wir in der Lage sein, dieses Wissen zu speichern. Mit jedem Wiederholen des Lernstoffs werden die Verbindungswege zu den und zwischen den Speichern ausgebaut.

Als letzten Punkt gilt es, die Fähigkeit der Wissensanwendung zu verbessern. Je mehr Verbindungen uns zur Verfügung stehen, desto leichter können wir auf einzelne Wissensspeicher zugreifen.

Die Spuren im Schnee

Erinnern Sie sich noch an den Vergleich des Kommunikationsgeflechts unserer Neuronen mit Spuren im Schnee? Zuerst musste ich durch Tiefschnee laufen. Nur mühsam ging es voran. Aus den einzelnen Spuren wurden zunächst Trampelpfade, bald breite, festgestampfte Wege. Die Wege verzweigten sich miteinander.

Sie wissen nun, wie Sie Ihre Gedächtnisspuren aufbauen.

Glauben Sie aber nicht, dass aus jeder schmalen Spur schon eine Autobahn wird oder dass jede Autobahn vor erneutem Schneefall geschützt bleibt.

Beschäftigen Sie sich mit einer Fähigkeit längere Zeit nicht mehr, werden die zu diesem Zweck geschaffenen Neuronenverbindungen schwächer.

Es kann aber auch vorkommen, dass sich Neuronenverbindungen gegenseitig stören. Dies kann drei Ursachen haben:

- Eine früher abgespeicherte Information behindert das Abspeichern der neuen Information. Das neue Wissen gelangt nicht sofort in den Langzeitspeicher, sondern muss durch Wiederholungen vom Ultrakurzzeitgedächtnis über das Kurzzeitgedächtnis ins Langzeitgedächtnis transferiert werden. Ist dieser Weg noch nicht abgeschlossen, kommt es zu Interferenz.
- Bereits Gelerntes beschleunigt das Vergessen von neu Gelerntem. Wenn Sie über einen längeren Zeitraum sich etwas falsch aneignen, haben Sie es schwer, umzulernen.

- Neu Gelerntes beschleunigt das Vergessen von bereits Gelerntem.

Neuronen benötigen Zeit. Geben Sie ihnen diese. Bedenken Sie immer: Das eigentliche Speichern im Langzeitgedächtnis beginnt erst, wenn wir selbst aufgehört haben, uns mit den Lerninhalten bewusst zu befassen.

Wir lernen im Schlaf. Mit Schlafen allein bauen Sie allerdings weder Ihr Wissen noch Ihre Lernfähigkeit aus.

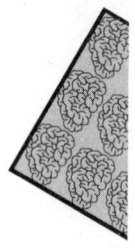

Kapitel 3

Gründlicher recherchieren – mit System

Eine gute Recherche ist die halbe Miete – egal, ob Sie einen Aufsatz verfassen, ein Haus kaufen oder den perfekten Urlaub buchen wollen. In meinem Fall waren es die Angestellten der öffentlichen Bücherei, die mir die zwei wichtigen Regeln des Recherchierens vermittelt haben:

1. Ich suche mindestens in zwei Quellen: Ideal ist, wenn ich sowohl Pro- als auch Contra-Argumente sammeln kann. So entgehe ich der Gefahr, mich gedankenlos der erstbesten Meinung anzuschließen. Selbst bei den täglichen Nachrichten verlasse ich mich nicht nur auf eine Zeitung oder eine Nachrichtensendung.

2. Finde ich keine Antwort auf meine Frage, gebe ich nicht gleich auf. Ich lasse nicht die Fragestellung unter den Tisch fallen, sondern verändere die Suchstrategie.

Diese Ratschläge sind für mich zu festen Regeln geworden – egal, wo ich recherchiere: in Bibliotheken oder im Internet. Seit der Erfindung des Internets im Jahr 1993 ersetzt die Arbeit am Computer immer mehr das Nachschlagen in Büchern. Google und Wikipedia haben rasch die Vormachtstellung übernommen. Ihr Siegeszug ging so schnell und so massiv vonstatten, dass viele noch gar keine passende Strategie im Umgang mit diesen Quellen entwickelt haben.

Im Internet kann praktisch jeder seine Dokumente schnell und einfach publizieren. Wissenschaftliche Informationen, Forschungsberichte, Seminarunterlagen, Dissertationen, akademische Schriften aller Fachdisziplinen, selbst Haus- und Seminararbeiten meines Sprösslings sind heute online verfügbar und können ständig aktualisiert werden. Das Internet bietet Informationen in einem bisher nie gekannten Umfang. Grenzen, sich Wissen anzusammeln, scheint es nicht mehr zu geben: keine nationalen Grenzen, keine kategorischen Grenzen – leider aber auch keine qualitätsbedingten Grenzen.

Gerade für Schüler, aber auch für alle anderen ist es verlockend, sich einfach aus Online-Quellen zu bedienen. Man googelt, wird auf Wikipedia verwiesen, findet dort einen Artikel, der zur vorgegebenen Zeichenzahl passt. Dieser wird ins Schreibprogramm kopiert, leicht umformatiert, ausgedruckt und – so wie er ist – für bare Münze genommen. Um eine kritische Prüfung der Quellen kümmert sich dann kaum noch jemand.

Das ist deswegen riskant, weil sich an der Erstellung der Artikel in den frei zur Verfügung stehenden Nachschlagewerken nicht nur Fachleute beteiligen, sondern auch Spaßvögel und solche, die sich auf dem jeweiligen Gebiet nicht besonders gut auskennen. Doch wenn Sie ein paar Regeln beachten, können Sie das Internet bestens für Ihre Recherchen gebrauchen.

Ablauf einer Internetrecherche

Gehen Sie wie folgt vor:
- Legen Sie Ihren Informationsbedarf fest,
- wählen Sie einen Suchdienst,
- stellen Sie die Suchanfrage,
- beurteilen Sie das Ergebnis,
- überprüfen Sie die Seriosität der Quelle.

Festlegen des Informationsbedarfs

Was und wie genau möchten Sie etwas wissen? Legen Sie zunächst den Informationsbedarf möglichst genau fest und machen Sie sich Notizen, damit Sie sich nicht verzetteln.

Im Gegensatz zu Bibliotheken gibt es im Internet keine Instanz, keine verlässliche Kontrolle darüber, wer, wo, was und wie veröffentlicht hat. Ein kurzer Text, eine Grafik, ein komplettes Buch oder gar eine Datenbank werden in den Trefferlisten nahezu gleichberechtigt ohne Vorauswahl aufgeführt. Durch die enorme Vielfalt der Treffer ist es oft Glückssache, an welche Quelle man gerät und ob man schließlich fündig wird.

Definieren Sie Ihr Thema daher möglichst präzise und schreiben Sie auf, was Sie bereits darüber wissen. Je genauer Sie dabei sind, desto gezielter können Sie die Suchanfragen formulieren. Hier kann ein MindMap (s. Kapitel 4) hilfreich sein. Es zeigt Ihnen auf einen Blick, nach welchen Informationen und Zusammenhängen Sie noch suchen.

Bei der Orientierung helfen Ihnen die folgenden Fragen:
• Was gehört alles zu diesem Thema?
• Was möchte ich noch herausbekommen?

Suchbegriffe formulieren

Der letzte Schritt vor der eigentlichen Recherche ist das Festlegen von Suchbegriffen. Ein Begriff alleine führt selten zu guten Ergebnissen. Entscheidend ist, wie Sie die Suchbegriffe miteinander kombinieren.

Lautet meine Frage «Wie recherchiere ich im Internet?», ist es wenig sinnvoll, nur den Begriff «Recherche» oder «recherchieren» einzugeben. Der Suchdienst filtert alles heraus, wo das Wort «Recherche» auftaucht – das sind fast 500 Millionen Treffer.

Geben Sie hingegen «Recherche» und «Internet» ein, werden die Treffer auf ein Zehntel reduziert – und ein weiteres Mal auf ein Zehntel, wenn Sie «Recherche», «Internet» und «wie» in das Suchfeld eintippen.

Suchdienst auswählen

Am einfachsten ist es natürlich, für alle Recherchen dieselbe Suchmaschine zu nutzen. Das ist zwar nicht falsch, aber auch nicht optimal. Mit Spezialsuchmaschinen, Meta-Suchmaschinen oder Internet-Katalogen kommen Sie oft weiter. Je nachdem, wonach Sie suchen, würde ich Ihnen folgende Suchdienste empfehlen:

- Suchmaschinen wie Google oder Hotbot, wenn Sie etwas Konkretes zu einem Thema oder aktuelle Informationen suchen.
- Internet-Kataloge, etwa Yahoo, DINO oder Web.de, als Einstieg in ein Recherchethema. Das ist besonders interessant, wenn Sie sich einen Überblick verschaffen oder eine Link-Sammlung zu einem Thema ausfindig machen wollen. Auch für Publikationslisten sind Internet-Kataloge die erste Wahl.
- Meta-Suchmaschinen (z. B. Metager oder Ixquick) eignen sich, wenn Sie einen großen Suchbereich abdecken möchten oder einen sehr spezifischen Begriff suchen. Interessiert Sie, wie viele Treppenstufen das höchste Gebäude der Welt hat, empfiehlt sich der Einsatz einer Meta-Suchmaschine.
- Große Bereiche des Internets werden ausschließlich von Spezialisten wie Paperball oder Magellan abgedeckt. Sie sind hilfreich, um aktuelle Zeitungsartikel zu recherchieren. Darüber hinaus unterhalten viele Spezialisten kostenpflichtige Seiten, insbesondere Wirtschaftsdatenbanken und professionelle Archive.

Nutzen Sie die Suchdienste am besten parallel. Die Suchdienste greifen teilweise auf verschiedene Datenbanken zu und verwenden eine unterschiedliche Syntax. Wenn Sie verschiedene Suchdienste nutzen, können Sie in einer größeren Datenmenge recherchieren. Eine gute Strategie ist auch, die Suche nicht auf deutsche Seiten zu beschränken. Selbst wenn Sie auf deutsche Texte angewiesen sind, lohnt das Stöbern in internationalen Verzeichnissen. Geben Sie einfach in die Suchmaske einen deutschen Begriff ein, dann können Sie auch im Ausland publizierte deutsche Texte finden.

Es geht auch ohne Suchdienst

Bevor ich mich für einen der Suchdienste entscheide, frage ich mich, wer ein Interesse daran haben könnte, die Information zu veröffentlichen. Der direkte Weg ist oft der beste: Recherchieren Sie gleich an der Quelle. Dann laufen Sie nicht Gefahr, Zitierfehler, Ungenauigkeiten und Verfälschungen Dritter zu übernehmen.

Das Literaturverzeichnis kann Ihnen helfen, Pro- und Contra-Argumente ausfindig zu machen. Unterstützer oder Konkurrenten, Medien oder Newsgruppen – hier finden sich schnell andere, die zu dieser Veröffentlichung Stellung nehmen.

Internet-Kataloge und Suchmaschinen

Der Hauptunterschied zwischen Internet-Katalogen und Suchmaschinen liegt vor allem in der Anzahl der gespeicherten Dokumente und darin, wie sie gespeichert sind.

In einem Internet-Katalog sind die aufgenommenen Dokumente von einem Redaktionsteam ausgewählt, geprüft und in ein passendes Themengebiet einsortiert. Je nach Katalog und Themengebiet werden dabei unterschiedliche Qualitätsansprüche gestellt. Leider vergehen schon einmal Monate, bis eine neue Internetseite aufgenommen wird. Im Gegensatz dazu sind automatisch arbeitende Programme – sogenannte Robots oder Crawler – Tag und Nacht auf der Suche nach neuen oder veränderten Seiten und speichern diese in riesigen Datenbanken einer Suchmaschine ab. Eine Filterfunktion gibt es hier in der Regel nicht.

Internet-Kataloge sind im Gegensatz zu Suchmaschinen in Haupt- und Unterkategorien sowie Themenbereiche gegliedert. Innerhalb dieser Gliederung sind zahlreiche Querverweise auf ähnliche Themengebiete angelegt. Gespeichert wird in Internet-Katalogen meist nur der Titel der Seite und eine kurze Erklärung des Inhalts. Dabei ist in Suchmaschinen der komplette Text Wort für Wort abgespeichert.

Immer häufiger kommt es zu Mischformen zwischen Katalog und Suchmaschine. So werden beim bekanntesten Internet-Katalog Yahoo auch Suchergebnisse aus der Suchmaschine Google angezeigt, während die meisten Suchmaschinen zunehmend auch eigene Internet-Kataloge anbieten.

Meta-Suchmaschinen

Meta-Suchmaschinen sehen auf den ersten Blick wie Suchmaschinen aus. Über ein Eingabefeld starten Sie Ihre Anfrage. Die Suche erfolgt dann allerdings nicht in einer eigenen Datenbank der Meta-Suchmaschine, sondern diese gibt die Suchanfrage an verschiedene Suchdienste weiter. Suchmaschinen, Internet-Kataloge, teilweise auch weitere Meta-Suchmaschinen werden in die Suche einbezogen. Die Ergebnisse, die die angefragten Suchdienste liefern, werden von der Meta-Suchmaschine zu einer einheitlichen Liste zusammengefügt und angezeigt.

Suchen Sie aber nicht ausschließlich in Meta-Suchmaschinen. Sie sind nicht in der Lage, die von Ihnen vorab festgesetzten spezifischen Recherchemöglichkeiten zu nutzen. Eine ausgefeilte Anfrage an eine einzelne Suchmaschine kann bessere Ergebnisse erzielen als eine optionsarme übergreifende Meta-Suchmaschine.

Suchen in Newsgruppen

Egal, wonach Sie suchen, es gibt kaum ein Thema, über welches nicht in einer Newsgruppe diskutiert wird. Fast alle Beiträge aus den weltweit circa 100 000 Newsgruppen werden auf einem Newsserver gesammelt.

Im Gegensatz zum World Wide Web bieten die Provider in der Regel nur zu einem Teil aller Newsgruppen Zugang. Mit einer Newsgruppen-Software (z. B. Outlook Express oder Netscape) kann dieses Manko jedoch umgangen werden.

Haben Sie dann Zugriff auf alle weltweit existierenden Newsgruppen, können Sie beispielsweise Google Groups (http://

groups.google.de) oder Newsbot (http://www.newsbot.com/) nutzen, um an die gewünschten Informationen zu gelangen.

Trotz oder vielleicht wegen der großen Vielfalt, die Newsgruppen bieten, fällt einem das Durchstöbern leicht, da die Groups alle nach demselben Schema aufgebaut sind: Name – Punkt – Name – Punkt – Name – Punkt. Wie zum Beispiel bei de. rec. kunst.theater.

Folgende Kürzel werden in Newsgruppen immer wieder genutzt:

- de – Länderkennung, hier Deutschland
- comp – alles rund um den Computer
- sci – Wissenschaftliches
- rec – (recreation) alles zum Thema Freizeit und Hobby
- soc – Gesellschafts- und Sozialthemen
- misc – (miscelleous) Verschiedenes
- org – alle möglichen Organisationen (Greenpeace usw.)
- news – rund um die Newsgruppen selbst
- talk – Philosophie oder Religion
- alt – alternativer Bereich der Newsgruppen
- test – diese Newsgruppen sind nur zum Austesten

Die Suchanfrage

Eine Suchanfrage zu stellen ist mehr, als den zuvor festgelegten Suchbegriff in die Suchmaske einzustellen, um dann die zwei, drei Links der Trefferliste anzuklicken. Wenn auch die Trefferrelevanz auf den weiteren Seiten scheinbar nachlässt, lohnt es sich dennoch, die Trefferliste genau durchzugehen. Eine große Hilfe ist das Herumprobieren mit der erweiterten Suchfunktion.

Exkurs: Stichwörter und Schlagwörter
Die Suchbegriffe unterscheiden sich in Stichwörter und Schlagwörter.
Stichwörter sind Begriffe, die im Text eines Dokumentes selber vorkommen und für den Inhalt wichtige Bedeutung haben.

Schlagworte hingegen sind Begriffe, die nicht notwendigerweise im Text vorkommen müssen, sondern die zentrale Aspekte eines Textes repräsentieren und in ein logisch und hierarchisch aufgebautes Schlagwortverzeichnis eingeordnet werden können. Diese Einordnung ist vor allem in Internet-Katalogen zu finden und wurde im Idealfall von ausgebildeten Bibliothekaren vorgenommen. In ihnen sind die Schlagwörter als Kategorie eingeordnet. So wird in einem Text über einen Schriftsteller nicht unbedingt der Begriff «Science Fiction» vorkommen, obwohl der Künstler dieser Stilrichtung zuzuordnen ist.

Kombinieren ist das A und O

Egal, in welcher Suchmaske Sie Ihr Stich- bzw. Schlagwort eingeben, wichtig ist, die Suchanfrage so zu formulieren, dass der Suchdienst sie auch «versteht». Die Suchprogramme denken nicht mit. Sie suchen vollautomatisch in ihren Datenbanken, die unter Umständen einige hundert Millionen Dokumente mit insgesamt vielen Milliarden Wörtern beinhalten, nach genau der in die Suchmaske eingegebenen Zeichenkette.

Um aus dieser riesigen Datenmenge das Richtige herausfiltern zu können, ist es nicht nur wichtig, seine definierten Suchbegriffe geschickt zu kombinieren. Tippen Sie einfach «Kartoffel» in die Suchmaske, werden Sie Rezeptseiten, historische Hintergründe, Umsatzzahlen, Kartoffelarten und vieles mehr finden. Richtet sich Ihre Frage dagegen nach der Geschichte der Kartoffel, werden Sie auch bei Hunderttausenden von Treffern keine Antwort finden.

Unbedingt sinnvoll ist auch das Ausnutzen der Zusatzfunktionen, die jeder Suchdienst bietet. Bei der Auflistung der mir bekannten Zusatzfunktionen habe ich die deutsche Schreibweise berücksichtigt. Je nach Suchmaschine kann die Eingabe in englisch oder als modal (Leerzeichen, + oder –) erforderlich sein.

Alles-oder-Nichts-Anfragen bzw. Entweder-oder-Anfragen

Kombinieren Sie zwei Begriffe, indem Sie in die Suchmaske UND oder ODER eingeben, werden häufig zuerst die Dokumente angezeigt, in denen beide gesuchten Begriffe vorkommen. Erst dann werden die Treffer aufgelistet, in denen nur einer der beiden Begriffe auftaucht.

Alles-oder-Nichts-Anfragen

Fehlt auch nur einer der Suchbegriffe, wird das Ergebnis nicht gelistet. Das gibt mir die Möglichkeit, sehr spezifisch zu suchen. Ich verzichte auf häufig gebrauchte Wörter und gebe mehrere Schlagwörter zusammen in die Suchmaske ein. Ich meine, es sollten mindestens drei Suchbegriffe sein, die nicht zu gebräuchlich sind. Eine Ausnahme mache ich bei Fachtermini, bei denen ich weiß, dass sie nur in den Dokumenten zu finden sind, die für mich als Treffer auf alle Fälle in Frage kommen. Keinen Sinn macht es allerdings, zu viele Begriffe auf einmal in die Suchmaske einzutragen. Ziel ist es schließlich, die Trefferliste so überschaubar und benutzerfreundlich wie möglich zu machen.

Ausschluss-Anfragen

Stelle ich fest, dass eine Vielzahl von Treffern einen Bereich betrifft, der für meine Recherche uninteressant ist, schließe ich diesen aus. Um bei unserem Beispiel zu bleiben: Ich gebe in die Suchmaske «Internetrecherche» mit dem Zusatz NICHT Auskunftsdatei ein. Achtung: Bei den meisten Suchmaschinen wird anstatt «NICHT» ein Minus unmittelbar vor dem auszuschließenden Wort gesetzt. So werden alle möglichen Treffer mit dem Wort «Auskunftsdatei» herausgefiltert.

Am sinnvollsten ist die Ausschluss-Anfrage in Kombination mit der UND-Verknüpfung, bei der lediglich Begriffe und keine ganzen Themen ausgeschlossen werden können. Schließe ich «Auskunftsdatei» aus, werden dennoch Treffer gelistet, in denen etwa «Auskunftsdienst» auftaucht. Doch in Kombination mit anderen Anfragetypen schränkt das Ausschließen sinnvoll ein.

Suche nach Wortgruppen

Manche Begriffe bestehen aus mehreren Wörtern, die in einer bestimmten Reihenfolge und Schreibweise zusammengehören.

Namen sind hierfür ein klassisches Beispiel. Geben Sie Wortgruppen am besten in Anführungszeichen ein. So wird bei «Jens Seiler» wirklich nur nach dieser Kombination gesucht. Lasse ich die Anführungszeichen weg, listet mir die Suchmaschine alle Treffer zu «Jens» und alle Treffer zu «Seiler» auf.

Häufig spielt die Groß- und Kleinschreibung im Internet keine Rolle. Achten Sie bei der Suche nach Wortgruppen dennoch darauf.

NEAR-Suche

Bei der NEAR-Suche dürfen je nach Suchdienst im Text zwischen 10 und 200 Wörter zwischen zwei verknüpften Begriffen stehen. Diese Treffer werden jedoch nur angezeigt, wenn Sie die beiden Begriffe nicht gemeinsam in Anführungszeichen setzen.

Suche mit Trunkierungszeichen

Begriffe werden in genau der Schreibform gesucht, in der ich sie eingegeben habe. Suche ich nach «Auskunft», finden viele Suchmaschinen weder die Pluralform «Auskünfte» noch zusammengesetzte Wörter, wie «Auskunftsdatei». Um all diese Wörter mit einem Schlag zu finden, benutze ich Trunkierungszeichen, Platzhalter, die in den meisten Suchmaschinen durch * dargestellt werden. Das *-Zeichen ersetzt eine beliebig große Anzahl von Buchstaben. Dadurch steigt die Trefferzahl sehr rasch an. Aus diesem Grund setze ich Trunkierungszeichen nur in Kombination mit anderen Suchmethoden ein.

Hilfreich ist das Trunkierungszeichen auch bei Wörtern, deren Schreibweise nicht genau bekannt ist, wie bei landestypischen Schreibweisen von Ortsnamen und dergleichen.

Ich gebe die Hoffnung nicht auf, dass möglichst alle Suchmaschinen dem Beispiel einiger weniger – u. a. Infoseek.com oder Hotbot – folgen. Diese berücksichtigen durch den Einsatz des sogenannten Word-Stemmings automatisch die Pluralform. Gebe ich «Auskunft» ein, erscheint in den Ergebnissen auch «Auskünfte».

Groß- und Kleinschreibung der Suchbegriffe

Suchdienste handhaben den Umgang mit Groß- und Kleinschreibung durchaus unterschiedlich. Die meisten Suchmaschinen
wandeln den eingegebenen Suchbegriff grundsätzlich in Klein-
buchstaben um. Fast genauso viele sehen Großbuchstaben als
Sonderzeichen an.

Da ich meist mit denselben vier Suchmaschinen arbeite, weiß
ich, wie sie mit der Groß- und Kleinschreibung umgehen. Arbeite
ich ausnahmsweise mit einem anderen Suchdienst, überprüfe ich,
wie dieser reagiert, indem ich ein Wort einmal groß und einmal
klein geschrieben eingebe. Stimmt die Trefferzahl überein, ist dies
ein Beleg dafür, dass es für diesen Suchdienst keine Rolle spielt,
wie das Wort eingegeben wird.

Die Grundform des Suchbegriffes

Geben Sie Ihren Suchbegriff nicht nur in der Grundform ein.
Suchen Sie nach «Rosenzucht», findet Ihre Suchmaschine die
«Rosen züchten» sicherlich nicht. Sie wissen ja, Suchmaschinen
können suchen, aber (noch) nicht mitdenken.

Einfache und erweiterte Suche

Bei allen Suchmaschinen steht auch eine sogenannte erweiterte
Suche zur Verfügung, in welcher meist mehrere Eingabe- und
Auswahlfenster mit weiteren Suchmöglichkeiten oder Einschrän-
kungen zur Verfügung stehen. Hier können Datum, Sprache, Land
und Ähnliches eingestellt werden, um die Suche zu spezifizieren.

Feldsuche

Über die Feldsuche können Sie Ihre Suche auf bestimmte Server,
eine bestimmte Domain, einen Link, einen bestimmten Seiten-
titel, eine Überschrift oder auf ein Bild einschränken.

Die Feldsuche wird nicht in allen Suchdiensten im Menü ange-
boten. Dann gebe ich sie direkt ins Suchfeld ein: Feldbezeichnung,
Doppelpunkt, gesuchter Begriff – alles ohne Leerzeichen. Zum
Beispiel: titel:recherche

Manche Suchmaschinen bieten noch mehr Felder an. So kann ich in der Suchmaschine Fireball auch nur in Links oder in den sogenannten Meta-Tags, also Schlagwörtern, Autoren oder Herausgeber einer Internetseite usw., suchen.

Jens der Denker rät: Unbefriedigende Trefferliste

Haben Sie trotz allen Kombinierens zu wenige Treffer, überlegen Sie, ob Ihre Stichwörter zu speziell sind. Geben Sie entweder ein allgemeineres Stichwort ein oder kombinieren Sie es nach dem ODER-Prinzip mit einem anderen Wort. Ist Ihr Suchbegriff ein zusammengesetztes Wort, hilft oft das Trennen desselben. Aus «Rosenzucht» wird «Rose» und «Zucht».

Vielleicht kann auch ein anderer Suchdienst weiterhelfen.

Haben Sie zu viele Treffer, es fällt Ihnen aber kein spezielleres Stichwort ein, nutzen Sie verstärkt die Kombinationsmöglichkeiten mit UND und NICHT.

Suchergebnisse filtern

Suche ich nicht nur nach einem Begriff, sondern recherchiere über ein Thema, gehe ich einige Seiten der Trefferliste durch, die ich mir dann mit einem Lesezeichen versehe, bevor ich sie durchlese. Erst wenn ich der Meinung bin, genügend Seiten zur Auswahl zu haben, beginne ich mit dem Durchforsten der markierten Seiten. Dabei wende ich das «heuristische Einkreisen» an. Ich nehme mir als Erstes die Seite vor, deren Autor umfangreiche Links zum Thema bereitstellt. Verweisen mehrere Experten auf diese Links, kann ich meist davon ausgehen, dass die dort angebotenen Informationen brauchbar und seriös sind. So kann ich den Kernpunkt des Themas immer weiter einkreisen.

Wichtig bei diesem Vorgehen ist, sich nicht von all den Links verleiten zu lassen. Behalten Sie Ihre Ausgangsfrage im Auge.

Ergebnisse beurteilen

Das Beurteilen des Ergebnisses ist das A und O einer guten Recherche. Drei wichtige Fragen sollten Sie unbedingt berücksichtigen:
- Habe ich die passenden Informationen gefunden?
- Ist mein Informationsbedarf gedeckt?
- Ist die Information seriös?

Gleichen Sie das Ergebnis Ihrer Recherche mit dem Informationsbedarf ab, den Sie zuvor formuliert hatten. Sind Sie noch nicht zufrieden, haben Sie zwei Möglichkeiten, weiterhin das Internet zu nutzen:
- Probieren Sie andere, eventuell speziell ausgerichtete Suchmaschinen aus.
- Modifizieren Sie die Suchbegriffe und nutzen Sie die erweiterten Suchfunktionen noch intensiver.

Überprüfen der Seriosität

Im World Wide Web gibt es keine Instanz, die Ihnen garantiert, dass Sie in einer zuverlässigen Quelle recherchiert haben. Die Seriosität Ihrer Suchergebnisse müssen Sie also selbst prüfen. Dieser Schritt ist einer der wichtigsten Bestandteile Ihrer Recherche, denn wer sich auf zwielichtige Quellen stützt, hat nicht die besten Voraussetzungen, sich eine fundierte Meinung zu einem Thema zu bilden, und kann übel auflaufen. Hier einige Zeichen, die man als Internetnutzer lesen können sollte.

Ein erstes Indiz ist bereits angeklungen: Wenn viele andere Seiten auf diese Seite verweisen und mit ihr verlinkt sind, ist das schon einmal ein gutes Zeichen. Ich selbst nehme ja auch nur Seiten in meine Linkliste auf, die ich für seriös halte. Und ich vertraue darauf, dass dies die meisten anderen Anbieter ebenso tun.

Durch das Nutzen einer intelligenten Suchmaschine oder durch die Rückwärtssuche können Sie feststellen, wie oft eine bestimmte Seite von anderen Anbietern empfohlen wird.

Intelligente Suchmaschine

Zwar nutze ich bei meinen Recherchen stets vier verschiedene Suchmaschinen, doch als Erstes gebe ich meinen Suchbegriff bei Google ein, da dieser Suchdienst zu den sogenannten intelligenten Suchmaschinen zählt. Das bedeutet, Google listet seine Treffer unter anderem danach auf, wie viele andere Webseiten einen Hyperlink auf die betreffende Seite enthalten.

Rückwärtssuche

Rückwärts zu suchen meint in diesem Fall Folgendes: Ich kopiere den Link der betreffenden Seite und gebe ihn bei einem Suchdienst mit einem Zusatz-Link in das Suchfeld ein, z. B. link:http://www.jens-der-denker.de. So finde ich Seiten, die sich mit der Seite, welche ich auf Seriosität prüfen möchte, verlinkt haben. Und ich kann feststellen, in welchem Umfeld sich meine Seite im Netz bewegt. Ich bekomme quasi einen Einblick in die «Nachbarschaft» meiner Seite.

Weitere Indizien: Verfasser, Impressum und AGB

Primär ist natürlich auch, wer die Seite erstellt hat. Suchen Sie nach Hinweisen oder Links, die hierzu weitere Auskünfte geben. Ist der Name bekannt, aber das Dokument verfügt über keine weiteren Informationen oder Links zum Verfasser, suchen Sie diese Informationen über einen Suchdienst. Meist reichen hierfür bereits Vorname und Nachname in Anführungszeichen sowie ein Stichwort wie das Thema des Dokuments.

Hat diese Webseite ein Impressum und eventuell Allgemeine Geschäftsbedingungen (AGB)? Ein Blick sollte auch dieser Frage gelten. Fehlen diese Informationen, sind Zweifel an der Seriosität des Anbieters angebracht.

Wer betreibt den Server, auf dem das Dokument zu finden ist?

Überprüfen Sie, ob es einen Link auf die Einstiegsseite des Servers gibt. Wenn nicht, lösen Sie den Servernamen aus der URL des Dokuments heraus. Das machen Sie, indem Sie in der Adresszeile alles hinter dem Länderkürzel löschen und mit einem Browser die Adresse des Servers ansteuern. So wird aus http://jens-der-denker.de/content/show/buchbeckverlag/nav135 die Adresse: http://www.jens-der-denker.de.

Erstellungsdatum

Um die Aktualität des gefundenen Artikels zu überprüfen, ist das Erstellungsdatum oder die letzte Aktualisierung wichtig. Oft können Sie diese Information auch dem Text selbst entnehmen, wenn beispielsweise auf bestimmte Jahreszahlen hingewiesen wird. Wenn nicht, erhalten Sie diese Informationen bei den meisten Browsern, indem Sie mit der rechten Maustaste auf die Seite klicken und sich die Seiteneigenschaften anzeigen lassen.

Aber Vorsicht, damit ist noch nicht gesagt, ob der Inhalt der Seite noch aktuell ist. Um sicherzugehen, beobachten Sie die Seite einige Tage. Bei einem Anbieter, der häufig aktualisiert, ist anzunehmen, dass ihm auch die Qualität der Inhalte am Herzen liegt.

Quellenangaben

Das Benennen von allen Quellenangaben ist für mich eine weitere Grundvoraussetzung für vertrauenswürdige Seiten. Insbesondere Zitate oder Diskussionsbeiträge aus Foren sollten klar gekennzeichnet sein. Hierzu zählt auch das Setzen von Anführungszeichen, damit ich als Leser weiß, welche Stelle genau als Zitat anzusehen ist.

Form und Übersichtlichkeit

Sind die Texte auf der gefundenen Seite voller Tipp-, Grammatik- oder Zeichensetzungsfehler, ist Vorsicht geboten. Eine ungepflegte Seite macht einfach keinen guten Eindruck, und der Besucher schließt automatisch von der Form auf den Inhalt.

Egal, wie informativ die Seite ist – muss ich mich erst durch alle möglichen Pop-ups, Animationen und weiterer Schnickschnack durchkämpfen, zweifele ich ebenfalls an der Seriosität der Inhalte.

Hat eine Seite Ihrem kritischen Blick standgehalten? Dann steht der Auswertung des Materials jetzt nichts mehr im Wege.

Online-Enzyklopädien

Online-Enzyklopädien sind wichtige Ressourcen für Online-Recherchen. Aber auch hier gibt es seriöse Adressen und solche, deren Angaben eher mit Vorsicht zu genießen sind. Ich bin ein großer Fan von Brockhaus und der Encyclopedia Britannica – auch wenn sie kostenpflichtig sind. Allerdings recherchiere ich grundsätzlich nicht nur unter Zuhilfenahme einer Quelle. Aufbereitung und Darstellung der Inhalte fallen sehr unterschiedlich aus. Hier ein kleiner Überblick aus meiner alltäglichen Recherchepraxis.

Encyclopedia Britannica

Diese englischsprachige Enzyklopädie erhebt ähnlich wie der Brockhaus den Anspruch, das Wissen der Welt möglichst vollständig zu sammeln. Sie gilt als eines der verlässlichsten Nachschlagewerke weltweit und kann auf eine 240-jährige Geschichte zurückblicken. Sie ist die einzige Enzyklopädie, in der die Autoren namentlich genannt sind. Hinter diesen Autoren steht eine Redaktion, die juristisch verantwortlich ist.

In der Online-Version haben Leser die Möglichkeit, Artikel zu verändern. Diese Veränderungen werden von einem Lektorenteam geprüft. Halten die Veränderungen der Prüfung stand, werden sie in die Online-Version, manchmal auch in die Print-Version übernommen.

Die Redaktion der Encyclopedia Britannica ist stets um renommierte Autoren aus den Geistes- und Naturwissenschaften bemüht. Hier findet man unter anderem – natürlich in der Print-Version – Namen wie Albert Einstein und Sigmund Freud.

Brockhaus

Auch die Artikel des Brockhaus werden durch professionelle Autoren, die ebenfalls von einer juristisch verantwortlichen Chefredaktion überwacht werden, gegen Gebühr ins Netz gestellt. Hier hat der Nutzer auch die Möglichkeit, einzelne Artikel zu erwerben. Kurzfassungen der Artikel sind jeweils frei zugänglich. Die Print-Version umfasst etwa 300 000 Stichwörter.

Die Artikel sind bestens recherchiert, eignen sich also wunderbar für das Nachschlagen einzelner Begriffe. Zum weiteren Stöbern wird man allerdings nicht animiert – dafür fehlen Querverweise zu anderen Artikeln oder verwandten Themen.

Wikipedia

Wikipedia ging 2001 mit der ersten kostenlosen Enzyklopädie ins Netz. Freies Wissen zu vermitteln war das erklärte Ziel. Tatsächlich fanden sich zahlreiche anonyme Autoren, die Fakten zusammentrugen, um eine frei zugängliche Enzyklopädie für jedermann zu unterstützen.

Die Artikel sind sowohl nach Themen, nach Kategorien und nach dem Alphabet sortiert und mit zahlreichen Querverweisen versehen, sodass der Nutzer leicht zum Stöbern verleitet wird. Schwesternprojekte wie WikiBooks oder WikiMindMap verstärken diese Tendenz noch.

Das Wikipedia-Prinzip, dass jeder unter einem anonymen Namen die Inhalte jedes Artikels verändern kann, führt natürlich auch zum Missbrauch. Und Wikipedia gilt zu Recht nicht als die verlässlichste Quelle. Mittlerweile besitzt Wikipedia aber ein ausgeklügeltes Überwachungssystem, das die Qualität der Beiträge verbessern soll.

Aber wie dem auch sei: Aus dem Kreise der Online-Enzyklopädien ist Wikipedia kaum noch wegzudenken.

Citizendium

2006 stieg Larry Sanger, ein Mitbegründer von Wikipedia, dort aus, um Citizendium als Non-Profit-Enzyklopädie zu gründen. Die Nähe zu Wikipedia ist den Zielen und der Aufmachung deutlich anzumerken. Auch bei Citizendium kann sich jeder beteiligen. Hier werden die Autoren jedoch namentlich genannt.

Citizendium verfügt ebenfalls über zahlreiche Querverweise und lädt somit trotz der spartanischen Aufmachung zum Stöbern ein. Da Citizendium über keine Schwesternprojekte verfügt, ist die Versuchung jedoch nicht ganz so groß wie bei Wikipedia.

Citizendium stellt durchaus eine gute Ergänzung zu Britannica, Brockhaus oder Wikipedia dar, ist bislang allerdings nur in einer englischen Version online.

Knol

Knol zählt sich selbst ebenfalls zu den Online-Enzyklopädien und bietet einen kostenlosen Service an.

Knol ist allerdings finanziell hundertprozentig von Google abhängig und finanziert sich wie Google zu großen Teilen über Werbung. Es ist sogar Teil der Geschäftspolitik, dass Firmen oder Werbe- und PR-Agenturen an der Enzyklopädie mitwirken und selbst Artikel online stellen. Fraglich ist allerdings, wie objektiv ein Artikel über die Nebenwirkungen von Medikamenten sein kann, wenn die entsprechende Seite mit Werbung versehen und offensichtlich von der Pharmafirma finanziert ist. Mit der Nennung der Namen und Fachgebiete ihrer Autoren versucht Knol, diesem faden Beigeschmack entgegenzuwirken. Allerdings ist bekannt, dass die Autoren an den Werbeeinnahmen beteiligt werden.

Anders als bei allen anderen Enzyklopädien, bei denen sich jeder beteiligen darf, schreiben die Autoren bei Knol ihre Ar-

tikel allein. Daher gibt es zu einigen Schlagwörtern mehrere Artikel, aus denen Sie die gewünschte Information herausfiltern
können.

Die Zukunft der Internetrecherche

Das Internet ist wie ein dickes Buch, in dem Texte und Bilder
untergebracht sind: eine Informationsquelle, die schier uner-
schöpflich erscheint. Die Datenmengen sind einfach gigantisch.
Doch genau hier liegt das Problem.

Sogenannte «Netzkiller» wie Facebook und YouTube sorgen
dafür, dass die Datenmassen ins Unermessliche steigen. So laden
die User bei Facebook täglich über 14 Millionen Bilder und andere
Daten hoch und klicken bei YouTube monatlich drei Milliarden
Videos (Stand 2009) an. Allein die Videos erhalten beim Hochla-
den mehrere Tags, die meist willkürlich gewählt werden – eine
Willkür, die jeder Suchmaschine die gezielte Recherche im Netz
erschwert.

Hinzu kommt, dass das große «Buch» Internet kein Inhaltsverzeichnis hat. Es fehlt also eine Struktur, an der sich die Suchmaschinen orientieren könnten. Sie geraten immer öfter an ihre
Grenzen, Anfragen werden schleppend beantwortet oder laufen
sogar ganz ins Leere.

Crawler, Spider oder Suchroboter haben es bisher noch nicht
geschafft, die Daten komplett zu erfassen. Außerdem sind Suchmaschinen auf Verlinkungen angewiesen. Viele Seiten haben aber
ihre Links versteckt in Unterverzeichnissen abgelegt oder erst gar
nicht veröffentlicht. Diese Seiten haben daher keine Chance, im
Index der Suchmaschine zu erscheinen.

Eine Folge davon ist, dass die weltgrößte Suchmaschine Google
von den zehn Milliarden Seiten circa 4,2 Milliarden in ihrem
Suchindex hat. Das sind gerade einmal 40 Prozent aller Webseiten.

Exkurs: So arbeiten Google, Safari und Co.:

1. Sogenannte Anfrageprogramme suchen ständig Webseiten auf und erfassen Dokumente, die sich auf den unzähligen Servern im Internet befinden. Bei geschätzten zehn Milliarden Webauftritten ist das aber kein leichtes Unterfangen. Betreiber von Suchmaschinen setzten hierfür auf Crawler, Spider oder Suchroboter. Sie nehmen neue Dokumente in die Datenbanken auf, laden Files herunter, analysieren deren Texte und überprüfen die schon erfassten Daten nach eventuellen Updates.

2. Der Inhalt der Seiten wird nach Schlüsselwörtern in den Index eingeordnet.

3. Der dritte Arbeitsschritt gehört für uns schon zum Alltag: Der Benutzer durchforstet den angelegten Index über das Eingabefenster auf der Frontseite nach seinen Suchkriterien.

Die semantische Suche – auf dem Weg zu einer intelligenteren Suchmaschine

Dem prall gefüllten Buch Internet fehlt das Inhaltsverzeichnis. Genau diesen wichtigen Baustein besitzt jedoch eine nicht neue, doch immer feiner werdende Technik: die semantische Suche.

«Der nächste logische Schritt ist es, künstliche Intelligenz bei der Suche einzusetzen», sagte einst Internet-Pionier Tim Berners-Lee auf einer Bostoner Konferenz zum Thema künstliche Intelligenz. Damals erntete er dafür noch harsche Kritik, auch vom Suchmaschinen-Primus Google. «Wir haben es mit Millionen von Webmastern zu tun, die keine Server konfigurieren und kein HTML schreiben können. Wie sollen diese Leute noch einen Schritt weiter gehen?»

Technisch gesehen hatten die Experten schon damals eine Vision: Dem Netzwerk, in dem man sich befindet, müssten lediglich semantische Meta-Informationen – also Daten, die wiederum Daten beschreiben – zur eigentlichen Quelle hinzugefügt werden. Man spricht auch von morphologischen Datenschnipseln.

Mit den korrekten Metadaten in einer sinnvollen Ordnung kann dann ein Rechner Rückschlüsse ziehen, worum es sich bei der Datenressource handelt und sogar Zusammenhänge zwischen Daten erkennen. Diese semantischen Suchmaschinen könnten sich dann im Internet viel besser zurechtfinden.

Die Idee für die semantischen Suchmaschinen ist allerdings nicht neu. Bereits um 1900 führte der Psychologe Gustav Aschaffenburg Untersuchungen durch, wie Begriffe in unserem Gehirn miteinander verknüpft sind. Bei der Suche versetzt sich der Suchende immer in seine persönliche Semantik. Dieses Prinzip machen sich die semantischen Suchmaschinen zunutze.

Semantische Suche im Wissensmanagement in Unternehmen

Auch in Unternehmen steigt die Verbreitung von digitalen Dokumenten zu unübersichtlichen Datenmengen rasant an. Aus diesem Datendschungel Wissen zu generieren ist eine regelrechte Mammutaufgabe, der sich eine Entwicklerfirma aus Leipzig angenommen hat.

Das Zauberwort lautet auch hier automatische und semantische Erkennung von Textzusammenhängen. Das heißt: Eine übliche Verschlagwortung findet gar nicht mehr statt. Sucht man nach einem Dokument, werden nicht mehr die Informationen dazu, sondern vielmehr die verknüpften Angaben angezeigt: Im Fachjargon spricht man von einer «Darstellung von Wissen».

Der sprachwissenschaftliche Hintergrund

Durch die Nutzung der Semantik, der sprachlichen Bedeutungslehre, erhält der Suchende inhaltlich verknüpfte Ergebnisse. In der Textanalyse sind zwei Methoden grundsätzlich zu unterscheiden: die indexbasierte Methode und die Text-Mining-Systeme mit direktem Zugriff auf den Textkorpus.

Heutige Suchmaschinen nutzen die indexbasierte Methode. Der Schwerpunkt liegt hierbei auf der Suche von Zeichenketten.

Somit werden Wörter mit unterschiedlicher Bedeutung angezeigt. In der Trefferliste erscheint beispielsweise «Auto», aber auch «Autonomie». Im Gegensatz dazu greifen Text-Mining-Systeme direkt auf den zu analysierenden Textkorpus zu und erkennen die Sinnverwandtschaft von funktionstragenden Wörtern oder Wortgruppen.

Die semantische Suche bedeutet das Aufzeigen von Bedeutung und Beziehungen von sprachlichen Elementen in einem Textkorpus.

Um die Suchergebnisse qualitativ weiter zu verbessern, kommt die Ontologie zum Einsatz. Sucht man mit dieser Methode nach «Auto» und «Autos», erhält der Suchende eine Auswahl mit zusätzlichen Begriffen wie Kraftwagen, Fahrzeug, Limousine, Kabriolett – Wörter, die alle eine Bedeutung von Auto haben. Die im Vorfeld per Hand geknüpfte Sinnverwandtschaft kommt hier zum Tragen.

Um die Wörter gruppieren sich Stammbäume, die die Abhängigkeiten der Wörter darstellen. Zu jedem Wort gibt es Geschwister, Eltern und weitere Verwandte. Die Geschwister sind beispielsweise Synonyme. Eltern sind übergreifende Begrifflichkeiten, von denen Untergruppen abgeleitet werden. Bei einem Suchauftrag findet die Maschine also Synonyme und Wörter, die zur selben Familie gehören.

Betrachtet man nun die Reichhaltigkeit der Suchergebnisse, ist zu unterstellen, dass im umgangssprachlichen Bereich Text-Mining-Systeme und Ontologie zu ähnlichen Suchergebnissen führen. Der ontologische Ansatz birgt den Nachteil der ständigen und aufwendigen Aktualisierung. Damit ist ein hoher Pflegeaufwand verbunden. Auf Grund der automatischen Arbeitsweise entfällt dieser Aufwand bei Text-Mining-Systemen grundsätzlich.

In fachlichen Dokumentensammlungen sollten die Möglichkeiten der automatischen Sprachverarbeitung schon aus wirtschaftlichen Gesichtspunkten ausgenutzt werden. Hier kann der anschließende Einsatz von Ontologien zu einer tieferen Verknüp-

fung und damit weiterer Verbesserung des Suchergebnisses führen – sie könnte beispielsweise für die Verbindung von Artikel-
nummer und einer Artikelbezeichnung verwendet werden.

Statistik statt Metadaten

Die Satzsemantik untersucht die einzelnen Wörter nach speziel-
len Verknüpfungsregeln und stellt Beziehungen zu größeren syn-
taktischen Einheiten wie Satzgliedern, Teilsätzen und ganzen Sätzen her. Durch statistische Methoden wird also die Nähe oder
Ferne zu einem eventuellen Suchbegriff ermittelt – und das ohne
spezielle Metadaten anlegen und pflegen zu müssen.

Das Ergebnis dieser aufwendigen Berechnungen erhält der Suchende in Form einer dreidimensionalen Trefferliste.

Ausblick

Tim Berners-Lee sagte einmal in Bezug auf Suchmaschinen: «Mein
Traum ist es, das Web für den Rechner erklärbar zu machen.»

Was das Internet anbelangt, so wird diese Vision aber wohl
noch etwas auf sich warten lassen. Schließlich wird das World
Wide Web immer größer und verzweigter. Wenn eine Applikation
nicht mehr richtig funktioniert, wird einfach eine neue eingesetzt.
Die alte, nicht kompatible Struktur bleibt dabei immer bestehen.
Das Netz gleicht einem riesigen Flickenteppich. Man spinnt sich
sozusagen von Fehler zu Fehler.

Anders sieht es dagegen bei Unternehmen aus. Die Server- und
Datenstruktur ist meist überschaubar und nach einem bestimmten Muster angelegt. Nur wenige haben – anders als beim Internet
– die Berechtigung, Änderungen vorzunehmen.

Die semantische Suche befreit den Anwender davon, wissen zu
müssen, wo er relevante Ergebnisse findet. Sie macht den suchen-
den Laien regelrecht zum Experten. Das in Wissensmodellen hin-
terlegte Hintergrundwissen unterstützt ihn dabei, schnell und
ohne aufwendige Suche an die richtigen Dokumente zu kommen.
Da bei einem Einsatz solcher Suchmaschinen sogar die vorhan-

dene Serverstruktur beibehalten wird, lassen sich noch Geld und Zeit sparen.

Neben den vielen Vorteilen gibt es bei der semantischen Suche auch einen gravierenden Nachteil. Wortdopplung wie «Virus», aus der Medizin und der IT, kann auch eine semantische Suche oft noch nicht unterscheiden. Es bleibt zu hoffen, dass Berners-Lees Internet-Traum irgendwann in Erfüllung geht – auf der semantischen Ebene ist er schon fast Realität.

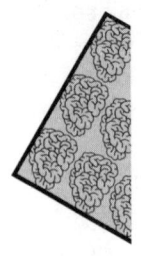

Kapitel 4

Schneller denken – mit MindMaps

Wie bereitet man sich vor, wenn man «alles über den Schwarzwald» wissen muss? Vor dieser Frage stand ich, als ich zur Quizshow «Risiko» – einer Nachfolgesendung vom legendären «Großen Preis» mit Wim Thoelke – eingeladen wurde. Die Recherche war umfangreich, da nach allem gefragt werden konnte: nach Geschichte, Politik, Landschaft, Bräuchen, Städten und Gemeinden, Sehenswürdigkeiten – einfach nach allem, was irgendwie mit dem Schwarzwald zu tun hatte.

Hätte ich mir zuerst alle Städte und ein anderes Mal die Sehenswürdigkeiten eingeprägt, ohne mir zuvor über die passende Lernstrategie Gedanken zu machen, hätte es passieren können, dass ich zwar die Stadt Triberg gekannt und auch gewusst hätte, wie hoch der höchste Wasserfall im Schwarzwald ist, aber mir wäre vielleicht entgangen, dass sich ebendieser Wasserfall in genau jenem Triberg befindet.

Eine MindMap half mir dabei, die Verbindungen zwischen den einzelnen Fakten herzustellen. Sie diente mir als Struktur. Und das Konzept war erfolgreich – ich gewann in der Sendung die höchstmögliche Summe.

Mit dem Abschluss der Recherchen ist die Vorbereitung zum Lernen also noch nicht beendet. Als Nächstes müssen die Rechercheergebnisse in eine plausible und einprägsame Form gebracht werden. Sonst kann es leicht passieren, dass man das Falsche lernt, Zusammenhänge nicht erkennt oder einfach sehr lange braucht. Mit MindMaps lassen sich all diese Klippen umschiffen.

Eine MindMap ist ein Bild, eine «Gedanken-Landkarte», die aus Begriffen, Mustern, Farben, Bildern, Piktogrammen und Schlüsselwörtern «gemalt» wird. MindMaps bedienen die zwei Hauptfaktoren des Merkens: die Assoziation und die Betonung. Durch die strahlenförmige oder «radiale» Anordnung der Notizen und die bildhafte Gestaltung dieser «Karte» eröffnet sich Ihnen ein riesiges Assoziationspotenzial – und das sollten Sie nutzen.

MindMaps bilden Assoziationen ab

MindMaps gehören zu den Assoziogrammen, einer kognitiven Technik, mit der sich Verknüpfungen eines zentralen Begriffs mit anderen Begriffen bildlich darstellen lassen. Dreh- und Angelpunkt dieser Methode ist das Prinzip der Gedankenverknüpfung, der Assoziation: Man macht sich die Fähigkeiten und Beschaffenheit des Gehirns zunutze und lässt den Gedanken freien Lauf. Verwendet werden die Begriffe, die einem spontan zu einem Wort einfallen. Diese stellen sich durch Ähnlichkeit, Kontrast oder Ergänzung zu dem Oberbegriff – und später auch zu den Unterbegriffen – bewusst oder unbewusst ein. Dabei werden neu gewonnene Informationen mit bereits vorhandenen verbunden und abrufbar gemacht.

Assoziogramme eignen sich besonders für das Erlernen von Sprachen. Da die Begriffe auf einer MindMap alle in Bezug zueinander stehen und die Beziehungen sichtbar gemacht werden, können wir uns so die besten Bedingungen schaffen, um uns verschiedene Wortfelder zu erarbeiten.

Um eine MindMap mit all ihren Vorteilen anwenden zu können, wird sie nach bestimmten Regeln erstellt und gelesen. Doch dazu später.

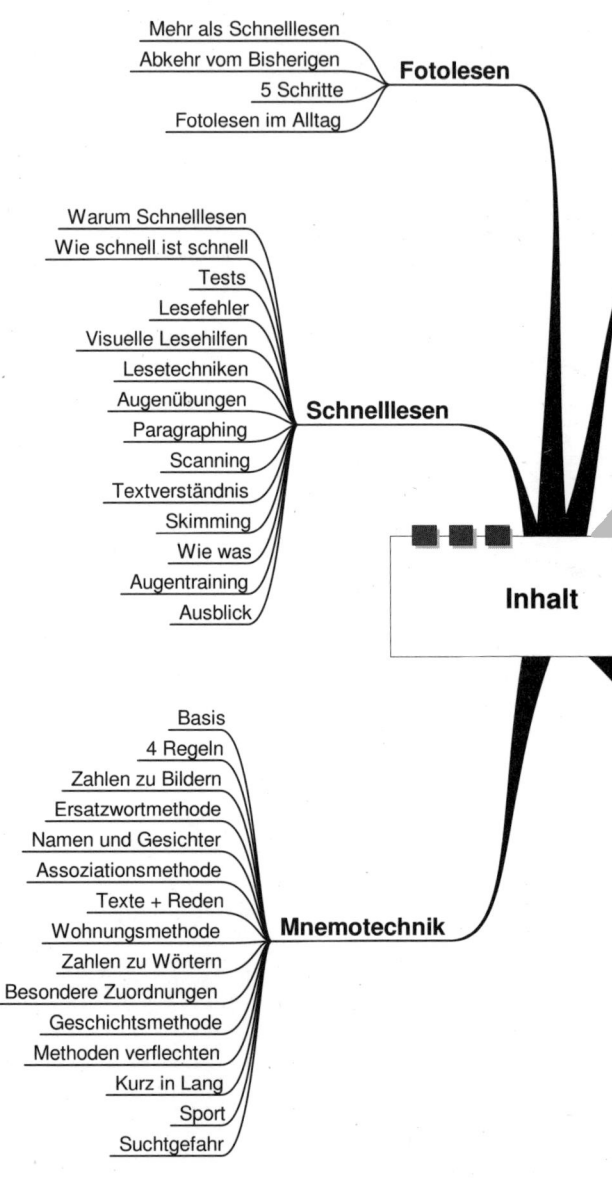

Jens Seiler   Jens der Denker

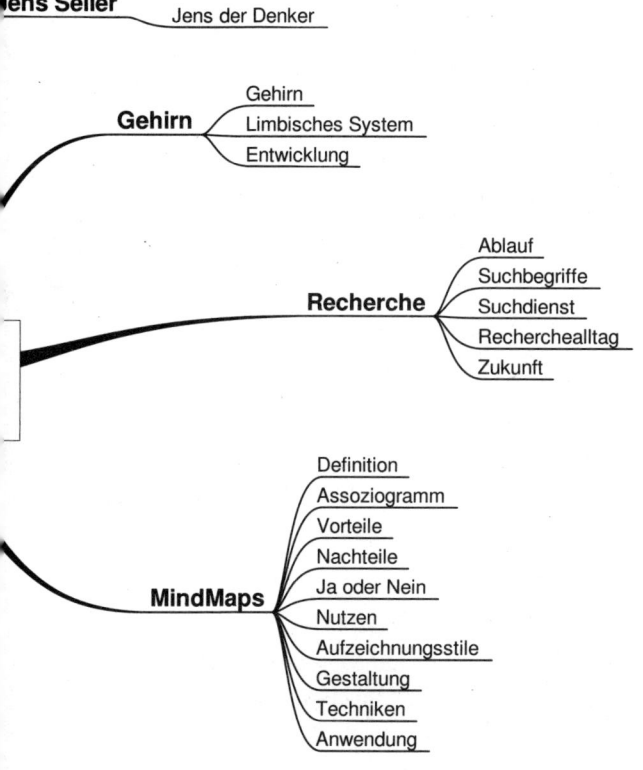

Gehirn
Gehirn
Limbisches System
Entwicklung

Recherche
Ablauf
Suchbegriffe
Suchdienst
Recherchealltag
Zukunft

MindMaps
Definition
Assoziogramm
Vorteile
Nachteile
Ja oder Nein
Nutzen
Aufzeichnungsstile
Gestaltung
Techniken
Anwendung

Was MindMaps unschlagbar macht

Mindmaps sind auf sehr vielfältige Art und Weise anwendbar. Dadurch, dass ihr Aufbau unserer Denkweise so entgegenkommt, prägen sich die Inhalte gut ein. Aber das ist noch nicht alles:

- *Überflüssiges fällt weg.* Durch den bildhaften Aufbau der Notizen kann man den Kern des Themas oder Lernstoffs sofort erkennen. Schwerpunkte kristallisieren sich schon beim Erstellen der MindMap heraus. Wichtiges steht im Zentrum, weniger Wichtiges am Rand. So spiegelt sich in der Gestaltung der Notizen gleich eine Gewichtung der Inhalte wider. Probleme und Lösungsmöglichkeiten sind so leichter ersichtlich als bei ausformulierten Texten oder Listen.

- *MindMaps lassen sich jederzeit sinnvoll ergänzen.* Selbst wenn sich der Aufbau der kompletten MindMap über mehrere Termine hinzieht, kann ich die Strukturen verbessern und Neues anfügen, ohne größere Streichungen vornehmen zu müssen. Je ausführlicher meine Aufzeichnung wird, desto leichter kann ich sie mit anderen Wissensnetzen verknüpfen. Mit ausreichend Platz oder den entsprechenden technischen Möglichkeiten geht das.

- *Wer mit MindMaps arbeitet, kann Dritte besser einbeziehen.* Machen Sie den Test: Wie reagiert Ihr Umfeld, wenn Sie ihm eine Liste vorlegen und um eine Meinung bitten? Und wie reagiert Ihr Umfeld, wenn Sie Gleiches mit einem Bild probieren? Meist müssen Sie dann nicht einmal viel erklären. Wer im Team an MindMaps arbeitet, sorgt dafür, dass sich jeder aktiv an der Planung des jeweiligen Projekts beteiligen kann – eine wichtige Voraussetzung für eine gute und lebendige Arbeitsatmosphäre.

- *Sie sehen alles auf einen Blick.* Eine MindMap passt meistens auf eine Seite, einen Bogen Papier, eine Folie oder eine Flipchart. So kann sich der Betrachter mit einem Blick über den

Inhalt der Notizen informieren. Sie brauchen nicht einmal mehr zu blättern.

- *Menschen sind von Natur aus neugierig.* Der Aufbau der MindMap kommt dieser Eigenschaft entgegen: Wir wollen sofort wissen, was wie miteinander zusammenhängt. So macht Lernen wieder Spaß.
- *Eine MindMap kann man ohne vorherige Planung angehen.* Die Struktur entsteht, während Sie die MindMap erstellen. Das spart Zeit, legen Sie einfach los!
- *MindMaps lassen sich hervorragend archivieren* – einfach abheften, ablegen oder abspeichern. Nehmen Sie Ihre Aufzeichnungen wieder zur Hand, werden Sie sich vermutlich schnell wieder im Thema zurechtfinden – schließlich müssen Sie nur Ihre eigenen Gedankengänge reaktivieren.

Was ich Skeptikern entgegne

Kritische Stimmen zu MindMaps gibt es natürlich auch. Ein grundlegender Einwand lautet, dass MindMaps zu individuell gestaltet seien. Soll heißen: Außer dem Verfasser kann mit den Aufzeichnungen, den verwendeten Farben, Bildern, Symbolen und Schlüsselbegriffen kaum jemand etwas anfangen. Dasselbe gelte für die Art und Weise, wie die Informationen strukturiert sind.

Ich habe allerdings die Erfahrung gemacht, dass das Prinzip MindMap sowohl im privaten als auch im beruflichen Bereich funktioniert. Im Büro, aber auch mit einem neu gewonnenen Business-Partner aus Hongkong kommen wir mit dieser Arbeitsweise bestens zurecht. Beim Austausch über elektronisch erstellte MindMaps mit unserem chinesischen Kollegen gab es lediglich ein Schlüsselwort, mit dem er nichts anfangen konnte. Ein Anruf reichte aus, um dieses Manko zu beheben. Und der Vorzug der Methode ist gewaltig: Wir hatten schnell ein klar strukturiertes und übersichtliches Konzept vorliegen und konnten in die Umsetzung einsteigen.

Bemängelt wird außerdem, dass die verschiedenen positiv hervorgehobenen Aspekte der Anwendung einer MindMap zwar einleuchtend, aber nicht wissenschaftlich belegt seien. Insbesondere die Behauptung, MindMaps sprächen beide Gehirnhälften gleichermaßen an, habe sich als unzutreffend oder als zu eingeschränkt erwiesen.

Nun interessiere ich mich sehr für die Erkenntnisse der Hirnforschung. Wenn ich aber jahrelang erfolgreich mit MindMaps arbeite, reicht mir der Hinweis «als zu eingeschränkt erwiesen» nicht aus, in Zukunft auf das Mindmapping zu verzichten.

Als einem Verfechter von sogenannten Open-Source-Aufzeichnungen ist es mir wichtig, dass Aufzeichnungen nicht nur die Inhalte vermitteln, sondern darüber hinaus offen für Ergänzungen und Weiterführung sind. Und das kann die MindMap auf jeden Fall leisten. Wenn Sie dann noch Bilder ergänzen, haben Sie mit Ihrer MindMap eine vortreffliche Anregung und einen Multiplikator für Assoziationen, selbst wenn man keine künstlerischen Meisterwerke vor sich hat. Ich selbst bin auch kein berühmter Zeichner.

Was ich an MindMaps besonders hervorhebe, die Möglichkeit, Wissensnetze aufzubauen, wird von Kritikern als Schwachpunkt angesehen. Sie sind der Meinung, dadurch würden MindMaps schnell ihre Übersichtlichkeit verlieren. Schließlich könnten Teilaspekte unter mehreren Schlüsselwörtern eingeordnet werden oder zu ihnen in verschiedenen Beziehungen stehen. Somit wären die einzelnen Ebenen – also die hierarchische Einordnung der Begriffe – nur in einfachen Fällen sofort einsichtig.

Hier hat der Kritiker meiner Ansicht nach die grenzenlosen Möglichkeiten der Methode nicht erkannt oder eine schlecht aufgebaute MindMap vor sich gehabt. Die MindMap ist ein leicht zu lernendes Werkzeug, das einfachen Regeln unterliegt. Unter «Aufbau einer MindMap» lernen Sie diese Regeln kennen.

Die Kritiker weisen darauf hin, dass häufig die Hierarchien in der Bearbeitungsphase verändert werden. Dadurch sei es immer wieder erforderlich, sich lange und intensiv mit der Struktur auseinanderzusetzen, um eine logisch widerspruchsfreie MindMap zu erstellen.

Doch ist es wirklich als Nachteil anzusehen, sich intensiver mit der Struktur beschäftigen zu müssen? Wie sieht es denn mit den Strukturierungen und Ideensammlungen aus, die linear aufgezeichnet wurden?

In einer MindMap werden neue Zweige eingefügt, wenn neue Aspekte hinzukommen. Werden in einer Diskussion Zusammenhänge zwischen zwei Punkten deutlich, werden diese in der MindMap einfach verbunden. Fallen Argumente unter den Tisch, wird der Zweig als erledigt gekennzeichnet.

In einer linearen Struktur Einfügungen vorzunehmen mag auf dem Computer noch einfach sein, aber auf dem Papier? Wie aber kennzeichne ich in einer linearen Struktur die Verknüpfung zweier Aspekte, ohne die Übersichtlichkeit zu verlieren? Und streichen Sie mal mehrere erledigte Punkte aus. Können Sie dann noch auf einem Blick den Kern der Aussagen erfassen?

Radiale schlagen lineare Aufzeichnungen

Wer schon mal in einem Hörsaal, einer Konferenz oder im Klassenzimmer gesessen und sich Notizen zu einem Referat oder einer Vorlesung gemacht hat, kennt das Problem. Alles mitzuschreiben ist meist ebenso unmöglich wie unnötig – und die Gefahr, dass man beim kompletten Mitschreiben den nächsten wichtigen Punkt verpasst, ist groß. Was ist wichtig, was kann ich weglassen, was sind die Schlüsselbegriffe?

Bevor ich anfing, mit MindMaps zu arbeiten, war ich mit meinen Aufzeichnungen selten zufrieden. Meine Notizen glichen zunächst einem Buch. Aus der Angst heraus, etwas Wichtiges zu vergessen, schrieb ich praktisch alles Wort für Wort auf. Schon nach kurzer Zeit hatte ich den Überblick über meine eigenen Aufzeichnungen verloren. Entsprechend mühselig und zeitraubend war das Durchforsten der Notizen im Nachhinein. Bei Listen war

der Nachteil, dass ich die Notizen in der Reihenfolge nieder-
schrieb, in der sie im Vortrag oder in einem Text auftauchten. Eine
sinnvolle Struktur zu erstellen, die sich auch mit meinem eigenen
Denken vertrug, war kaum möglich. Bei Gliederungen wiederum
erwies sich als Problem, dass ich vor dem Notieren die Struktur
zum größten Teil schon im Kopf haben musste. Doch wer hat das
schon? Innovativ und kreativ mit den Begriffen umzugehen kam
mir auf diese Weise nicht in den Sinn.

Das ist bei MindMaps anders, sie sind für mich in vielen Situationen unverzichtbar geworden.

Wofür nutze ich eine MindMap?

MindMaps eignen sich
- zur Entscheidungsfindung.
  Bei der Frage, ob dieses Jahr Sommer- oder Winterurlaub
  oder zum jetzigen Zeitpunkt ein Autokauf ansteht oder der
  Arbeitsplatz zu wechseln wäre: Mit einer MindMap sehe ich
  die Entscheidung im wahrsten Sinne des Wortes bildlich vor
  mir.
- für Aufzeichnungen.
  Ob es um die Argumente einer Diskussion, die Wiedergabe
  eines Buches oder darum geht, Beiträge Dritter strukturiert
  mitzuschreiben: Hier ist das Mindmapping unschlagbar.
- zum Planen.
  Ob es um meine Urlaubsplanung oder um das Verteilen von
  Aufgaben im Büro geht, mit einer MindMap habe ich alles
  sofort im Blick.
- bei Brainstormings.
  Bewährt hat sich auch, zu Beginn eines neuen Projekts im
  Büro an einem Flipchart zu stehen und die Zurufe aller Mit-
  arbeiter in die Form einer MindMap zu bringen. Auch im
  privaten Bereich binde ich mit dieser Methode alle Familien-
  mitglieder in die Planungen ein.

- um eigene Notizen niederzuschreiben.

Notizen zu einem Thema fallen mir oft nicht in einer sinnvollen Reihenfolge ein. Dagegen kann ich bei einer MindMap das jeweilige Stichwort an die richtige Stelle setzen.

Apropos eigene Aufzeichnungen: Für alle, die schreiben, ist das Mindmapping besonders interessant.

Strukturierter schreiben mit MindMaps

Wenn wir denken, tun wir dies nicht in einer strukturierten Reihenfolge, sondern radial und assoziativ. Unsere Gedanken springen von einem Thema zum nächsten, je nachdem wie unsere Gehirnzellen verknüpft sind. Wer einen Text verfasst, steht vor der Herausforderung, die Vielfalt der Gedanken in eine lineare Form zu bringen, in eine Reihenfolge, die auch für die Leser nachvollziehbar ist. Es muss eins nach dem anderen abgehandelt, formuliert und verständlich miteinander verknüpft werden. Sonst ist der Text nicht gut strukturiert und andere können die Aussage nicht richtig nachvollziehen.

Hintergrund dieser Problematik ist, dass die Menschen in ihrem Gehirn unterschiedlich «verkabelt» sind. Bei dem Wort «Blatt» denkt der eine an «Papier», während der andere vielleicht an «Laub» oder «Klee» denkt. Beim Lesen gibt es also in der Kommunikation zwischen Autor und Leser zwei Schnittstellen, die überwunden werden müssen. Der Autor bringt beim Schreiben eines Textes seine Gedanken zunächst in eine lineare Form, und der Leser wiederum wandelt diesen linearen Text in seine eigene Denkweise um. Diese Schnittstellen müssen überbrückt werden, und zwar gleich zweimal.

Jens der Denker rät

Wer schreibt, ist gut beraten, seinen Gedankenfluss zunächst in Form einer MindMap festzuhalten. Hierbei sind Details unwichtig, es geht zunächst einmal um den groben Aufbau des Textes. Erst wenn die Struktur steht, sollten die Worte in eine lineare

Textform gebracht werden. Auf diese Weise kann man sich die eigenen Gedankengänge leichter bewusstmachen und vermeidet es, den Leser durch Gedankensprünge zu verwirren.

Die Technik des Mindmapping

MindMaps sind hierarchisch aufgebaut. Der zentrale Begriff steht in der Mitte, ihm werden die untergeordneten Hierarchien – also die naheliegendsten Assoziationen – zugeordnet. Die Verbindung wird durch Äste, deren Verzweigungen, Pfeile etc. hergestellt. Es ergibt sich eine Struktur, die uns hilft, uns die Begriffe und die Zusammenhänge, in denen sie miteinander stehen, einzuprägen.

Bei meiner Vorbereitung auf die Quizshow war «Schwarzwald» mein zentraler Begriff. An diesen hängte ich unter anderem «Geschichte», «Kultur» und «Städte» an. Beim Recherchieren stieß ich dann auf verschiedene Bräuche und konnte dieses neue Schlüsselwort als Unterebene an die Kultur anknüpfen, ohne die ursprüngliche Struktur zu zerstören oder meine Gedanken auseinanderzureißen. Jetzt las ich über die Säkularisation der zahlreichen Klöster. «Säkularisation» habe ich mit «Geschichte» verbunden, und das Strukturieren ging weiter. Einige Zeit später las ich über die besonderen Hochzeitsbräuche im Schwarzwald und verband dies mit «Kultur».

Durch das radiale Aufzeichnungssystem fand ich für jedes neue Stichwort die passende Stelle. Zu keinem Zeitpunkt musste ich mir Gedanken über den Aufbau meines Materials machen. Ich konnte jederzeit meinen eigenen Gedanken folgen. Selbst wenn ein völlig neuer Unterbereich auftauchte, fügte ich diesen direkt an das zentrale Wort an.

Wenn Sie einige grundlegende MindMap-Techniken berücksichtigen, entsteht mit jeder MindMap ein gut strukturiertes Bild.

Das Blatt

Für unser Bild der MindMap nehmen wir ein Blatt Papier im Querformat, denn zum einen benötigen wir mehr Platz in der Breite, zum anderen aktivieren wir dadurch Gehirnregionen, die dem rechtsseitigen Denken zugeschrieben werden.

Mithilfe der Positronen-Emissions-Tomographie (PET) kann man nachvollziehen, welche Gehirnregionen bei bestimmten Tätigkeiten aktiv sind. In einer Untersuchung legte man Testpersonen ein leeres Blatt Papier vor. Sobald dieses aus dem Hochformat in das Querformat gedreht wurde, zeigten diejenigen Gehirnareale eine stärkere Aktivität, die für bildhaftes, kreatives Denken zuständig sind. Dies beruht auf einer ganz einfachen Konditionierung. Wird Ihnen ein leeres Blatt Papier im Hochformat vorgelegt, denken Sie automatisch an das Erstellen von linearen Notizen, wie Sie es aus der Schule gewohnt sind. Dreht man das Blatt ins Querformat, denken Sie eher an den Zeichenunterricht, an den Besuch einer Gemäldegalerie oder das Betrachten von Fotos mit Freunden.

Zentrales Thema

In die Mitte des Blattes wird das zentrale Thema, unser Schlüsselwort, platziert. Ich verwende stets ein Bild anstatt eines Wortes, da dies automatisch Auge und Gehirn auf sich lenkt, zahlreiche Assoziationen auslöst und nachweislich als bessere Gedächtnisstütze dient. Kann ich mich an das Zentralthema erinnern, rufe ich assoziativ auch die umliegenden Äste aus meinem Gedächtnis ab.

Sollte mir es nicht gelingen, das zentrale Wort zu malen, schreibe ich es in Wortform, verziere es aber mit verschiedenen Farben oder versehe es mit einem Schatten, um eine Mehrdimensionalität zu erreichen. Sie sollten Ihre Informationen im doppelten Sinne «merkwürdig» gestalten. Dann sind sie es auch wert, gemerkt zu werden. Was gäbe es in dieser Hinsicht besseres als Bilder und Farben? Nutzen Sie alle Möglichkeiten des visuellen Kanals.

Hauptpunkte zum zentralen Thema

In die unmittelbare Nähe des zentralen Themas werden die stärksten Assoziationen platziert. Sie werden durch sogenannte «Äste» an das zentrale Bild angehängt. Die Anzahl der Hauptäste prägt die Struktur der MindMap.

Ich überlege mir schon während des Aufnehmens der Informationen, in welche Hauptkategorien ich sie einteilen möchte. Selbst wenn manche Informationen erst recht spät an mich herangetragen werden, kann ich ohne Probleme einen weiteren Hauptast anhängen.

Optimal wäre es, wenn ich die Hauptäste ihrer Wichtigkeit nach im Uhrzeigersinn an das zentrale Bild hängen könnte. Selten bekomme ich aber meine Informationen, die ich notieren möchte, in genau der Reihenfolge, wie ich sie für wichtig halte. Daher ordne ich zunächst alle Hauptäste im Uhrzeigersinn. Sind meine Aufzeichnungen fertig, nummeriere ich anschließend die Äste nach ihrer Priorität. Untergeordnete Informationen hänge ich auf gleiche Weise als Unteräste an.

Schreiben Sie die Wörter ausschließlich auf die Äste. Es sollten keine Wörter im «luftleeren» Raum stehen. Ziel ist es, eine organische Struktur entstehen zu lassen. Denken Sie einfach an das strukturelle Vorbild der MindMap, den Baum: Große Äste gehen vom Stamm ab und verzweigen sich in immer kleinere Äste. Achten Sie darauf, dass die Unteräste immer mit dem zugehörigen übergeordneten Ast verbunden sind.

Gestaltung der Äste

Die Äste müssen keinesfalls in gerader Richtung vom Zentrum weglaufen. So zeichnete ich einmal einen Luftballon, der gerade seine Luft verlor und spiralförmig Richtung Blattende flog, oder einen Revolver, dessen abgefeuerte Kugel ich als weitere Hierarchieebene nutzte. Gerade in der Gestaltung einer Mind-

Map sind keine Grenzen gesetzt. Im Gegenteil: Je künstlerischer sie gestaltet ist – ohne natürlich den Inhalt aus dem Blick zu verlieren –, desto effektiver kommen die Vorteile der MindMap zur Geltung.

Quetschen Sie die einzelnen Äste nicht aneinander! Sonst bekommen Sie Platzprobleme, wenn Sie doch noch etwas ergänzen möchten. Bewusst eingesetzt, kann das enge Zusammenschreiben mehrerer Schlüsselwörter aber auch strukturbildend sein, denn räumliche Nähe steht in der MindMap für inhaltliche Nähe und Zusammengehörigkeit.

Linienstärke

Je weiter ich mich von meinem zentralen Bild entferne, desto dünner zeichne ich meine Äste. Die unterschiedlich dick gestalteten Äste zeigen die jeweilige Bedeutung innerhalb der Hierarchie auf. Dicke Äste betonen einen bestimmten Aspekt. Seine Bedeutung wird optisch hervorgehoben – die Wahrscheinlichkeit, dass wir uns später an den Inhalt erinnern können, steigt.

Schlüsselwörter und Schlüsselbilder

Die Schlüsselwörter schreibe ich stets in Druckbuchstaben, da diese im Gegensatz zur Schreibschrift in beiden Gehirnhälften verarbeitet werden können.

Verwenden Sie pro Ast grundsätzlich nur ein Schlüsselwort, um Ihre Assoziationsfreiheit nicht einzuschränken. Jedes Wort löst Assoziationen aus. Kombinieren Sie mehrere Wörter auf einem Ast, kommen Sie schnell in die Versuchung, nach Assoziationen zu suchen, die zu beiden Wörtern passen. Dadurch würde die Auswahl an möglichen Assoziationen kleiner.

Alle Äste passe ich in der Länge genau dem jeweiligen Schlüsselwort an. So sind Sie in der Lage, zusammenhängende Schlüsselwörter ohne Platzverlust nahe beieinander zu schreiben, was wiederum die Assoziations- und Denkfähigkeit unterstützt. Für die Übersichtlichkeit ist es außerdem wichtig, die Schlüsselwörter genau auf die Linien der Äste zu schreiben.

Bei den einzelnen Schlüsselwörtern, gleich auf welcher Hierarchiestufe sie abgelegt sind, helfen Farben, Schattierungen und andere Hervorhebungen, Begriffe und Zusammenhänge gezielt zu betonen. Anstelle von Schlüsselwörtern setze ich so oft wie möglich kleine Bilder ein. Dies ist wohl die beste Möglichkeit, einen bestimmten Begriff hervorzuheben. Weil ich nicht gut zeichnen kann, fallen meine Bilder recht merkwürdig aus – das ist hier sogar von Vorteil. Denn je merkwürdiger die Darstellung, desto nachdrücklicher prägt sie sich uns ein.

Zusammenhänge zwischen den Ästen

Habe ich alle Äste erstellt, suche ich nach eventuellen Zusammenhängen zwischen ihnen und verbinde sie mit Pfeilen. So gewinne ich ein noch tieferes Verständnis für den Text. So werden die Bezüge zwischen den Schlüsselwörtern visualisiert. Pfeile lenken unsere Augen automatisch von hier nach dort. Weitere Akzente lassen sich durch Form, Farbe und Richtung der Pfeile setzen.

Sollten zwei zusammenhängende Aspekte zu weit auseinanderliegen und der Einsatz von Pfeilen die Deutlichkeit eher leiden lassen, verwende ich Codes – einfache Zeichen wie Häkchen, Kreuze oder Kreise. Vermutlich werden Sie sich mit der Zeit eine eigene Symbolgalerie für häufig gebrauchte Wörter anlegen, zum Beispiel einen Pfeil für «daraus folgt», ein Plus für «und», einen Blitz für «Ausnahme». Sie werden dadurch immer mehr Informationen auf immer weniger Platz übersichtlich zusammenfassen können.

Betonen einzelner Hierarchieebenen

Meine einzelnen Äste gestalte ich möglichst unterschiedlich, was Formen, Farben, den Einsatz von Bildern oder enges Zusammenschreiben von zusammenhängenden Schlüsselwörtern anbelangt.

Eine gute Möglichkeit stellt auch das «Bewolken» eines ganzen Astes dar. In diesem Fall betone ich ihn, indem ich um den Hauptsatz mit all seinen Unterästen eine auffällig gestaltete Wolke male, die ich meistens mit Schraffierungen in verschiedenen Farben fülle. So eine Wolke sticht aus der gesamten MindMap mehr heraus als das zentrale Bild. Da dies eigentlich dem radialen Aufbau widerspricht, setze ich das «Bewolken» bewusst ein, wenn ich den wichtigsten Ast besonders hervorheben oder darauf hinweisen möchte, dass dieses Thema in einer gesonderten MindMap näher behandelt wird.

Zwei Typen: die polykategorische und die dyadische MindMap

Die «eigentliche» MindMap, von der hier bislang die Rede war, ist eine polykategorische MindMap. Wie der Name schon sagt, umfasst sie gegenüber der dyadischen MindMap eine komplexere Hierarchie mit verschiedenen Kategorien. Sie eignet sich für die meisten beschreibenden, analytischen und weiterführenden Aufzeichnungen. Ihre nächste Party wäre beispielsweise eine solche komplexe Angelegenheit. Wer wird eingeladen, wo feiern Sie, wer macht Musik, wer kümmert sich um Essen und Getränke? Vermutlich würden Sie diese oder ähnliche Begriffe als Unterkategorien wählen und vielleicht noch etwas hinzufügen. Mit jeder weiteren Ebene würden Sie weiter ins Detail gehen – bis die Planung steht.

Eine dyadische MindMap ähnelt am ehesten der linearen Aufzeichnung, da sie lediglich Ja-Nein-, Pro-Contra- oder Entweder-oder-Problemstellungen aufzeigt. Im Idealfall ist eine dyadische MindMap deutlich in zwei Seiten aufgeteilt: in eine linke Seite für die Pro-Argumente und eine möglichst in einer anderen Farbe oder einem anderen Stil gezeichnete rechte Seite für die Contra-Argumente.

Durch die Möglichkeit, Bilder, Farben und gegensätzliche Stile einzusetzen, weckt die MindMap Emotionen beim Betrachter.

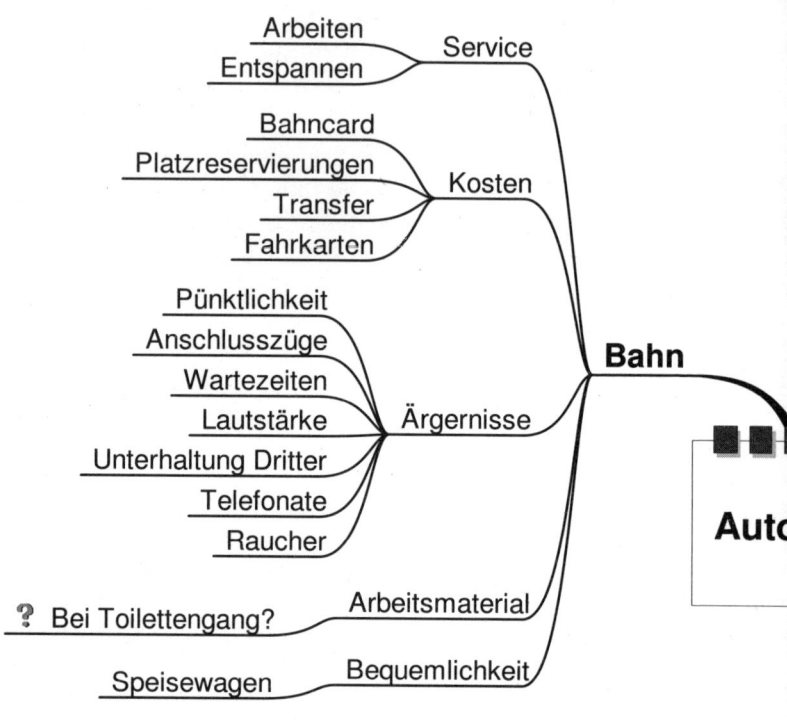

Gerade bei einer Entscheidungsfindung sollten Emotionen nicht unterschätzt werden.

Habe ich eine einfache dyadische MindMap erstellt, ist natürlich noch keine Entscheidung getroffen. Aber der bildliche Aufbau einer MindMap betont zwangsläufig die wesentlichen Aspekte und hilft mir, Vor- und Nachteile abzuwägen.

Bei manchen Argumenten, die mir während des Erstellens der dyadischen MindMap einfallen, weiß ich noch nicht sofort, ob sie eher als Pro oder Contra einzuschätzen sind. Natürlich könnte ich jetzt einen dritten Ast hinzunehmen. In diesem Fall wäre das jedoch kontraproduktiv, da sich meine Gedanken dadurch eher von der Kernfrage entfernen würden.

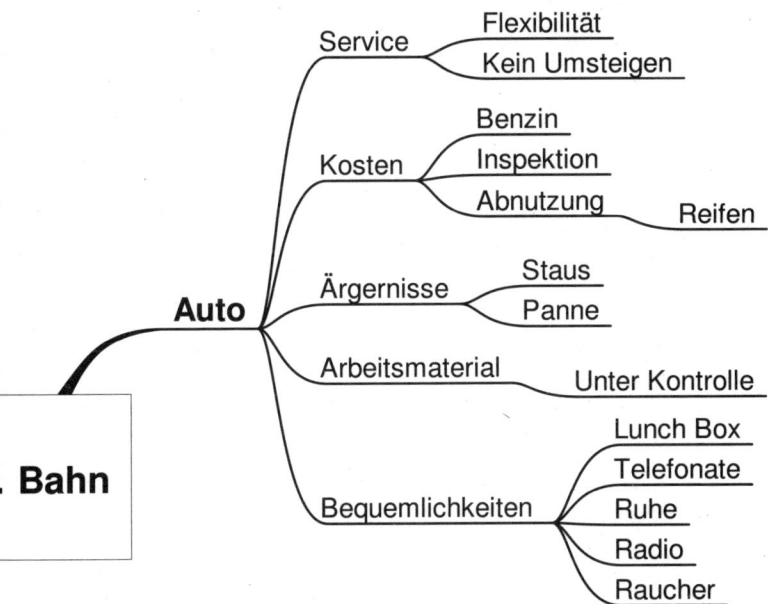

Richtig angewendet – will heißen, ohne vom Zwei-Ast-System abzuweichen – gibt die dyadische MindMap eine zielgerichtete Struktur für Assoziationen vor. So kann ich mir sicher sein, alle relevanten Fragen berücksichtigt zu haben.

In der Praxis bewährt

Ich nutze MindMaps im Alltag bei jeder sich bietenden Gelegenheit. Die MindMap hilft mir
- bei Entscheidungsfindungen,
- beim Niederschreiben eigener Notizen und Ideen,

- beim Arbeiten mit fremden Notizen,
- bei Planungen
- und Brainstormings.

Im Folgenden einige Beispiele aus meiner Praxis.

Die Prüfungsvorbereitung

Während meiner Schulzeit nutzte ich all meine Aufzeichnungen als Gedächtnisstütze. Ich schrieb in allen Unterrichtsstunden mit und verwendete dafür die MindMap-Technik. Kurz vor den Prüfungen, Tests oder einem eigenen Vortrag ging ich diese MindMaps durch. Das war nichts anderes, als einen zügigen Gang durch eine Galerie zu machen. Bei dieser Gelegenheit merkte ich sehr deutlich, dass es unserem Gehirn am leichtesten fällt, sich Bilder zu merken. Mit wenig Aufwand ging ich nicht nur inhaltlich gut vorbereitet in die Prüfungen, sondern war mir auch emotional so sicher, dass ich gar nicht mehr durchfallen konnte.

Nach den Prüfungen heftete ich «meine Bilder» ab. Damals wusste ich noch nicht, ob ich die MindMap jemals wieder verwenden könnte, sie waren lediglich zu schade, um weggeworfen zu werden. Heute bin ich froh, sie archiviert zu haben. Immer wieder kann ich Neues hinzuschreiben und nach und nach meine Wissensnetze ausbauen.

Auch Vokabeln lassen sich auf MindMaps unterbringen. Legen Sie sich am besten zu jedem Themenbereich eine an und erweitern Sie sie bei Bedarf.

Das Team-Brainstorming am Arbeitsplatz

Bei unserem täglichen Brainstorming im Büro werden alle – und wirklich alle – zugerufenen Begriffe an die Tafel geschrieben. Gegenüber dem Niederschreiben in Listenform entsteht beim Gestalten einer Brainstorming-MindMap sofort ein Bild. Ein Schlüsselwort eines Teilnehmers löst nicht nur bei ihm selbst, sondern bei allen Teilnehmern gleich eine neue Assoziation aus.

Denke ich an das Wort «Gedächtnis», fällt mir sofort das Wort «Mnemotechnik» ein. Einem Teilnehmer des Brainstormings kommt vielleicht der Begriff «vergessen» in den Sinn, einem anderen «ahnen». Jeder Teilnehmer des Brainstormings sieht das jeweilige Schlüsselwort aus einem anderen Blickwinkel. Durch diese Assoziationen fördere ich sowohl meine eigenen als auch die Ideen der anderen Teilnehmer. Dem Ergebnis kann dies nur zugute kommen, denn am Ende sehen alle Teilnehmer sofort, wo die Gewichtung der gerade erstellten MindMap liegt. Alle haben die gleiche Arbeitsgrundlage und wissen, welche Prioritäten sie an diesem Tag oder in diesem Projekt haben sollten.

MindMaps flexibel einsetzen

Bei der MindMap für die Tagesplanung wende ich nicht alle Regeln des Mindmappings an. Sie dient mir nur dazu, den Tagesablauf zu strukturieren. Diese MindMap aktualisiere ich täglich am Computer mithilfe eines MindMap-Programms. Zwar kann ich auch hier Symbole und Bilder einsetzen, doch dauert mir das in diesem Fall meist zu lange.

Natürlich füge ich auch an diese To-do-MindMap immer wieder neue Aufgaben oder Ergebnisse – z. B. von Telefonaten – an, doch besonders schätze ich hier das Herauslöschen einzelner Äste. So sehe ich bildlich vor mir, was ich bereits geschafft habe.

Von der MindMap-Methode bin ich nie wieder abgekommen. Im Gegenteil: Wer im Jens-der-Denker-Büro zu arbeiten anfängt, muss außer Stenografie und Tastaturschreiben den Einsatz von MindMaps erlernen. In unserem Büroalltag erweist sich dies als ein großer Gewinn an Zeit und Kreativität und lässt uns mit mehr Elan an die Arbeit gehen.

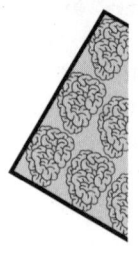

Kapitel 5

Mehr behalten – mit Mnemotechnik

Eine der Fragen, die mir immer wieder gestellt werden, lautet: «Welche Fächer soll ich als Leistungskurs belegen?» oder: «Welchen Studiengang würden Sie heute empfehlen?» Meine Antwort darauf ist seit Jahren dieselbe und bewahrheitet sich zusehends. Da Wissen in der heutigen Zeit schneller überholt ist, als vielen von uns lieb sein kann, spielt die Auswahl des Faches nur noch eine untergeordnete Rolle. Was zählt, ist die Bereitschaft zum Lernen. Wichtiger als die Wahl des Faches ist die Auswahl des Lehrers nach dem Kriterium, ob er Wissen auf eine ansprechende Art und Weise vermitteln kann. Da ist es nicht so wichtig, ob es sich um griechische Mythologie oder um Französisch handelt. Viel wichtiger ist es, Freude am Lernen vermittelt zu bekommen. An die Inhalte kann man sich Jahre später sowieso kaum noch erinnern, aber von der Arbeitsweise eines Lehrers kann eine lebenslange Prägung ausgehen.

Diese Art der Auswahl, abhängig vom Lehrer und nicht vom Fach, hat zwei Vorteile: Ich lerne mit Spaß (und habe deshalb eine bessere Chance auf eine gute Note), und ich bin motiviert. Motivation aber ist allemal wichtiger als Fachidiotie. Nehmen Sie einmal an, Sie wären Personalchef. Wen würden Sie einstellen: einen Studienabgänger, der Motivation und Freude am Lernen ausstrahlt, oder einen anderen, dem anzumerken ist, dass er stundenlang im stillen Kämmerlein den Stoff gepaukt hat, von dem er meinte, dass er bestimmt drankommen wird?

Die Schule krankt daran, dass sie keine Lerntechniken vermittelt. Wir lernen dort nicht, wie man lernt! Und sie vermittelt Wissen in der Regel lediglich punktuell. Im Abitur hatte ich das Fach

«Deutsch» als Leistungskurs belegt. Ein halbes Jahr lang musste ich mich mit Goethe und seinen Werken beschäftigen. Gegenüber meinen Klassenkameraden war ich im Vorteil, weil ich die Techniken der MindMaps beherrschte. Nach und nach zeichnete ich auf, was zu Goethes Lebzeiten noch in der Welt geschah, wer zur gleichen Zeit lebte, von wem Goethe beeinflusst wurde und und und … Meine Vorstellungskraft über Goethes Leben und Werk war dem meiner Mitschüler überlegen, die sich keine solchen Wissensnetze schufen.

Einen weiteren Vorteil gegenüber meinen Schulkollegen erlangte ich dadurch, dass ich diese Wissensnetze mithilfe der Mnemotechnik meinem Gedächtnis einprägte. So baute ich mir kontinuierlich eine Allgemeinbildung auf.

Die Basis der Gedächtniskunst

Die Basis der Gedächtniskunst, der sogenannten Mnemotechnik, ist das gedankliche Verknüpfen von Bekanntem mit Unbekanntem. Mnemotechnik – von griechisch *mneme:* Gedächtnis und *techne:* Technik, Kunst – ist ein Kunstwort, das seit dem 19. Jahrhundert benutzt wird. Die Mnemotechnik entwickelt Merkhilfen, sogenannte Eselsbrücken, zum Beispiel als Merksatz, Reim, Schema oder Grafik, aber auch komplexe Systeme, mit deren Hilfe man ganze Bücher oder Listen mit Tausenden von Wörtern oder Zahlen auswendig lernen kann.

Der Grundsatz der Mnemotechnik lautet:
Bekanntes und Unbekanntes mit viel Fantasie verbinden.

Schon das Gehirn des Kleinkindes macht unwillkürlich von dieser Technik Gebrauch, indem es beim Sprechenlernen die Bedeutung bislang unbekannter Begriffe über Hinweise zu bereits bekannten Personen oder Dingen oder sogar über die verwendete Grammatik erschließt.

Das bewusste gedankliche Verknüpfen ist also die Weiterentwicklung einer natürlichen Lernmethode. Diese Methode wird Assoziationstechnik genannt. Sie basiert auf der grundlegenden Eigenschaft des menschlichen Gehirns, Unbekanntes mit Bekanntem in Verbindung zu setzen. Die dadurch entstehenden Verbindungen (Assoziationen) lassen sich wesentlich leichter merken als losgelöste Fakten. Noch besser bleiben Gefühle im Gedächtnis haften. Auch Bewegungen oder die Einbeziehung der Sinne (Hören, Sehen, Tasten) helfen.

Assoziieren mit beiden Gehirnhälften

Unser Gehirn besteht aus zwei Hälften. Die linke Hälfte ist der Sitz der Sprache, der Vernunft sowie des rationalen und logischen Denkens. Ähnlich wie die Mathematik geht die linke Gehirnhälfte ein Problem Schritt für Schritt an. Diese Hälfte des Gehirns ist ebenfalls für abstrakte Begriffe, die wir uns nicht bildlich vorstellen können, zuständig.

Die rechte Gehirnhälfte hingegen bearbeitet das Rohmaterial der Gedanken – die aufblitzenden Ideen, die Bilder, alle Sinneseindrücke. Sie denkt unmittelbar in Bildern, kurz gesagt: intuitiv. Sie nutzt räumliche, farbige und bewegte Modelle, und sie ist der Sitz der Fantasie.

Ein Auto können wir uns bildlich vorstellen. Ein Begriff wie «Bruttosozialprodukt» muss uns sprachlich vermittelt werden.

Die rechte Gehirnhälfte kann sich ein Auto im Ganzen vorstellen, muss also nicht Schritt für Schritt das Bild zusammensetzen. Mehr noch, alle Sinneseindrücke, die wir mit dem Auto in Verbindung bringen, wie zum Beispiel das Motorengeräusch oder den Benzingeruch, fügt die rechte Gehirnhälfte in das Gesamtbild ein.

Die rationale Zuordnung, dass das Auto ein Verkehrsmittel ist oder dass es mehrere Autohersteller gibt, ist wiederum Aufgabe der linken Gehirnhälfte. Obwohl die rechte Gehirnhälfte für unser Denken von unschätzbarem Wert ist, beginnt bereits mit der Einschulung ihre systematische Unterforderung. Während

Kinder im Kindergarten noch basteln und malen und so ihre rechte Gehirnhälfte trainieren, treten bereits mit dem ersten Schuljahr abstrakte Buchstaben und Zahlen an die Stelle von Bauklötzen und Bastelbögen. Und mit jedem Schuljahr nimmt die einseitige Konzentration auf die linke Gehirnhälfte zu.

Die Funktion der rechten Gehirnhälfte tritt damit mehr und mehr in den Hintergrund – mit fatalen Folgen. Denn was wäre ein Bildhauer ohne bildliches Vorstellungsvermögen? Er könnte lediglich formulieren, wie er den Stein behauen möchte, aber nicht, was dabei herauskommen soll. Gleiches gilt für den Schriftsteller. Er könnte zwar Satz für Satz ein Buch schreiben. Dies würde jedoch reichlich nüchtern ausfallen; denn anschauliche Details oder die Facetten menschlicher Emotionen würden gänzlich fehlen.

Hand aufs Herz: Wie viel auswendig gelernte Gedichte aus der Schulzeit können Sie noch aufsagen? Und wie sieht es im Vergleich dazu mit Kinderliedern aus? Die Melodie hat Ihre rechte Gehirnhälfte aktiviert und verhilft Ihnen dazu, dass Sie sich auch nach Jahrzehnten noch an das Lied erinnern.

Wenn Sie nicht glauben, dass auch bei Ihnen eine Vereinseitigung hin zur linken Gehirnhälfte besteht, dann spielen Sie nur einmal gegen ein Kind *Memory*! Sie werden feststellen, dass Sie kaum eine Siegchance haben.

Durch die Überbetonung der linkshirnigen Denkfunktionen fehlt es der rechten Gehirnhälfte an Training. Aber keine Sorge: Das produktive Zusammenspiel beider Gehirnhälften lässt sich üben, und zwar in jedem Alter. Für ein gut funktionierendes Gedächtnis müssen beide Gehirnhälften beim Einprägen eines Lernstoffs zu gleichen Teilen beansprucht werden. Wer sich hier lediglich auf lineare, logische Strukturen, also seine linke Gehirnhälfte, verlässt, wird in seinen Gedächtnisleistungen immer gegenüber demjenigen zurückbleiben, der seine Fantasie und Kreativität, also die rechte Gehirnhälfte, mit einsetzt, um den Merkstoff fest im Gedächtnis zu verankern. «Begriffe ohne Anschauungen sind leer», so die Einsicht des Philosophen Immanuel Kant, des Begründers der modernen Erkenntnistheorie.

Die Verbindung beider Gehirnhälften, von Begriff *und* Anschauung, ist die Grundlage der Assoziationstechnik. Alles, was Sie sich merken möchten, verknüpfen Sie mit Bildern. Diese Bilder dürfen, ja sollen sogar witzig und fantasievoll sein.

Die vier Regeln der Assoziation

Eine Assoziation ist eine gedankliche Verknüpfung. Sie kann unterschiedlich stark ausgeprägt sein und hilft, auch abstrakte Begriffe, Zahlen und Namen zu verinnerlichen. Wenn Sie bei der Verknüpfung von Begriffen und Bildern die nachfolgenden vier Regeln der Assoziation berücksichtigen, können Sie fast nichts mehr vergessen.

- **Regel Nr. 1: Eigene Erlebnisse erzeugen starke Erinnerungen**
  An Ereignisse, an denen Sie gefühlsmäßig sehr stark beteiligt waren, erinnern Sie sich garantiert immer wieder. An einen gewonnenen Pokal, an eine schöne Hochzeitsfeier, aber auch an einen Trauerfall oder einen Unfall denken Sie, selbst wenn diese Ereignisse schon länger zurückliegen, häufiger und intensiver als an ein alltägliches Abendessen, das in der letzten Woche stattgefunden hat. Sobald Sie von einer Situation emotional beansprucht sind, bleibt diese stärker in Ihrer Erinnerung als andere, gewöhnliche Vorkommnisse.

  Jens der Denker rät
  Verknüpfen Sie eine Sache, die Sie sich merken möchten, mit einem persönlichen Erlebnis.

- **Regel Nr. 2: Reale Gegenstände lassen sich besser vorstellen als abstrakte Begriffe**
  Bezeichnungen, deren Gegenstand wir mit eigenen Augen sehen, können wir uns eher vorstellen als abstrakte Begriffe.

- **Regel Nr. 3: Ungewöhnliche Dinge behält man länger im Gedächtnis als gewöhnliche**

Je ungewöhnlicher ein Gegenstand ist, desto eher bleibt er uns im Gedächtnis. Tomaten im Garten etwa sind nichts Besonderes. Wäre eine Tomate aber gestreift und würde über ein Kilo wiegen, könnten wir uns immer wieder an die Fundstelle oder das Erntejahr erinnern.

- **Regel Nr. 4: Wiederkehrende Muster fördern die Merkfähigkeit**

Wenn wir die Ziffern 2, 4, 6 und 8 sehen, wissen wir sofort, dass die 10 folgen wird. Dieses System funktioniert nicht nur bei Zahlen. Bei vielen Ereignissen ist es möglich, sie in eine bestimmte Reihenfolge, in ein bestimmtes Muster zu bringen. Auf diese Weise lassen sie sich viel besser merken als ohne Muster. Eine uns ungeordnet und zusammenhanglos erscheinende Abfolge wie April, August, Januar, November vergessen wir rasch wieder. In der uns bekannten Reihenfolge von Januar bis Dezember ist das Merken hingegen ein Kinderspiel. Wir wissen dann noch im Schlaf, dass nach dem Januar der Februar folgen muss.

Jens der Denker rät
Erfinden Sie beim Lernen keine neuen Muster, sondern greifen Sie auf bekannte Reihenfolgen zurück.

In meinen Seminaren werde ich immer wieder darauf gestoßen, dass Teilnehmern mit einem Beruf, der vor allem den Einsatz der linken Gehirnhälfte verlangt, die Umsetzung der Mnemotechniken besonders schwer fällt. Handwerker entwickeln hier mehr und vor allem schneller Fantasie als etwa Versicherungsvertreter. Da die vier genannten Regeln die unverzichtbare Grundlage der gesamten Gedächtniskunst sind, hier eine Übung, mit deren Hilfe Sie Ihre bildliche Vorstellungskraft lockern und Ihre Fantasie in

Schwung bringen können. Ich selbst habe mit dieser Übung in meiner Ausbildung gute Erfahrungen gemacht:

Übung: Lassen Sie einen Sessel durch das Zimmer schweben!
Fixieren Sie Ihre Aufmerksamkeit auf einen Gegenstand in Ihrem Zimmer, etwa einen Sessel. Sie können die Augen dabei offen lassen oder auch schließen, wenn das Ihre Vorstellungskraft steigert. Nun lassen Sie den Sessel in Gedanken durch das Zimmer schweben. Stellen Sie sich möglichst bildlich vor, wie der Sessel nach einer gewissen Zeit zu seinem Platz zurückschwebt und anschließend überproportional groß wird, so riesig, dass das Zimmer aus allen Nähten zu platzen droht. Nun lassen Sie den Sessel schrumpfen, bis er winzig klein ist.
Gelingen Ihnen diese Übungen, gehen Sie einen Schritt weiter: Stellen Sie sich nun den Sessel in allen möglichen Farben vor. Testen Sie, welche Farben Sie sich gut und welche überhaupt nicht vorstellen können. Anschließend lassen Sie den Sessel Geräusche von sich geben oder sogar sprechen oder singen.
Nach einigen Trainingseinheiten gelingt es Ihnen wahrscheinlich, die einzelnen Fantasien miteinander zu kombinieren: Da schwebt ein winzig kleiner rosafarbener Sessel durch das Zimmer und singt mit näselnder Stimme.

Hätten Sie's gewusst?
Kommen Ihnen solche Fantasien irgendwie bekannt vor? Dann haben Sie als Kind wahrscheinlich «Alice im Wunderland» gelesen oder kürzlich den gleichnamigen Film gesehen. Alice macht nämlich die Erfahrung, sich wie ein Fernrohr zusammen- oder auseinanderschieben zu können, mit dem Effekt, dass die Welt um sie herum übergroß (Makropsie) oder winzig klein (Mikropsie) erscheint. Eine solche halluzinatorische Veränderung der Wahrnehmung kann auch als Begleiterscheinung eines Migräneanfalls oder infolge der Einnahme von Drogen auftauchen und wird dann Alice-im-Wunderland-Syndrom genannt.

Zahlen werden zu Bildern

Meine Vorträge beginne ich grundsätzlich damit, dass sich die Zuhörer etwas wünschen dürfen. Je nach Teilnehmerzahl muss ich mir gefühlt mehr Wünsche merken als der Weihnachtsmann. Dennoch gelingt es mir in der Regel, alle korrekt wiederzugeben.

Ohne Training ist es jedoch gar nicht einfach, sich auch nur zehn Begriffe, die man schnell überflogen hat, zu merken. Wenn Sie jedoch die hier beschriebene Methode beherzigen, werden Sie mit ein wenig Übung recht schnell sagen können: Nur zehn Begriffe sind mir zu wenig!

Übung: Merken Sie sich zehn Begriffe!
Versuchen Sie, nach nur einmaligem (!) Lesen die folgenden Begriffe in der richtigen Reihenfolge wiederzugeben:
Reifen – Kerze – Schere – Pyramide – Kleeblatt – Hand – Gitarre – Zwerg – Achterbahn – Kegel

Die Übung wird noch schwerer – und Ihre Leistung stärker –, wenn Sie zwischen dem Lesen und der Wiedergabe etwas Zeit verstreichen lassen, in der Sie etwa diesen Text lesen. Denn auch in der Realität haben Sie es ja eher mit Situationen zu tun, in der Aufnahme und Wiedergabe nicht unmittelbar aufeinanderfolgen. Ein einfaches Beispiel: Ein Kollege gibt Ihnen seine Handynummer. Diese besteht aus sieben Ziffern plus Vorwahl. Sie müssen nur schnell zum Schreibtisch, um sich die Nummer aufzuschreiben. Kein Problem … bis Sie auf dem Weg dorthin abgelenkt werden, etwa weil ein anderer Kollege zur Tür hereinplatzt und Ihnen eine dringende Frage stellt. Und schon fällt das Kartenhaus der Ziffernfolge in sich zusammen. Ihr Kopf fühlt sich leer an – die Nummer haben Sie vergessen.

Aber zurück zur Übung: An wie viele der oben stehenden Begriffe erinnern Sie sich noch? Wahrscheinlich fallen Ihnen fünf bis sechs Wörter ein. Optimal wären aber alle zehn. Um dieses Ziel zu erreichen, müssen Sie die betreffenden, Ihnen noch unbekannten Wörter mit etwas Bekanntem verbinden. Was könnte das sein? Erinnern Sie sich an die vierte Assoziationsregel: «Wiederkehrende Muster fördern die Merkfähigkeit», und ordnen Sie den zu merkenden Begriffen etwa die Zahlen von null bis neun in der bekannten Reihenfolge zu und lernen diese Kombinationen auswendig – bis Sie diese «im Schlaf» hersagen können.

Auf diese Weise verschaffen Sie sich die Grundlage dafür, Informationen, die Sie sich merken wollen, mit etwas Bekanntem zu verbinden und so Ihrem Gedächtnis einzuverleiben. Damit gehen Sie den ersten entscheidenden Schritt in Richtung Gedächtniskunst.

Noch sind die Zahlen allerdings abstrakt. Der allererste, noch vorher zu leistende Schritt besteht also darin, ihnen diese Abstraktheit zu nehmen. Das geschieht, indem die Zahlen in feststehende Bilder umgewandelt werden.

Feststehend bedeutet, dass Sie immer dasselbe Bild für die entsprechende Zahl benutzen. Diese Bilder sind das Bekannte, welches anschließend mit den unbekannten Informationen gedanklich verknüpft wird.

Als Anleitung gebe ich Ihnen im Folgenden meine Bilder vor. Selbstverständlich dürfen Sie diese gerne übernehmen. Für die Zukunft empfehle ich Ihnen allerdings, eigene Bilder zu kreieren. Denn persönliche Bilder sind nun einmal die stärksten.

Jens der Denker rät

Haben Sie sich bestimmte Bilder einmal fest eingeprägt, sollten Sie diese nicht mehr willkürlich ändern. Ansonsten rütteln Sie an der Basis Ihrer Assoziationen.

Die Bilder von 0 bis 9

Meine Bilder sind so gewählt, dass der Zusammenhang zur jeweiligen Zahl nachvollziehbar ist und sich die Assoziationen in vielen Varianten einsetzen lassen.

0 = Reifen
- Eine Null ähnelt ihrer Form nach einem Reifen!
- Ein Reifen kann rollen und hüpfen. Hat er zu wenig Luft, ist er platt, ist er zu stark aufgepumpt, platzt er. Mit Reifen lassen sich Klettergerüste bauen. Man findet sie etwa in einem Affenkäfig ...
- Es gibt verschiedene Arten von Reifen: Auto-, Fahrrad-, Traktor- oder Armreifen.

1 = Kerze
- Die 1 ist gerade wie eine Kerze!
- Eine Kerze kann schmelzen, herunterbrennen, leuchten, wärmen ...
- Im Kerzenschein sieht die Welt anders aus.

2 = Schere
- Zwei Schneiden hat die Schere!
- Mit einer Schere können Sie schneiden, ritzen, stechen ...
- Der Film «Edward mit den Scherenhänden» mit Johnny Depp zeigt, was Fantasie ist.

3 = Pyramide
- Eine Pyramide hat – außer auf ihrer Grundfläche – an allen Seiten drei Ecken!
- In einer Pyramide können Sie Abenteuer erleben. Sie können sie fotografieren, sogar auf ihr herumlaufen oder von ihr herunterfallen ...
- Pyramiden schaut man sich auf einer Reise an. Stellen Sie sich *Ihren* Urlaubsort vor.

4 = Kleeblatt

- Vierblättrige Kleeblätter bringen Glück!
- Verspüren Sie das Glücksgefühl, wenn sich die Information, die Sie sich merken wollen, in eine Wiese voller Kleeblätter verwandelt …
- Und wie wäre es mit einem Blumenstrauß aus Kleeblättern?

5 = Hand

- Fünf Finger hat die Hand!
- Mit einer Hand können Sie greifen, boxen, streicheln …
- Können Sie mit den Fingern schnippen?

6 = Gitarre

- Eine Gitarre hat sechs Saiten!
- Mit einer Gitarre können Sie Musik machen.
- Und mehr als das: Sie können sie zerschmettern, als Gehhilfe benutzen …

7 = Zwerg

- Schneewittchen und die sieben Zwerge!
- Verkleinern Sie den Begriff, den Sie sich merken möchten, oder transformieren Sie ihn in eine Märchenwelt …
- Eine weitere Assoziation: Stellen Sie sich einen sehr kleinen Menschen in Ihrem Bekanntenkreis vor.

8 = Achterbahn

- 8erbahn!
- Bringen Sie Tempo in Ihre Information; spüren Sie den Fahrtwind oder lassen Sie die Achterbahn abstürzen …
- Die Achterbahn eignet sich als Synonym für alle Fahrgeschäfte auf einem Rummelplatz. Nach etwas Übung funktioniert dieses Bild sogar mit Zuckerwatte und dergleichen.

9 = Kegel

- Beim Kegeln sind Sie der Größte, wenn Sie «alle Neune» abräumen!
- Jonglieren Sie mit den Kegeln, schlagen Sie mit ihnen zu. Der Fantasie sind keine Grenzen gesetzt.
- Denken Sie auch andere Freizeitaktivitäten. Was machen Sie in Ihrer freien Zeit am liebsten?

Jens der Denker rät

Es gibt überhaupt keine Notwendigkeit, statische Assoziationen zu verwenden. Bringen Sie Leben in Ihre Vorstellungen und entfernen Sie sich gedanklich von den Grundbildern. So wird aus der Pyramide ein Urlaubsort usw. Wie weit Sie von der ursprünglichen Assoziation abweichen, hängt ganz von Ihnen ab. Wichtig ist nur, dass Sie immer wissen, auf welche Ziffer Sie sich dabei beziehen.

Übung: Die Bilder von null bis neun

Prägen Sie sich nun die Assoziationen zu den Zahlen 0 bis 9 ein. Nehmen Sie sich dazu Zeit. Wiederholen Sie erst einmal die Verknüpfung der ersten drei Ziffern mit den dazugehörigen Vorstellungen. Nutzen Sie dabei Ihre Fantasie, bringen Sie Ihre fünf Sinne ins Spiel.
Erst wenn die Verknüpfungen 0, 1 und 2 sitzen, gehen Sie zu den nächsten drei Begriffen über.
Diese Übung wiederholen Sie so lange, bis Sie aus dem Stegreif heraus sagen können, dass die 3 eine Pyramide ist, die 7 ein Zwerg usw.

Geschafft? Sie haben in Ihrem Gedächtnis nun eine bekannte Folge, in diesem Fall die Zahlen von 0 bis 9, mit bildlichen Vorstellungen verknüpft.

Im nächsten Schritt können Sie diese Bilder als bekannte Reihenfolge voraussetzen und daran unbekannte Informationen (zum Beispiel Ihre Stichpunkte für eine freie Rede) knüpfen. Sie werden merken, dass Sie sich auf diese Weise neues Wissen deutlich schneller und leichter merken können als bisher.

Doch die meisten Informationen hören nicht einfach beim zehnten Begriff auf. Es muss und darf deshalb keinesfalls bei einstelligen Ziffern bleiben. Im Gegenteil: Ich empfehle, 100 Bilder als Basis zu erlernen. So verknüpfen Sie alle zweistelligen Zahlen mit einem Bild. Und natürlich müssen Sie danach mit dem Lernen nicht aufhören. Ich persönlich habe etwa 100 000 Basisbilder im Kopf. Und das sind noch nicht einmal alle: Für die ersten 100 Zahlen habe ich jeweils drei verschiedene Assoziationen zur Verfügung, für Zellen von Tabellen wiederum andere, eigene Bilder für Formeln usw.

Doch lassen Sie sich davon nicht abschrecken. Diese Verknüpfungen sind entstanden, weil ich früh gemerkt habe, wie viel Spaß das Lernen in Bildern und mit Fantasie bereitet und wie gut die Anwendung der Assoziationstechnik meiner Allgemeinbildung tut.

Auf meine Bilder habe ich alle meine Wissensnetze aufgebaut. Würde ich an der Basis auch nur eine Assoziation austauschen, hätte dies den aus dem Supermarkt bekannten Dosenpyramideneffekt zur Folge: eine Dose herausgezogen, Hunderte rollen chaotisch durch den Gang.

Doch der Reihe nach. Im Folgenden mache ich Ihnen einen Vorschlag für die Bilder von 10 bis 20. (Ab der 21 ändert sich die Technik, mit der die Bilder hergeleitet werden. Daher widmen wir uns diesen Zahlen erst in einem späteren Abschnitt.)

Auch hier wieder meine Empfehlung: Denken Sie sich eigene Bilder aus. Nur: Bleiben Sie bei den einmal gelernten Assoziationen!

Die Bilder von 10 bis 20

10 = Schuhe

- Schuhe benötigt man, um seine zehn Zehen zu verstecken!
- Stellen Sie sich etwa vor, wie Sie Ihre Füße in alte, ausgetretene Wanderstiefel stecken – nicht daran riechen!

11 = Fußball
- Eine Fußballmannschaft hat elf Spieler!
- Schießen Sie den Ball ins Tor, jubeln Sie, hören Sie den Fan-Gesang …

12 = Uhr
- Es hat 12 Uhr geschlagen!
- Spüren Sie den Zeitdruck; hören Sie das Ticken, den Weckruf.

13 = Fahrstuhl
- Aberglaube: In Fahrstühlen fehlt oft der 13. Stock!
- Verspüren Sie die Angst, in einem Fahrstuhl stecken zu bleiben?

14 = Herz
- Der Valentinstag fällt immer auf den 14. Februar!
- Wo es um Herz und Gefühl geht, bedürfen Sie wohl kaum meiner Hilfe.

15 = Ritter
- Im 15. Jahrhundert lebten die letzten Ritter!
- Stecken Sie Ihren Begriff in eine Ritterrüstung, lassen Sie ihn kämpfen …

16 = Mofa
- Endlich 16, endlich motorisiert!
- Verfahren Sie ähnlich wie bei der 8 mit der Achterbahn …

17 = Kartenspiel
- 17 Null 4!
- Handelt es sich um eine Poker-Partie im Wilden Westen oder um Blackjack im Kasino?

18 = Auto
- Endlich haben Sie Ihren Führerschein!
- Achterbahn, Mofa, Auto – die Assoziationen scheinen sehr ähnlich, lassen sich aber dennoch gut voneinander abgrenzen.

19 = Bundeswehr
- Mit 19 müssen die meisten Männer zur Bundeswehr!
- Krieg ist ein schlimmes Ereignis. Die sich daran knüpfenden Bilder sind an starke Emotionen gekoppelt.

20 = Tagesschau
- Um 20 Uhr kommt die Tagesschau!
- Nehmen Sie das Fernsehprogramm als Basis für Ihre Assoziationen. Sie müssen sich nicht auf Nachrichtensendungen beschränken.

Auch die Zuordnung Ihrer Bilder zu den Zahlen von 10 bis 20 prägen Sie sich bitte so genau ein, dass Sie sie jederzeit, ohne zu zögern, reproduzieren können.

Die Ersatzwortmethode

Die Gedächtniskunst verfügt über verschiedene Methoden. Diese können einzeln angewandt, aber auch kombiniert werden.

Die Wahl der geeigneten Methode hängt von dem Lernstoff ab. Bei seiner Aufbereitung sollten Sie bereits erkennen, welche Methode am schnellsten und sichersten zum Lernerfolg führt. Vokabeln lernt man anders als Telefonnummern.

Jens der Denker rät

Je umfassender das Wissensnetz ist, das Sie sich aufbauen wollen, desto sinnvoller ist es, verschiedene Gedächtnistechniken miteinander zu kombinieren.

Zu den wichtigsten, aber leider auch kompliziertesten Methoden gehört die Ersatzwortmethode, mit der ich Sie im Folgenden vertraut machen werde. Weshalb wir ausgerechnet mit der schwierigsten Technik beginnen, hat zwei Gründe:

1. Zum einen kombiniert die Gedächtniskunst die Ersatzwortmethode mit zahlreichen weiteren Methoden.
2. Zum anderen haben Sie mehr Gelegenheit, diese Technik zu verinnerlichen, wenn Sie sie gleich zu Anfang kennen lernen.

Wie Sie bereits wissen, ist das Verknüpfen von Unbekanntem mit Bekanntem die Grundlage der Mnemotechnik.

Bei allen Begriffen, Fremdwörtern, Vokabeln bzw. Namen, die Ihnen nicht geläufig sind, handelt es sich um etwas Unbekanntes. Ein erster Schritt, um sich das Unbekannte zu erschließen, besteht darin, in ihm etwas bereits Bekanntes zu entdecken, das Sie an das zu lernende Wort erinnert. Häufig kann schon der Wortanfang als Aufhänger für die Erinnerung dienen.

Nehmen wir ein Beispiel:

Übung: Survival – überleben
Das englische Wort für «überleben» lautet «survival».
Der Wortanfang von «survival» erinnert an das eingedeutschte Wort «surfen».
Stellen Sie sich vor, Sie surfen in der Brandung. Plötzlich kommt ein Unwetter auf. Sie rutschen vom Brett und kämpfen ums Überleben. Krampfhaft halten Sie sich am Brett fest und versuchen, in Richtung Ufer zu paddeln. Die nackte Überlebensangst sitzt Ihnen im Nacken.
Wenn Sie künftig «SURVIVAL» hören, denken Sie an Ihre Überlebensangst. Hören Sie dagegen «ÜBERLEBEN», erinnern Sie sich daran, dass Sie beim Surfen ums Überleben gekämpft haben.

Sie sehen: Die Verbindung zwischen dem bekannten Wortanfang und der englischen Vokabel reicht bereits aus, um später immer wieder die richtige Assoziation zu haben.

Von surfen zu survival – funktioniert das denn?

Wie alle Methoden der Mnemotechnik ist die Ersatzwortmethode gedächtnisunterstützend! Unserem Gehirn reicht in der Tat ein kleiner Aufhänger, um das Wesentliche zu erfassen und vor allem zu behalten.

Am Anfang wird Ihnen die Ersatzwortmethode ziemlich umständlich vorkommen. Aber schon bald werden Sie merken:

- Sie automatisieren diese Technik sehr schnell;
- Sie merken sich den Lernstoff garantiert besser und länger, als wenn Sie ihn auf herkömmliche Art pauken würden;
- gerade Vokabeln können Sie sofort von der Fremdsprache ins Deutsche und wieder zurück übersetzen, ohne dies gesondert zu lernen.

Die Ersatzwortmethode lässt sich nicht nur bei Vokabeln, sondern auf jedes «fremdartig» klingende Wort anwenden. Hierzu zählen Vor- und Nachnamen, aber auch Fremdwörter.

Schon – oder gerade – Kinder haben ausreichend Fantasie, um sich bei entsprechender Motivation die kompliziertesten Fremdwörter anzueignen. Mein Sohn konnte in Windeseile alle Pokémons sowie die insgesamt 93 Dinosaurierarten beim Namen nennen. Wahrscheinlich nutzte er dafür, zumindest unbewusst, bereits die Ersatzwortmethode.

Beispiel: Stegosaurus und Pachycephalosaurus

Zur Veranschaulichung dieser Gedächtnistechnik hier zwei Beispiele aus dem «Fremdwörter-Repertoire» meiner Kinder:

Ein für Dinosaurier noch verhältnismäßig leicht einzuprägender Name ist «Stegosaurus», die Dachechse.

Wir verbinden das Erlernen dieses Namens mit einem zumindest virtuellen Museumsbesuch. Dort sind häufig die Skelette von Dinosauriern ausgestellt. Da ein solcher Korpus aber sehr teuer ist, behelfen sich manche Museen mit den Teilen eines Boots-STEGes, die sie mithilfe von DACHlatten zusammennageln. Und schon ist der «Stegosaurus» geboren! Sogar die Verbindung zum deutschen Namen «Dachechse» ist gegeben.

Schwieriger wird es schon beim lateinischen Namen der Dickschädelechse «Pachycephalosaurus». Aber auch hier sind Assoziationen möglich. Mein Sohn zum Beispiel ist ein richtiger Dickschädel. Immer, wenn ihm etwas nicht passt, patscht er mit seinen Händen gegen Wände, Tische und andere Gegenstände. Das Geräusch «patschi – patschi» werde ich wohl nicht mehr vergessen. Und weil mein Sohn zudem stets schmutzige Hände hat, renne ich permanent mit einem Stück Zewa hinter ihm her. Und daraus folgt meine Herleitung dieses Dinosauriernamens:

Patschizewa = Pachycephalo

Auch wenn Ihnen dieses Beispiel etwas weit hergeholt erscheinen sollte: Vertrauen Sie Ihrem Gehirn. Schon ein kleiner Impuls reicht aus, um Ihre Erinnerung an ein kompliziertes Wort zu wecken.

Jens der Denker rät

Suchen Sie sich täglich aus der Tageszeitung oder einem Buch drei Ihnen unbekannte Begriffe oder Namen heraus. Schlagen Sie ihre Bedeutung in einem Lexikon nach und merken Sie sich die entsprechenden Wörter mithilfe der Ersatzwortmethode. Ich verspreche Ihnen: Der Zeitpunkt, ab dem Sie diese Technik nicht mehr trainieren müssen, weil Sie sie sozusagen blind beherrschen, kommt schneller, als Sie denken.

Namen und Gesichter

Die Regeln der Vorstellung

Kennen Sie die Situation? Sie betreten einen Raum mit mehreren Menschen. Ein Herr steht auf und stellt Ihnen die Anwesenden in atemberaubendem Tempo vor. Höflich nicken Sie jedem Einzelnen zu. Vielleicht gehen Sie schon davon aus, dass Ihnen diese

Menschen nie wieder begegnen werden. Wozu also aufmerksam zuhören? Es ist doch sowieso mehr ein Höflichkeitsritual als eine richtige Vorstellungsrunde.

Das mag in vielen Situationen durchaus stimmen. Aber behaupten Sie bitte hinterher nicht, Sie könnten sich keine Namen merken. In einer Situation wie der gerade geschilderten haben Sie nämlich überhaupt keine Chance, sich die Namen einzuprägen.

Die vier Grundregeln der Vorstellung helfen Ihnen, solche Situationen stets zu meistern:

- **Regel Nr. 1: Hören Sie bei der Vorstellung gut zu**
  Nur wenn ich aufmerksam bin, wenn mir jemand vorgestellt wird, kann ich mir dessen Namen auch merken. Ich habe mir deshalb angewöhnt, den genannten Namen leise zu wiederholen. So weiß ich, ob ich ihn auch richtig verstanden habe.

  Jens der Denker rät
  Stelle ich mich selbst vor, achte ich darauf, dass die Anwesenden mir ein offenes Ohr schenken. Um dies zu erreichen, wende ich einen kleinen Trick an und sage: «Ich bin Jens der Denker. Der Denker nenne ich mich, weil ...», oder bürgerlich: «Mein Name ist Seiler. Seiler wie der Strick.»
  Dieser Trick stellt Aufmerksamkeit her und animiert mein Gegenüber dazu, es mit einem ähnlichen Wortspiel zu versuchen. Und das wiederum erleichtert mir das Merken seines Namens.

- **Regel Nr. 2: Verlängern Sie die Vorstellung**
  Da es sich in der Regel nur um Höflichkeitsrituale handelt, werden Vorstellungsrunden häufig zu schnell durchgeführt. Ist dies der Fall, bitten Sie ruhig darum, dass der Name wiederholt wird. Dies ist nicht etwa ein Zeichen von Unhöflichkeit. Im Gegenteil, es zeigt, dass ich meinem Gegenüber Interesse entgegenbringe und Respekt zolle.

- **Regel Nr. 3: Interessieren Sie sich für den Namen Ihres Gegenübers**

  Wenn Ihnen jemand mit einem ungewöhnlichen Namen vorgestellt wird, fragen Sie zum Beispiel nach der Bedeutung eines Vornamens oder der Herkunft bzw. Verbreitung eines Familiennamens. Dies verlängert nochmals die Vorstellung und gibt Ihnen einen weiteren Anknüpfungspunkt, sich den Namen zu merken.

- **Regel Nr. 4: Wiederholen Sie den Namen**

  Sprechen Sie Personen, die Ihnen neu vorgestellt wurden, so oft wie möglich mit ihrem Namen an. Das hinterlässt einen guten Eindruck und hilft Ihnen, sich die Namen einzuprägen. Im Gegenzug können Sie natürlich auch Ihren eigenen Namen mehrfach erwähnen. Ihr Gegenüber wird es Ihnen danken.

Gesichter

Auch diese Situation ist Ihnen sicherlich bekannt: Sie sind auf einer öffentlichen Veranstaltung, etwa einem Empfang oder einer Messe. Eine Person kommt auf Sie zu; das Gesicht kennen Sie, doch will Ihnen partout nicht der richtige Name dazu einfallen, obwohl Ihnen die betreffende Person vor einiger Zeit vorgestellt wurde oder Ihnen aus anderen Zusammenhängen bekannt ist. Wichtig ist also nicht nur, sich den Namen einer Person zu merken, sondern auch Gesicht und Namen einander zuzuordnen und sich diese Verbindung einzuprägen.

Wie Sie bereits wissen, funktioniert die Gedächtniskunst durch das Kreieren von Bildern. Nun ist ein Gesicht bereits ein vollständiges Bild. In diesem Fall müssen Sie also gar nichts kreieren, sondern lediglich erkennen, worin sich das Gesicht Ihres Gegenübers von anderen Gesichtern unterscheidet. Dies kann eine bestimmte Gesichtsform, eine ungewöhnliche Frisur, eine Narbe oder Ähnliches sein.

Kehren wir dafür zu der Situation zurück, von der wir ausgegangen sind: die Vorstellung. Der Name Ihres Gegenübers wurde

Ihnen genannt. Nun schauen Sie in sein Gesicht und verknüpfen beide Informationen miteinander. Jens der Denker mit einer Denkerstirn wäre zum Beispiel ideal. Oder hat er vielleicht Grübelfalten? Hat sie oder er einen irgendwie auffälligen Haarschnitt?

Übung: Gesichter einprägen
Wann immer Sie ein Gesicht sehen – gedruckt oder live vor sich – suchen Sie nach markanten Merkmalen. So bekommen Sie sehr schnell einen Blick für das Wesentliche. Aber Vorsicht! Starren Sie niemanden minutenlang an.

Namen

«Ich bin Jens der Denker.» Diese Vorstellung animiert mein Gegenüber in der Regel dazu, mir ebenfalls seinen Vornamen zu verraten. Daraufhin überlege ich, ob ich bereits jemanden kenne, der genauso heißt. Während der Vorstellung wandern meine Gedanken zu der Person, die den gleichen Namen trägt wie meine neue Bekanntschaft. Ich überlege, ob sie ihren Kleidungsstil geändert hat, warum sie plötzlich eine Brille trägt usw. Beim anschließenden Gespräch bekomme ich dann weitere Informationen geliefert, die es mir erleichtern, mir mein Gegenüber einzuprägen.

Nachnamen merken Sie sich am leichtesten, indem Sie eine der folgenden Kategorien zuordnen:

Berühmte Namen: Peter Beckenbauer wird zunächst zum Fußballer Franz Beckenbauer. Anschließend gehen Sie wie bei den Vornamen beschrieben vor und fragen sich zum Beispiel: «Wie kann man in einem solchen Anzug Fußball spielen?» Oder Sie stellen fest: «Die Frisur von Peter Beckenbauer hat so viele Wirbel wie eine Krone – wie die Krone von Kaiser Franz.»

Berufe und Titel: «Wie sähe Herr Bauer aus, wenn er zu seinem Anzug mit einer Mistgabel in der Hand herumlaufen würde? Kleben da nicht irgendwo Strohhalme auf seiner gut gebügelten Hose?»

Ortsnamen: «Die Brille von Herrn Frankfurter ist wirklich originell. Anstatt normaler Bügel hat sie zwei Würstchen.» Um mit Herrn Frankfurter anzustoßen, greifen Sie zu einem Glas Wein, selbstverständlich einem Römer.

Gegenstände und Tiere: Hier gibt der Name bereits das Bild vor! So können Sie etwa die Glocken im Haus läuten hören, wenn Ihnen Frau Leutheuser vorgestellt wird.

Jens der Denker rät

Insbesondere bei Namen, die eine Assoziation mit Gegenständen oder Tieren nahelegen, ist es wichtig, sehr starke Bilder zu kreieren. Denn es wäre äußerst peinlich, Herrn Zander mit «Herr Karpfen» anzusprechen.

Ersatznamen: Wenn sich aus einem Namen nicht sofort ein Bild ergibt, dann kreieren Sie einfach selbst eines. Verwandeln Sie den abstrakten Namen in ein Bild. Dem Gehirn reicht dieser Anknüpfungspunkt aus, um letztendlich den richtigen Namen zu speichern.

Jens der Denker rät

Ersatznamen finden Sie am leichtesten, indem Sie den betreffenden Namen in Einzelteile zerlegen und diese zu einer Geschichte verknüpfen. Den Namen Kuskowski habe ich mir zum Beispiel gemerkt, indem ich mir vorgestellt habe, wie ich für einen Kuss (Kus) meinen Kopf (kow) Richtung Ski (ski) beuge.

Die Zuordnungsmethode

Verknüpfen und Netze spinnen

Auch bei dieser Methode geht es um die fantasievolle Verknüpfung von Unbekanntem mit etwas Bekanntem. Im Gegensatz zur Ersatzwortmethode müssen Sie sich in diesem Fall das Bekannte aber nicht erst erschließen. Vielmehr ist es Ihnen bei der Zuordnungsmethode bereits vorgegeben, etwa in Gestalt:

- der Zahlen von 0 bis 99,
- der eigenen Wohnung,
- dem Weg zur Arbeit oder
- dem eigenen Körper.

Der Fachjargon spricht hier von sogenannten Loci-Routen. Loci kommt vom lateinischen *locus* = Ort. In der Mnemotechnik ist eine Loci-Route ein Ihnen bekannter Weg. Je mehr Loci-Routen Sie einstudieren, desto mehr Möglichkeiten der Zuordnung bieten sich Ihnen.

Jens der Denker rät

Da die Zuordnung die effektivste Methode der Gedächtniskunst ist, lohnt es sich, möglichst viele Routen aufzubauen. Solche Routen lassen sich auch aus dem Stegreif entwickeln: Immer wenn ich auf der Bühne stehe, lasse ich meinen Blick von links angefangen einmal im Kreis durch den Saal wandern und gewinne auf diese Weise eine große Anzahl an Routenpunkten. Diesen ordne ich zum Beispiel die Wünsche der Teilnehmer zu, welche sie mir zu Beginn nennen sollen.

Um sich etwas Neues einzuprägen, ordnen Sie die unbekannten Informationen den Wegpunkten einer Loci-Route zu. Beim Rekapitulieren des gerade Gemerkten schreiten Sie einfach die bekannte

Route ab. Dies ist für unser Gehirn Unterstützung genug, um die zugeordneten Informationen abrufen zu können.

Ich höre schon Ihren Einwand: «Aber da muss ich mir ja noch mehr merken!»

Zu diesem häufig geäußerten Einwand habe ich zwei starke Gegenargumente:

- Das Ergebnis zählt! Ohne diese scheinbar umständliche Technik prägen Sie sich vieles nicht ein, zumal nicht in der gewünschten Reihenfolge.
- Die Technik automatisiert sich! Die Vorgänge spielen sich mit etwas Übung unbewusst ab.

Zur Veranschaulichung der Zuordnungsmethode verknüpfen wir nun die Nachbarländer der Bundesrepublik Deutschland mit den uns mittlerweile bekannten Bildern von 0 bis 9.

Beispiel: Wie merke ich mir die Nachbarländer der Bundesrepublik Deutschland?

1 = Kerze + Polen

Polen liegt zwar nicht am Nord- oder SüdPOL, klingt aber so. Es ist eine harte Strafarbeit, mit einer kleinen Kerze die Pole zum Schmelzen zu bringen.

2 = Schere + Tschechien

Hören Sie in Gedanken einen Hubschrauber: «Tsche, tsche, TSCHECH». Halt, es ist kein Hubschrauber, da fliegt eine Schere. Und die mäht doch glatt meine LilIEN um!

3 = Pyramide + Österreich

Mozartkugeln aus Österreich zu einer Pyramide gestapelt. Hm, lecker.

Pyramiden sehen aus wie Berge. Österreich ist das Land der Berge.

Jens der Denker rät
Vorsicht! Wenn Sie sich bei Österreich für eine Assoziation mit
Bergen entscheiden, müssen Sie bei der Schweiz oder Frankreich
auf alle Fälle ein anderes Bild auswählen. Schließlich zeichnen
sich diese Länder alle durch hohe Berge aus.

4 = Kleeblatt + Schweiz

SCHWEIne suchen im Klee und finden prompt die leckere
Schweizer Schokolade.

Die Schweiz ist für die Deutschen das Land von Heidi und
Peter, von Berghütten und Almwiesen. Der Klee gedeiht prächtig
auf Heidis Alm.

5 = Hand + Frankreich

Winken Sie Ihrem Freund FRANK hinterher. Rufen Sie ganz auf-
geregt: «Ich bin REICH!»

Sehen Sie Napoleon, wie er seine Hand in die Weste steckt?

6 = Gitarre + Luxemburg

Sie sitzen mit einer LUXusgitarre im BURGhof und spielen
romantische Lieder. Plötzlich taucht ein LUCHS in der Burg auf.
Panik bricht aus.

7 = Zwerg + Belgien

Was sind denn das für seltsame Gartenzwerge. Immer wenn
jemand den Garten betritt, BELlen die. Das sind so richtige BäL-
Ger da in Belgien!

8 = Achterbahn + Niederlande

So muss eine Achterbahn-Fahrt sein: auf und NIEDER, immer
wieder. Mal sehen, wie die LANDung wird.

9 = Kegel + Dänemark

DÄNken Sie nach, DÄNken Sie nach! Dafür gebe ich Ihnen
meine letzte MARK.

Die Zuordnungsmethode ist immer dann sinnvoll, wenn die Reihenfolge der zuzuordnenden Begriffe bereits feststeht. Klassische Beispiele dafür sind die Zehn Gebote oder die Sieben Weltwunder. Mit beiden geht es auch gleich weiter.

Beispiel: Die Zehn Gebote
Bei den Zehn Geboten unterscheiden wir zwischen den Geboten der Juden, der Anglikaner und Reformierten, der Orthodoxen und Adventisten sowie der Katholiken und Lutheraner. Ich habe mich bei meinem Beispiel völlig wertungsfrei für die Zehn Gebote der Katholiken und Lutheraner entschieden:

1. Gebot (Kerze)
Du sollst keine fremden Götter haben neben mir.
Gott kann ich nicht sehen. Um ihn aber ganz besonders in der Kirche nahe bei mir zu haben, nehme ich zu jedem Gottesdienst meine eigene Taufkerze mit. Diese ist für mich Gott. Kein Fremder darf meine Kerze auch nur anfassen.

2. Gebot (Schere)
Du sollst meinen Namen nicht missbrauchen.
Da kam auf einer Veranstaltung jemand mit einer Schere auf mich zu, nahm mein Namensschild und schnitt daran herum. Für ihn hieß ich nur noch JEN.

3. Gebot (Pyramide)
Du sollst den Sabbat heiligen.
So ein freier Tag lässt sich hervorragend für einen Ausflug zu den Pyramiden nutzen.

4. Gebot (Kleeblatt)
Du sollst Vater und Mutter ehren.
Ich finde meine Eltern so toll, dass ich sie in allen vierblättrigen Kleeblättern verehre, die ich finde.

5. Gebot (Hand)
Du sollst nicht töten.
Ein Karatekämpfer kann einen Gegner mit einem Handkanten-schlag töten.

6. Gebot (Gitarre)
Du sollst nicht ehebrechen.
Ein romantisches Ständchen zur Gitarre kann so manche alte Liebe neu entfachen. Ein Ehebruch liegt da weit entfernt.

7. Gebot (Zwerg)
Du sollst nicht stehlen.
Die Gartenzwerge in Nachbars Garten sind so süß. Wie verlockend wäre es doch, sie ihm nachts heimlich wegzunehmen.

8. Gebot (Achterbahn)
Du sollst kein falsches Zeugnis ablegen.
Die Achterbahn kann man als Schlinge sehen, auf der jedes falsch abgelegte Zeugnis stets zu einem Punkt führt – dem Punkt der Wahrheit.

Oder: Wenn Sie schon ein falsches Zeugnis ablegen müssen, dann bitte ausschließlich weit oben auf einer Achterbahn. Dann geht es wenigstens im Lärm der kreischenden Mitfahrer unter.

9. Gebot (Kegel)
Du sollst nicht begehren deines Nächsten Frau.
Wie gut, dass wir nicht mehr in der Steinzeit leben. Fand man keine Frau, nahm man den nächstbesten Kegel und zog der Frau des Nachbarn eins über. Ruckzuck war diese nun in der eigenen Höhle verschwunden.

10. Gebot (Schuhe)
Du sollst nicht begehren deines Nächsten Haus.
Als Kind habe ich an Nikolaus meine Stiefel vor die Tür gestellt.

Als kleiner Nimmersatt war mir das aber nicht genug. Ich stellte auch noch ein paar Schuhe vor die Nachbarhäuser. Mehr Süßigkeiten gab es nicht, aber viel Ärger.

Um die Sieben Weltwunder auswendig zu lernen, eignet sich ebenfalls die Zuordnungsmethode. Die Zahlenfolge von 1 bis 7 dient uns hier als Grundgerüst.

Beispiel: Die Sieben Weltwunder der Antike

1. Weltwunder: Die ägyptischen Pyramiden
Es ist ein großes Abenteuer, nur mit einer Kerze bewaffnet eine echte Pyramide zu erkunden.

2. Weltwunder: Die hängenden Gärten der Semiramis
Die armen Gärtner! Damals gab es noch keine Rasenmäher und Heckenscheren. Alle Pflanzen mussten mit einer kleinen Küchenschere gepflegt werden.

3. Weltwunder: Der Tempel der Artemis in Ephesus
Wenn wir an einen Tempel denken, stellen wir uns meist Bauwerke mit Säulen vor. Die echten Tempel hatten allerdings die Form einer Pyramide.

4. Weltwunder: Das Kultbild des Zeus von Olympia von Phidias
Sie sehen eine große Zeusstatue. Um den Hals hängt Zeus eine Olympus-Kamera, mit der er allerdings nur Dias machen kann. Auf dem Kopf trägt Zeus ein Gebinde aus Kleeblättern.

5. Weltwunder: Das Mausoleum zu Halikarnassos
Ich komme mir wie ein Harlekin vor, wenn ich den ganzen Tag mit bloßen Händen Mäuse jage.

6. Weltwunder: Der Koloss von Rhodos
So ein Kerl, so ein Koloss! Gebt ihm aber eine Gitarre in die Hand, und er spielt euch Lieder der Insel Rhodos.

7. Weltwunder: Der Leuchtturm der ehemaligen Insel Pharus bei Alexandria

Alexander der Große hat stets Zwerge als Leuchtturmwärter verpflichtet. Irgendwann konnten die mit ihren kleinen Beinen nicht mehr die vielen Stufen erklimmen und bauten den Turm zurück.

Das Zuordnungsprinzip, das wir hier angewendet haben, funktioniert auch ohne feste Routen. Das nächste Beispiel zeigt, wie sich Bundesländer und deren Hauptstädte einander zuordnen lassen.

Beispiel: Die Bundesländer und ihre Hauptstädte

Baden-Württemberg + Stuttgart
Aus Stuttgart wird *stottern* und *Garten*.
   Die Baden-Württemberger können ja bekanntlich alles – außer Hochdeutsch. Kein Wunder, denn ihr Motto lautet bekanntlich: Schaffe, schaffe, Häusle baue. Danach sind sie erstmal erschöpft und stottern müde in ihrem Garten herum.

Bayern + München
FC Bayern München. Mit dieser Assoziation sollten Sie schnell auf den richtigen Trichter kommen.

Brandenburg + Potsdam
Sie stehen auf der Burg und es brennt. Sie greifen sich einen Pott und rennen zum Damm, um Wasser zu holen.

Hessen + Wiesbaden
Kein Wunder, dass Hermann Hesse so toll schreiben konnte. Er aalte sich den ganzen Tag auf der Wiese oder nahm ein Bad.

Mecklenburg-Vorpommern + Schwerin
Wenn man den ganzen Tag meckert, weil man vor Pommern steht, hat man es nun mal schwer.

Niedersachsen + Hannover

Aus Hannover entstehen die Ersatzworte: hangeln und *over* (engl. über)

Warum Niedersachsen, hat es für Sachsen nicht gereicht? Um nicht immer nur niedergeschlagen zu sein, hangeln sich die Einwohner over jedes Hindernis.

Nordrhein-Westfalen + Düsseldorf

Für den Kölner gibt es nördlich des Rheins nur Dussel. Gleiches gilt aus Kölner Sicht selbstverständlich für Düsseldorf.

Rheinland-Pfalz + Mainz

Das ganze Land um den Rhein und sogar noch die Pfalz, mein Sohn, ist heute meins und morgen deins.

Saarland + Saarbrücken

Die Saar dient uns als Brücke zum befreundeten Nachbarn Frankreich. Oder: Persil bleibt Persil, und Saar bleibt Saar.

Sachsen + Dresden

Versucht sich ein Nichtsachse am sächsischen Dialekt, kommt leicht mal ein Satz heraus wie «Dregsd du den Sack».

Sachsen-Anhalt + Magdeburg

In Sachsen wachsen die schönen Mädchen auf den Bäumen. In Sachsen-Anhalt fährt höchstens die Magd als Anhalter mit.

Schleswig-Holstein + Kiel

Mit dem Kiel meines Schiffes habe ich in Schlesien lauter Steine ausgehöhlt.

Thüringen + Erfurt

Ehrfürchtig zeige sich, wer diese Tür durchschreitet.

Aus manchen Wörtern sind sehr abstrakte Ersatzworte geworden. Unser Gehirn ist jedoch in der Lage, die gewünschte Verknüpfung zu rekonstruieren. Helfen Sie ihm mit ein paar fantasie-
vollen Geschichten auf die Sprünge!

Jens der Denker rät

Behalten Sie die Zuordnungsmethode im Hinterkopf, wenn Sie
das nächste Mal ein Kinoplakat oder eine Bestseller-Liste sehen.
Spinnen Sie eine Geschichte um Namen und Titel. Ungewöhnliche Geschichten, die Sie sich einmal ausgedacht haben, können
Sie sich garantiert besser merken als Filmtitel und Schauspieler-
namen, mit denen Sie nichts verbinden.

Texte wiedergeben – Reden halten

Bei der Zuordnungsmethode bleibt automatisch die Reihenfolge
des zu Lernenden erhalten. Mit diesem Wissen können Texte so
vorbereitet werden, dass sie ohne Spickzettel wiedergegeben werden können.

Lesen Sie den Text dazu zunächst einmal ganz und konzentrieren Sie sich dabei auf den Inhalt. Lesen Sie ihn dann noch einmal
Satz für Satz und markieren Sie markante Wörter.

Ordnen Sie den markierten Wörtern anschließend die Bilder
für die Zahlen 0 bis 20 zu. Jetzt haben Sie die Struktur Ihrer Rede
im Kopf und können Ihren Zuhörern direkt in die Augen schauen.
Das wirkt aufgeräumt, und durch die direkte Ansprache ist Ihnen
eine größere Aufmerksamkeit gewiss.

Viele Menschen haben Angst, dass Ihnen in einer Vortragssi-
tuation plötzlich nichts mehr von dem einfällt, was sie eigentlich
sagen wollten. Da kann ich Sie beruhigen: Es ist sehr unwahr-
scheinlich, dass Sie mit richtiger Anwendung der Zuordnungen
gleich alle Bilder vergessen, höchstens mal eins oder zwei. Wenn
Sie einmal nicht auf eine Verknüpfung kommen, gehen Sie einfach, ohne zu zögern, zum nächsten Bild über. Meist fällt den

Zuhörern dann gar nicht auf, dass Sie etwas ausgelassen haben, und folgen Ihnen gedanklich einfach zum nächsten Schritt. Also: Keine Angst vor Blackouts!

Jens der Denker rät

Auch Zwischenfragen lassen sich mit der dargestellten Methode gut parieren. Das gilt auch, wenn sich die Frage auf einen Punkt bezieht, den Sie später in Ihrem Vortrag behandeln wollten. Und so geht's: Merken Sie sich zunächst das Bild zu Ihrem letzten Punkt, beispielsweise die Hand, beantworten die Zwischenfrage – Material aus der Zuordnung Achterbahn – und gehen anschließend zur Hand zurück. Wenn Sie in Ihrem Vortrag bei der Achterbahn ankommen, überspringen Sie diesen Punkt und fahren in Ihrem Vortrag fort.

Die Wohnungsmethode und andere Loci-Routen

Kennen Sie das? Sie wollten nur noch schnell ein paar Dinge fürs Abendbrot einkaufen. Käse, Brot und Schinken fallen Ihnen sofort wieder ein. Schließlich haben Sie Hunger auf eine deftige Scheibe Brot. Aber was war da noch?

Für alles, was Sie sich ‹kurz mal merken wollen› kann es hilfreich sein, wenn Sie eine Route im Kopf haben, mit der Sie Ihre Inhalte verknüpfen können. Mit Checklisten, Schlagwörtern für Gesprächsargumente oder Einkaufslisten funktioniert diese Methode wunderbar.

Machen Sie es sich dabei so einfach wie möglich. Stellen Sie sich vor, Sie öffnen Ihre Wohnungstür und beschreiten nach und nach jedes Zimmer: durch den Eingang ins Wohnzimmer, weiter ins Esszimmer, ins Bad und so weiter und so weiter, bis Sie alle Zimmer durch haben. Merken Sie sich diese Reihenfolge und verändern Sie sie nicht mehr. Fertig ist die Loci-Route. Mit ihr können Sie nun alles Mögliche verknüpfen, beispielsweise ihren nächsten Einkauf.

Beispiel: Der Einkaufszettel
Rufen Sie sich Ihre Wohnung und die von Ihnen festgelegte Reihenfolge der Zimmer ins Gedächtnis. Dann formulieren Sie, was einzukaufen ist: etwa Katzenstreu, Küchenrolle, Spülmittel, eine CD und ein Fahrradschlauch. Nun lassen Sie sich eine Verknüpfung einfallen. Wie das aussehen könnte?

Eingang – Katzenstreu
Im Winter ist mein Eingangsbereich sehr rutschig. Da mir die Fußmatten zu langweilig sind, lege ich diesen Bereich mit Katzenstreu aus.

Wohnzimmer – Küchenrolle
Meine Kinder naschen unheimlich gerne beim Fernsehen. Damit sie mein Sofa nicht mit Schokolade beschmieren, habe ich es mit Küchenrolle eingewickelt.

Esszimmer – Spülmittel
Meine Suppe schmeckt scheußlich. Fast so, als hätte ich sie mit Spülmittel gewürzt.
Auf diese Art und Weise fahren Sie fort und verknüpfen Bad mit CD und Küche mit Fahrradschlauch.

Bei den Informationen, die Sie als Gedächtnisstütze nutzen, muss es sich keineswegs immer um die Wohnung handeln. Auch die Gliedmaßen des Körpers stellen eine bekannte Reihenfolge dar: Gehen Sie beispielsweise strikt von unten nach oben vor. Füße, Knie, Oberschenkel, Po, Brust, Schultern, Arme, Hände, Hals und Kopf stellen Routenpunkte dar, an denen man wunderbar mental etwas ablegen kann. Und auch der Weg zur Arbeit bietet sich an mit seinen markanten Punkten wie Kiosk, Zebrastreifen, Ampel und Garten.
Wichtig ist nur, dass Sie immer die gleichen Punkte verwenden.

Jens der Denker rät

Besonders schöne Loci-Routen lassen sich während des Urlaubs kreieren. Sie haben damit nicht nur eine weitere Möglichkeit, noch mehr Unbekanntes anzuhängen und zu lernen, sondern erinnern sich auch noch Jahre später, ob Sie diese Moschee oder jenen Basar in Marokko oder in der Türkei besucht haben.

Zahlen werden zu Wörtern – das Major-System

Das Major-System – auch Mastersystem genannt – ist eine Gedächtnistechnik, die auf der Zuordnung von Lauten zu Ziffern und Worten zu Zahlen basiert. Ich verwende es für die Gestaltung meiner Basisbilder von 21 bis 99. Natürlich lässt sich das Major-System für alle Zahlen anwenden, doch in der Gedächtniskunst ist es eine gängige Praxis, die Zahlen von 0 bis 20 symbolisch darzustellen.

Bisher haben wir mit 20 Bildern gearbeitet. Sinnvoll ist es, 100 Bilder zu erlernen. Mit dem Beherrschen dieser Methode sind komplexe Gedächtnisleistungen möglich. Sie hilft Ihnen,

- sich in kürzester Zeit lange Zahlenreihen zu merken;
- die Möglichkeit der Zuordnung von unbekannten zu bekannten Informationen um ein Vielfaches zu erweitern;
- Ereignissen und Jahreszahlen einander zuzuordnen.

Die Zahlen von 1 bis 20 haben Sie bereits mit Bildern verknüpft. Die 9 steht für Kegel, die 16 für ein Mofa. Das kann man sich noch relativ einfach merken. Doch fällt Ihnen auf Anhieb eine Verknüpfung zur Zahl 67 oder 93 ein? – Mir zumindest nicht. Um uns die Bilder für die Zahlen von 21 bis 99 einzuprägen, benutzen wir daher einen kleinen Trick: Wir ersetzen die Ziffern von 0 bis 9 durch Buchstaben. Diese machen wir wiederum zu Wörtern und spinnen daraus kleine Geschichten.

0 bis 9 als Buchstaben

0 = Z oder K
Zero bedeutet 0. Schon die Jüngsten kennen den Begriff «k.o.».
1 = T oder L
T und L haben jeweils einen Hauptstrich.
2 = N oder V
N und V haben jeweils zwei Hauptstriche.
3 = M oder W
M und W haben jeweils drei Dreiecke.
4 = R
Die Vier ist das einzige Zahlwort, das mit einem R endet.
5 = S oder SCH
Mit ein wenig Fantasie sieht die 5 wie das S aus. Der SCH-Laut ist dem S ähnlich.
6 = B oder P
Das P sieht aus wie eine 6 auf dem Kopf. Der Buchstabe B ist dem P sehr ähnlich.
7 = F
Das F sieht aus wie eine spiegelverkehrte 7.
8 = H oder CH
Hab 8.
9 = G
Die 9 sieht aus wie das klein geschriebene g.

An den folgenden Beispielen können Sie nachvollziehen, wie Sie sich mit dieser Methode Zahlen merken können:
452
4 = r; 5 = s oder sch; 2 = n oder v
452 könnte für Arsen stehen oder für Reisen oder Rosine.
649
6 = b oder p; 4 = r; 9 = g
Aus dieser Kombination ergibt sich Burg, Berg oder Prag. Und das behält man leichter als 649.

Auf diese Weise ist es gar nicht mehr schwer, zweistelligen Zahlen Bilder zuzuordnen. Für die Zahlen von 21 bis 99 arbeiten wir mit festen Bildern. Der Vorteil dabei ist, dass man nicht jedes Mal neu kreativ werden muss und gleich weiß, dass diese Bilder auf eine zweistellige Zahl verweisen – nicht etwa auf eine drei- oder vierstellige. Samurai steht immer für 53, nie für 534.

21	Notenständer
22	Nonne
23	Vampir
24	Nerzmantel
25	Nase
26	Dynamit (nach dem Erfinder Nobel)
27	Neffe (Tick, Trick und Track Duck)
28	Nähnadel
29	Neger
30	Wok
31	Watte
32	Wanne
33	M+M-Packung (Süßigkeit)
34	Würfel
35	Messer
36	Webrahmen
37	Waffel
38	Mühle
39	Weg
40	Rock
41	Roller
42	Rennrad
43	Römer
44	Irrer
45	Rose
46	Roboter
47	Riff
48	Richter
49	Regenschirm

50	Sack
51	Sattel
52	Sonne
53	Samurai
54	Sarg
55	Sessellift
56	Spielplatz
57	Safe
58	Schneemann
59	Segel
60	Päckchen
61	Bett
62	Pinsel
63	Bommelmütze
64	Parkuhr
65	Post
66	Papier
67	Pfeife
68	Photo (alte Rechtschreibung)
69	Bogen
70	FAZ (Zeitung)
71	Flasche
72	Fenster
73	Familie (am besten die eigene)
74	Frisbee
75	Fuß
76	Fibel (Buch)
77	(P)fefferstreuer
78	Fechter
79	Fagott
80	Hecke
81	Hut
82	Hängematte
83	Hammer
84	Herkules (ein Denkmal)

85	Hose
86	Hüpfburg
87	Hufeisen
88	Höhle
89	Thermometer (von Hg = Quecksilber)
90	Gazette (Zeitung)
91	Glocke
92	Reck (Eberhard Ginger, der Turner)
93	Gummi
94	Grab
95	Gesicht
96	Gebäck
97	Giftspritze
98	Gehege
99	Egge

Jens der Denker rät

Lernen Sie die 99 festen Bilder jeweils in kleinen Gruppen von fünf Bildern auswendig. Stellen Sie sich die Zuordnung zu den Buchstaben möglichst bildlich vor – lassen Sie Ihrer Fantasie freien Lauf!

Kennen Sie alle Bilder? In der nächsten Übung können Sie Ihr neues Wissen gleich anwenden.

Übung: Olympische Winterspiele

Unsere Aufgabe ist es hier, Austragungsort und -jahr der Olympischen Winterspiele miteinander zu verknüpfen. Bei dem Datum reicht es völlig, wenn Sie sich auf Jahr und Jahrzehnt konzentrieren. Das Jahrhundert liegt dann ja auf der Hand. Die Verbindung zum Austragungsort stellen Sie über ein Ersatzwort her. Dieses Ersatzwort verknüpfen Sie mit dem Basisbild für die Jahreszahl. Hier zunächst die Daten:

1924	Chamonix
1928	St. Moritz
1932	Lake Placid
1936	Garmisch-Partenkirchen
1948	St. Moritz
1952	Oslo
1956	Cortina D'Ampezzo
1960	Squaw Valley
1964	Innsbruck
1968	Grenoble
1972	Sapporo
1976	Innsbruck
1980	Lake Placid
1984	Sarajevo
1988	Calgary
1992	Albertville
1996	Lillehammer
1998	Nagano
2002	Salt Lake City
2006	Turin
2010	Vancouver
2014	Sotschi

Haben Sie alle Jahreszahlen mit allen Städtenamen verknüpfen können? Wenn nicht, können Sie sich gerne an meine Vorschläge halten.

1924   Nerzmantel + Chamonix
Sie tragen einen echten Nerz und werden beschimpft. Sie schämen sich.

1928   Nähnadel + St. Moritz
Max und Moritz nähen überall olympische Ringe auf die Hauswände. Das Graffiti ist geboren.

1932   Wanne + Lake Placid
Suchen Sie mit Ihrer Badewanne einen Platz mitten auf dem See (Lake)?

1936   Webrahmen + Garmisch-Partenkirchen
So ein Geschenk gibt es sonst gar nicht (Garmisch). Sie überreichen Ihrem Paten ein gewebtes Geschenk.

1948   Richter + St. Moritz
Schon wieder diese Lausbuben. Jetzt reicht es. Sie kommen vor Gericht.

1952   Sonne + Oslo
O, so langsam kommt die Sonne heraus.

1956   Spielplatz + Cortina D'Ampezzo
Es ist in der Tat so, dass unsere Eisdiele am Spielplatz Cortina heißt.

1960   Päckchen + Squaw Valley
Jeder hat sein Päckchen zu tragen, erst recht die Squaws im Tal.

1964   Parkuhr + Innsbruck
Sprengen Sie eine Parkuhr und reparieren Sie das Goldene Dach zu Innsbruck.

1968   Photo + Grenoble
Sie als Sportler, welch nobles Photo!

1972   Fenster + Sapporo
Da sabbert doch einer ans Fenster. Nur noch durch die Poren kann man schauen.

1976   Fibel + Innsbruck
Für die Reparatur des Goldenen Daches dürfen Sie sich in die goldene Fibel eintragen.
   Dieser Verweis auf 1964 ist sogar geschickt.

1980   Hecke + Lake Placid
Legen Sie Ihre Wanne vom See zum Trocknen auf die Hecke.
   Wieder der Verweis.

1984   Herkules-Denkmal + Sarajevo
Geben Sie dem Denkmal einen weiblichen Namen: Sara.

1988   Höhle + Calgary
Rufen Sie englische Wörter *(to call)* in eine Höhle. Das Echo antwortet: GAR nix verstehen.

1992   Reck + Albertville
Albert Einstein war nicht nur ein kluger Kopf, sondern auch ein genialer Sportler. Für ihn war das Reck seine Villa.

1994   Grab + Lillehammer
Hämmern Sie mit einem Hammer Lilien auf ein Grab.

1998   Gehege + Nagano
In jedem Gehege können Sie Tiere beim Nagen beobachten.

2002   Schere + Salt Lake City
Mit einer Riesenschere zerschneiden Sie alle Laken in kleine Salzkrümel-Formen.

2006   Gitarre + Turin
Gehen Sie mit einer Gitarre auf Tournee.

2010   Schuhe + Vancouver
Ich würde viel lieber in einem Van herumfahren, als mir bei ständiger Rumkurverei die Schuhsohlen abzureiben.

2014   Herz + Sotschi
Kennen Sie auch den Roman «Die Liebenden von Sotschi» von Hans G. Konsalik?

Die Zuordnungsmethode bietet sich immer dann an, wenn Jahreszahlen, Artikel oder Paragrafen gegeben sind. Eine neue Ordnung zu entwerfen, würde hier nur Verwirrung stiften. Bleiben Sie daher am besten bei der vorgegebenen Ordnung – etwa, wenn Sie sich die ersten 19 Artikel des Grundgesetzes einprägen möchten.

Beispiel: Die Grundrechte des Grundgesetzes

Artikel 1
Die Würde des Menschen ist unantastbar.
  Stellen Sie sich einen Pfarrer vor, der mit einer großen Kerze Richtung Altar schreitet. Sehen Sie diesen Würdenträger? Niemals würden Sie ihn antasten.

Artikel 2
Jeder hat das Recht auf die freie Entfaltung seiner Persönlichkeit, soweit er nicht die Rechte anderer verletzt und nicht gegen die verfassungsgemäße Ordnung oder das Sittengesetz verstößt.

Als Kind durften Sie es noch nicht: «Messer, Gabel, Schere, Licht sind für den Kleinen nicht!» Mittlerweile aber dürfen Sie selbst bestimmen, ob Sie die Schere nehmen oder nicht. Doch aufgepasst: Schneiden Sie niemanden. Verstoßen Sie nicht gegen die Rechte anderer, indem Sie mit Ihrer Schere Verletzungen verursachen.

Artikel 3
Alle Menschen sind vor dem Gesetz gleich, und zwar unabhängig von Geschlecht, Abstammung, Rasse, Sprache, Heimat, Herkunft, Glauben, religiöser und politischer Überzeugung.

Besuchen Sie die Pyramiden von Giseh. Erleben Sie, wie die Menschenmassen drängeln, um das beste Fotomotiv zu finden.

Sie regen sich darüber auf, wie die Touristen aus dem In- und Ausland sich benehmen, wie sie gekleidet sind, wie und was sie reden. Aber alle sind sie gleich stolz und glücklich, vor diesem Weltwunder zu stehen.

Artikel 4
behandelt die Glaubens- und Gewissensfreiheit.

Betrachten Sie das vierblättrige Kleeblatt als Kreuz. Dieses Kleeblattkreuz steckt sich ein Soldat ans Uniformrevers, um seinem Glauben und seinem Gewissen Ausdruck zu verleihen.

Artikel 5
behandelt die Meinungs- und Pressefreiheit.

Viele weltweit bekannte Symbole, wie zum Beispiel das Victory-Zeichen, lassen sich mit der Hand darstellen. Oder halten Sie in Ihrer Hand ein Demonstrationsplakat. Auch das gegenteilige Bild einer Hand vor Ihrem Mund kann Ihnen helfen, sich das Bild einzuprägen.

Artikel 6
besagt, dass Ehe und Familie unter dem besonderen Schutz der staatlichen Ordnung stehen.

Sie spielen tagtäglich mit Ihrer Familie vor Ihrem Haus Gitarre – und das, obwohl Sie es gar nicht können. Natürlich wollen Ihnen die Nachbarn an den Kragen. Aber anstatt eines Zauns stehen Soldaten um Ihr Haus herum, um Sie zu schützen. Sie haben die staatliche Ordnung auf Ihrer Seite.

Artikel 7
regelt das Schulwesen, das unter staatlicher Aufsicht steht.

Wie süß sind doch die Schulanfänger, die noch völlig unbeschwert in Reih und Glied die Treppe zur Schule hochlaufen. Ein richtiger Zwergenmarsch.

Artikel 8
behandelt die Versammlungsfreiheit.

Sie haben die Freiheit, Versammlungen auch in Achterbahnen einzuberufen. Oder stellen Sie sich ein schreckliches Szenario vor: Eine Achterbahn stürzt in eine Menschenmenge.

Artikel 9
verankert das Recht, Vereine und Gesellschaften zu bilden.

Der Klassiker: ein Kegelverein!

Artikel 10
regelt das Brief-, Post- und Fernmeldegeheimnis.

Stellen Sie sich vor, der Staat würde diesen Artikel nicht regeln. Sie müssten, um sicherzugehen, alle Meldungen selbst, und zwar zu Fuß, erledigen. Wie sähen dann Ihre Schuhe aus?

Artikel 11
definiert die Freizügigkeit.

Zu Beginn der DFB-Geschichte gab es noch strenge Regeln. Bei den Vereinen spielten die Jungs aus dem Dorf, und der Libero war Libero.

Heute dominiert die Freizügigkeit. Die Namen der Spieler meines Heimatvereins kann ich nur noch mithilfe der Ersatzwortmethode benennen. Manche Spieler meinen, mehr sagen zu dürfen als der Trainer.

Artikel 12
definiert die Berufsfreiheit.

Sehen Sie vor sich einen Wecker, der Berufsbilder statt Zahlen auf dem Ziffernblatt hat. Um wie viel Uhr müssen Sie zur Arbeit fahren?

Artikel 13
Die Wohnung ist unverletzlich.

Und wenn Sie in jedem Zimmer Ihrer Wohnung einen Fahrstuhl einbauen. Das geht niemanden etwas an.

Artikel 14
gewährleistet Eigentum und Erbrecht.

Genau wie Ihr Herz gehört Ihnen nach diesem Artikel Ihr Eigentum. Vererben können Sie es ganz nach Herzenslust.

Artikel 15
regelt die Entschädigungen bei Vergesellschaftung von Grund und Boden.

Das waren noch Zeiten, als die Ritter im Auftrag des Königs durchs Land ritten, um den Grund und Boden der Untertanen zu enteignen. Entschädigungen gab es damals natürlich nicht.

Artikel 16
Die deutsche Staatsangehörigkeit darf nicht entzogen werden.

Da will Ihnen doch ein Japaner ein Mofa andrehen, nur um Ihnen die Staatsbürgerschaft abzukaufen. So nicht!

Artikel 17
erlaubt Ihnen, sich bei der Volksvertretung zu beschweren.

Das kommt ja dem Gang nach Canossa gleich. Am besten, Sie spielen mit Ihren Karten aus, wer sich beschweren muss. Oder spielen gar die Volksvertreter ständig Karten, nur um Ihrer Beschwerde zu entgehen?

Artikel 18
sagt aus, was geschieht, wenn Sie die Freiheiten desselben missbrauchen.

Sie dürfen viel. Sollten Sie aber über die Strenge schlagen, werden Sie sich vorkommen, als wenn Sie mit einem Auto mit Tempo 200 eine kurvenreiche Strecke fahren.

Artikel 19
sagt aus, dass das Grundgesetz für die Allgemeinheit gültig ist.

Gerade bei der Bundeswehr wird deutlich, wie wichtig es ist, dass man Gesetzen unterliegt. Doch das Grundgesetz ist nicht nur für Soldaten, sondern für die Allgemeinheit bestimmt.

Das SEM³-System

Ist Ihnen das auch schon passiert? Sie wollten jemanden dringend erreichen, aber Ihr Handy-Akku war leer und Sie kamen nicht an Ihr Telefonbuch heran. Wie schön wäre es jetzt, die entsprechende Nummer im Kopf zu haben!

Auch längere Zahlenfolgen lassen sich mithilfe der Mnemotechnik leicht merken. Das SEM³-System ist eine Erweiterung des Major- oder Mastersystems und eignet sich zum Beispiel für Daten, Binärcodes oder Telefonnummern.

Doch eins nach dem anderen: Bislang haben Sie Bilder für die Zahlen von 0 bis 99 erstellt. Sie müssen also keine zusätzlichen Bilder mehr erlernen. Vielmehr werden die bereits erlernten 100 Basisbilder in andere Zustände versetzt oder mit bestimmten Orten in Verbindung gebracht

Den Zahlen von 100 bis 9999 nähern wir uns zunächst über die Tausenderstelle, gehen dann zur Hunderterstelle.

Die Tausenderstelle

Wir beginnen mit der Tausenderstelle und ordnen den Zahlen von 0 bis 9 bestimmte Funktionen zu:

0 = sehen
1 = hören
2 = riechen
3 = schmecken
4 = tasten
5 = Planeten
6 = Tiere
7 = Vögel
8 = Möbel/Zimmer
9 = Farben

Vierstellige Zahlen, die mit einer vier beginnen, stellen Sie sich als etwas vor, das getastet werden kann. Alle, die mit einer 9 beginnen, denken Sie sich als farbig. 4005 wäre nach diesem Schema eine Hand, die etwas tastet. 9005 eine farbige Hand.

Was die Hand tastet oder welche Farbe sie hat, können Sie an der Hunderterstelle ablesen.

Die Hunderterstelle

Bei der Hunderterstelle kommen wir auf die Technik «Zahlen werden zu Buchstaben» zurück. Die Zuordnungen liste ich Ihnen hier noch einmal auf:

0 = Z oder K
1 = T oder L
2 = N oder V
3 = M oder W
4 = R
5 = S
6 = B oder P
7 = F

8 = H
9 = G

Um die Hunderterstelle in ein Bild zu verwandeln, schauen Sie als Erstes, um welche Tausenderstelle es sich handelt. Beginnt die Zahl mit einer 1, verwandelt sich das entsprechende Basisbild von 0 bis 99 in etwas, das Sie hören können. Natürlich können Sie sich das Basisbild auch mit Ohren vorstellen, so dass es Sie belauschen könnte.

Verwandeln Sie die Ziffer der Hunderterstelle in einem weiteren Schritt in den entsprechenden Buchstaben. Handelt es sich um eine 1, könnten Sie zum Beispiel ein Lachen hören. Die 1105 wäre dann eine lachende Hand. Es kann aber auch Ihre Hand sein, mit der Sie Ihr Lachen verbergen.

Die 2105 wäre beispielsweise eine lackierte Hand. Denn die 2 in der Tausenderstelle deutet auf etwas hin, das riecht. Das Basisbild für die 5, die Hand, bleibt bestehen.

0 als Tausenderstelle – sehen
00 = Brille (Brille ist das Bild für 100)
01 = Wald
02 = Eis (hergeleitet von Nordpol)
03 = Berg (hergeleitet von Mountain)
04 = Reben
05 = Schwimmbad
06 = Ballon (Fesselballon)
07 = Freizeitpark (einer Ihrer Wahl)
08 = Hochhaus
09 = Halle (Lagerhalle)

1 als Tausenderstelle – hören
10 = Drehorgel
(1005 eine Hand, die Drehorgel spielt)
11 = lachen
12 = näseln
13 = meckern

14 = röcheln
15 = singen
16 = Piano
17 = Flöte
18 = husten
19 = gackern

2 als Tausenderstelle – riechen
20 = Kaffee
21 = Lack
22 = Nelken
23 = Minze
24 = Rauch
25 = Scheiße
26 = Brot
27 = Füße
28 = Heu
29 = Galle (Erbrochenes)

3 als Tausenderstelle – schmecken
30 = Ei
31 = Limone
32 = Nüsse
33 = Mohrenkopf
34 = Rotwein
35 = Schokolade
36 = Bier
37 = Fleisch
38 = Hamburger
39 = Grütze

4 als Tausenderstelle – tasten
40 = Kletterwand
41 = Leim
42 = Nässe

43 = Werkzeug
44 = Ring
45 = Sand
46 = Blindenschrift
47 = Fingerhut
48 = Haut
49 = Gras

5 als Tausenderstelle – Planeten

Das Planetensystem gibt uns eine feste Reihenfolge vor. Somit weiche ich bei den 5000ern von meinem bisherigen Zuordnungssystem ab: 51 steht nicht für einen Planeten mit L oder T, sondern für Merkur, den Planeten im Sonnensystem, der der Sonne am nächsten ist. Auf ihn folgen Venus, Erde, Mars als 52, 53 und 54.

Eine weitere Ausnahme ist, dass zehn Bilder benötigt werden, wir aber nur acht Planeten zur Verfügung haben. So beginnen wir mit der Sonne und nehmen zum Abschluss Pluto wieder dazu, unabhängig davon, dass er offiziell nicht mehr als Planet geführt wird.

50 = Sonne
51 = Merkur
52 = Venus
53 = Erde
54 = Mars
55 = Jupiter
56 = Saturn
57 = Uranus
58 = Neptun
59 = Pluto

Die 5000er-Zahlen werden so gebildet, dass Sie die jeweiligen Basisbilder auf die entsprechenden Planeten «setzen». Mir hat es geholfen, dass ich die Planeten mit einem bestimmten Merkmal versehen habe. So ist der Merkur staubig, da er nah an der Sonne ist. Mit der Erde assoziiere ich einen bestimmten Ort, den ich besonders gut kenne usw.

6 als Tausenderstelle – Tiere
60 = Krokodil
61 = Löwe
62 = Nashorn
63 = Maus
64 = Reitpferd
65 = Schwein
66 = Bär
67 = Fisch
68 = Hund
69 = Grille

7 als Tausenderstelle – Vögel
70 = Adler
71 = Taube
72 = Nymphensittich
73 = Möwe
74 = Reiher
75 = Schwalbe
76 = Pinguin
77 = Flamingo
78 = Höckergans
79 = Geier

8 als Tausenderstelle – Möbel/Wohnung
80 = Zimmerdecke
81 = Tisch
82 = Nachttisch
83 = Mangel (Heißmangel)
84 = Rollo
85 = Schrank
86 = Bett
87 = Frisierspiegel
88 = Hängeampel
89 = Heizung

9 als Tausenderstelle – Farben

90 = orange

91 = lustig-bunt

92 = natogrün

93 = weiß

94 = rot

95 = schwarz

96 = braun

97 = fliederfarben

98 = himmelblau

99 = gelb

Zugegeben: Es bedarf einiger Übung, um sich die Bilder entsprechend dieser Zuordnungen vorstellen zu können. Doch das Ergebnis lohnt sich. Denn nun können Sie sich mit einem einzigen Bild eine vierstellige Zahl merken. Bei Telefonnummern und Kundennummern kann das sehr hilfreich sein. Bei Terminen, zum Beispiel Geburtstagen, funktioniert das auch.

Beispiel: Geburtsdaten
Nehmen wir den 6. Juli 1966, meinen Geburtstag.

Wie alle Daten lässt sich auch mein Geburtstag als zwei vierstellige Zahlen darstellen: 0607 und 1966. Dies entspricht einem Zwerg mit Ballongesicht und Ballonbauch sowie gackerndem Papier.

Diese Bilder betten wir in eine Geschichte ein, die man am besten an einem markanten Punkt beginnen lässt – in diesem Fall beim Geburtstagskind, dem Autoren.

Einem Autor, er schreibt oft und gern am offenen Fenster, fliegen oft die Blätter weg. Drum stellt er Gartenzwerge auf die Blätter, so fliegen sie nicht mehr umher. Dem Papier gefällt's – schließlich muss es sonst allen Ernst und das Leid der Welt ertragen – die Zwerge aber blinzeln dem Papier fröhlich zu. Der Autor sieht's, will das Papier erheitern und bläst die Zwerge auf, bis Ballongesicht und Ballonbauch fast platzen. Und das Papier? Es kriegt sich vor lauter Gegacker nicht mehr ein.

Zugegeben: Diese Methode ist völlig verrückt. Aber sie ist effektiv.

Besondere Zuordnungen

Tabellen

Einer der Höhepunkte in meiner Show der Gedächtnisleistungen ist meine Schachroutine. Dabei bewege ich eine Springerfigur einmal ganz über das Schachfeld. Der Springer darf dabei jedes Feld nur einmal berühren, Doppeltlandungen sind nicht erlaubt. Das Besondere bei dieser Präsentation ist, dass ich sie mit verbundenen Augen vorführe und die Zuschauer bestimmen dürfen, auf welchen Feldern die Reise der Springerfigur beginnen und enden soll.

Bei dieser Nummer ist höchste Konzentration erforderlich. Den Überblick kann ich nur behalten, weil ich mir das Schachbrett als eine Tabelle vorstelle. Mithilfe der Zuordnungsmethode teile ich jedem Feld auf dem Schachbrett ein Bild zu.

Jens der Denker rät

Denken Sie sich für die einzelnen Zellen von A1 bis H8 zusätzliche Bilder aus! Dies garantiert Ihnen, dass Sie beim Wiederabruf dieser Informationen sofort erkennen, dass es sich um den Bestandteil einer Tabelle handelt. Später können Sie diese Tabelle beliebig erweitern.

Meine Bilder habe ich mit den Anfangsbuchstaben A bis H sowie mit der Technik «Zahlen werden zu Wörtern» gebildet.

So wird aus A1 «Altar». A + (1 = t oder l), mit «l» = Altar.

Beim Buchstaben C weiche ich von meinem Muster ab. Statt mit C beginnen meine Bilder mit Z, da mir hier eine größere Auswahl an Begriffen zur Verfügung steht. Folgende Bilder können sich ergeben, wenn man die vorgeschlagene Methode anwendet:

A1	Altar	B1	Blatt
A2	Antenne	B2	Banane
A3	Amboss	B3	Bumerang
A4	Arzt	B4	Brot
A5	Ast	B5	Besen
A6	Apfel	B6	Bob
A7	Auflauf	B7	Beifall (applaudierende Hände)
A8	A-Hörnchen	B8	BH

C1	Zelt	D1	Dollarschein
C2	Zange	D2	Dinosaurier
C3	Zombi	D3	Dom
C4	Zar	D4	Draht
C5	Zyste	D5	Dose
C6	Zäpfchen	D6	Dübel
C7	Zofe	D7	(Dick &) Doof
C8	Zahn	D8	Dach

E1	Ellenbogen	F1	Filtertüte
E2	Endoskop	F2	Fantasia (Walt-Disney-Film)
E3	Eimer	F3	Fimo (Bastelmasse)
E4	Erde	F4	Frau
E5	Eis	F5	Fuß
E6	Ebbe	F6	Fibel
E7	Eiffelturm	F7	(P)fefferstreuer
E8	Ehepaar	F8	Fohlen

G1	Galeere	H1	Hologramm
G2	Genie (Einstein)	H2	Hundehütte
G3	Gewitter	H3	Himmel
G4	Gräte	H4	Hirte
G5	Gießkanne	H5	Hosenträger
G6	GPS-Gerät	H6	Hüpfburg
G7	Giftbecher	H7	Hufeisen
G8	Geher	H8	Höhle

Jens der Denker rät
Arbeiten Sie zunächst mit den hier genannten Bildern oder erstellen Sie eigene. Wenn Ihnen das eine oder andere Bild nicht liegt oder sich Zahlen und Buchstaben vermischen, greifen Sie ersatzweise auf die Bilder des Tieralphabets zurück.

Formeln – Wegbeschreibungen – Abkürzungen

Das Tieralphabet

A steht für Affe, B für Bär und C für Chamäleon. Das Tieralphabet ist kinderleicht zu lernen.

Die Formel A2 steht im Tieralphabet nicht für Antenne (wie nach dem Tabellencode), sondern für einen Affen mit einer Schere. Sie verknüpfen das Tier also einfach mit den Basisbildern von 0 bis 9.

Affe	Bär	Chamäleon
Dachs	Elefant	Fisch
Giraffe	Hase	Igel
Jaguar	Kamel	Löwe
Maus	Nashorn	Otter
Pfau	Qualle	Rindvieh
Schwein	Tintenfisch	Unke
Vogel	Wal	Oryx
Yak	Zebra	

Von A nach Z fahren

A2 kann natürlich auch für die Autobahn stehen. Wenn Sie von der A2 auf die B28 abbiegen müssen, merken Sie sich dies mit einer kleinen Geschichte: Ein Affe mit einer Schere verfolgt einen Bären mit einer Nähnadel.

Sobald ein Tier in Ihrem Bild auftaucht, wissen Sie, dass es sich um einen einzelnen Buchstaben handelt. Sie kommen somit gar nicht auf die Idee, unter den Basisbildern oder den Tabellenbildern nach diesem Bild zu suchen.

Wenn Sie die Methoden miteinander verflechten und sich sowohl aus dem Tieralphabet als auch aus den Basisbildern bedienen, werden auch aus Formeln, Wegbeschreibungen und Abkürzungen kleine Geschichten. ‹Ein Affe und ein Bär bekämpfen sich mit einer Schere› steht dann für: $(a + b)^2$.

Müssen Sie öfter komplexe Formeln lernen, ist es sogar der Mühe wert, sich für die einzelnen Elemente einer Formel – Klammer auf, Klammer zu, Rechenoperationen usw. – einzelne Bilder zurechtzulegen.

Ich persönlich habe diese Bilder alle im Märchen- und Kinderbuchbereich angesiedelt. So wird aus «Klammer auf» und «Klammer zu» ein Krokodil mit offenem bzw. geschlossenem Maul, und die böse Hexe eignet sich wunderbar als Wurzelzeichen.

Die Geschichtsmethode
… die schönste aller Methoden!

Für mich ist die Geschichtsmethode die schönste aller Methoden. Denn wer erzählt nicht gerne Geschichten?

Sie sind voll von Gefühlen und Erinnerungen, sprechen automatisch beide Gehirnhälften an und eignen sich besonders gut für Stoff, den man sich möglichst lange merken möchte.

Allerdings ist jede Geschichte nur so stark wie ihre schwächste Assoziation. Wird der Fluss der Geschichte einmal durchbrochen, kann es passieren, dass man ins Stocken gerät und die restlichen Informationen verloren gehen.

Wichtig für eine gute Geschichte ist zunächst der Ausgangspunkt. Bei einem Einkaufszettel bietet sich beispielsweise ein Lebensmittelgeschäft an, eine Geschichte über Bundeskanzler und -kanzlerin zum Auswendiglernen der bisherigen Bundeskanzler könnte in einem Parlament beginnen.

Vier Aspekte einer guten Geschichte

Dass man sich am besten an das erinnert, was man sieht, hört, riecht, schmeckt oder fühlt, wissen Sie bereits. Die vier folgenden Regeln sollen Ihnen helfen, Ihre Geschichten so plastisch wie möglich zu gestalten.

1. Aspekt: Transformation

Verwandeln Sie in Ihrer Geschichte einen Gegenstand in einen anderen. Je deutlicher die Verwandlung ist, desto stärker ist die Assoziation zwischen diesen beiden Artikeln.

Belassen Sie es aber nicht dabei, ein Fahrrad in ein Motorrad zu verwandeln. Die Ähnlichkeit ist zu groß, und das Bild bleibt blass. Aus den Pedalen könnten große Füße werden, aus dem Scheinwerfer kommt Feuer gespuckt. Huch, plötzlich reiten Sie auf einem Drachen! Dieses Bild hat eine echte Chance, erinnert zu werden.

2. Aspekt: Kombination

Die Kombination zweier Begriffe einer Geschichte hat einen großen Vorteil: Wir sind gezwungen, auf Einzelheiten der Artikel zu achten. Somit tritt der Gegenstand deutlich vor unser inneres Auge.

Stehen Eier und Mehl auf Ihrem Einkaufszettel, machen Sie mental Nudeln daraus. Beschäftigen Sie sich im Detail mit den Zutaten, kombinieren diese und lassen Sie daraus etwas Neues entstehen.

3. Aspekt: Interaktion

Interaktiv gestalten Sie eine Geschichte, wenn Sie sich selbst mit in die Geschichte einbinden.

Die Vorstellung, Sie fallen in einen Bach aus Bier, ist stärker, als wenn Sie nur beobachten, dass jemand anderes in den Bach fällt.

4. Aspekt: Weg vom Abstrakten

Mit der Geschichtsmethode können Sie sich auch die trockensten Informationen aneignen. Sobald Sie die Informationen einmal in Bilder verwandelt haben, hat Ihre Geschichte mit der ursprünglichen Materie meist überhaupt nichts mehr zu tun.

Eine Einkaufsliste besteht meistens aus greifbaren Gegenständen, die sich leicht in eine Geschichte einbinden lassen. Wenn Sie sich allerdings auf eine Prüfung vorbereiten und in diesem Zusammenhang beispielsweise Städtenamen lernen, ist es oft leichter, wenn Sie die abstrakten Namen in reelle, greifbare Bilder umwandeln.

Wie kann eine Geschichte aussehen, die all diese Regeln berücksichtigt? – Etwa so:

Ein Beispiel: Die Bundespräsidenten der BRD

Ich liege im Heu (Heuss).

Ich überlege, wie ich aus den Heuballen das Lübecker Tor (Lübke) nachbauen könnte. Ich schlafe ein.

Im Traum erscheinen die Heinzelmännchen (Heinemann) und helfen bauen. Als ich aufwache und sehe, dass es kein Traum ist, will ich so schnell wie möglich weg.

Wie gut, dass gerade Walter Scheel hoch auf seinem gelben Wagen vorbeikommt. Ich springe auf.

Wir machen an einem Brunnen Halt, in dem Sekt statt Wasser ist: Carstens SC (Carstens).

Frisch gestärkt, lade ich vom gelben Wagen Weizensäcke (von Weizsäcker) ab.

Damit ziehe ich übers Land her (Herzog).

Ganz schön raue (Rau) Sitten hier.

Aber diese Arbeit ist immer noch leichter, als als Köhler (Köhler) arbeiten zu müssen.

Jahrelang Kohlensäcke zu schleppen gibt wulstige (Wulff) Finger.

Jens der Denker rät
Haben Sie keine Angst, von wulstig nicht auf Wulff zu kommen.
Immer vorausgesetzt, der wahre Name ist uns bekannt, reicht
unserem Gehirn dieser Impuls vollkommen aus.

Die Geschichtsmethode hat viele Vorteile:
- Das Ausdenken einer Geschichte macht Spaß.
- Die Geschichte kann erweitert werden.
- Eine Geschichte kann man sich bei Autofahrten und in ähnlichen Situationen immer wieder selbst erzählen. So gelangt sie schnell ins Langzeitgedächtnis.
- Ist eine Geschichte einmal bekannt, kann sie mit Unbekanntem verknüpft werden.

Jens der Denker rät
Die Geschichtsmethode eignet sich dann am besten als Basis für
Ihren Lernstoff, wenn die Menge der Informationen überschaubar bleibt. Die amerikanischen Präsidenten lernen Sie besser mit
der Zuordnungsmethode.

Und weil es so viel Spaß macht – mir zumindest –, gleich noch ein Beispiel:

Beispiel: Die Bundeskanzler der BRD – Teil 1

Zusammen mit Konrad Adenauer besteige ich den Kölner Dom. Plötzlich höre ich unten Gelächter.

Da steht wohl Heinz Erhardt, der noch'n Gedicht erzählt. Ach nein, es ist Ludwig Erhard, der sich zur Politik äußert.

Die Menschen lachen auch nicht, sondern sind wütend. Sie greifen nach Kieselsteinen (Kissinger) und werfen damit.

Wie gut, dass die Steine nicht den Politiker treffen, sondern sich gegenseitig.

Da sprühen Funken, ein regelrechter Brand (Brandt) ist das.

Mit diesem Feuer kann man Waffen schmieden (Schmidt).

Anstatt aber Lanzen zu basteln, schmieden die Massen Kanonenkugeln, die aussehen wie kleine Kohlköpfe (Kohl).

Hinein mit diesen in die Kanonen, und Feuer ab. Da es aber nur Kohlköpfe waren, zerschröddern (Schröder) sie in der Luft.

Was ist das nur für eine Qualität. Sofort renne ich zum Reklameschalter und Merkel dies an.

Und die Zukunft?

Gleich, wie der nächste Kanzler, die nächste Kanzlerin heißen wird, die Geschichte kann einfach weitergesponnen werden.

Weder mein Lektor noch ich haben Ambitionen, Kanzlerkandidat zu werden. Aber wenn doch …

… so könnte Frau Merkel den Rat erhalten, das Material zu Bollen zu formen, um auch nach ihrer Zeit als Kanzlerin ihren Mann zu stehen (Bollmann)

… so könnte der Herr am Schalter ein Seil aus der Tasche ziehen, mit dem er sich unauffällig abseilt (Seiler).

Erzählen Sie sich diese Geschichte, bis Sie sie perfekt können.

Fertig? Dann setzen Sie doch noch einen drauf und lernen das Jahr des jeweiligen Amtsantritts gleich mit dazu.

Die Bundeskanzler und ihre Amtszeiten

Zusammen mit Konrad Adenauer besteige ich den Kölner Dom. Den ganzen Weg frage ich mich, warum er einen Regenschirm (49) in der Hand hält. Möchte er etwa von ganz oben auf die Bürger hinabfliegen? Konrad Adenauer schwebt mit einem Regenschirm in der Hand den Kölner Dom herunter – das sorgt für Schlagzeilen.

Plötzlich höre ich unten Gelächter. Da steht wohl Heinz Erhard, der noch'n Gedicht erzählt. Ach nein, es ist Ludwig Erhard, der sich zur Politik äußert. Die Menschen lachen nur, weil er mit seiner Bommelmütze (63) so witzig aussieht.

Wenn ich genauer hinsehe, merke ich: Die Menschen lachen gar nicht, sondern sind wütend. Sie greifen nach Kieselsteinen (Kissinger) und werfen damit. Er wiederum kann sich nur mit zusammengeknülltem Papier (66) wehren und rennt so schnell wie möglich davon.

So treffen ihn die Steine nicht. Stattdessen knallen sie in der Luft zusammen. Da sprühen Funken, ein regelrechter Brand(t) entsteht. Sind das wirklich noch die Steine, oder schießt der Pöbel mit Feuerpfeilen und Bogen (69)?

Mit diesem Feuer kann man Waffen schmieden (Schmidt). Die Pazifisten basteln sich allerdings lieber Frisbeescheiben (74).

Der Rest schmiedet Kanonenkugeln, die aussehen wie kleine Kohlköpfe. Helmut Kohl galt als der Kanzler, der die Probleme stets aussaß; am liebsten in der Hängematte (82).

Jedenfalls landen die Kugeln in der Kanone. Feuer ab. Da es aber nur Kohlköpfe waren, zerschröddern (Schröder) sie in der Luft und landen in der Menge. Das sieht aus, als wenn eine Horde wilder Tiere in einem Gehege (98) gefüttert würde.

Wir rennen zum Reklameschalter und Merkeln die Qualität an. Ganz entsetzt hält sich das Personal die Hand (05) vor den Mund.

Mit der Geschichtsmethode lassen sich Wissensnetze spielerisch ausbauen. Hier noch zwei Beispiele aus dem Bereich Allgemeinbildung:

Beispiel: Die Kulturepochen
Die Kulturepochen sind:
 Romanik
 Gotik
 Renaissance
 Manierismus
 Barock
 Rokoko
In der guten alten Zeit liege ich im Bett und lese einen Roman (Romanik): nicht die Bibel, dennoch handelt er von Gott (Gotik).

Er erzählt von der Wiedergeburt, der Renaissance.

Schöne Manieren (Manierismus), sage ich mir, wenn jeder Tote wieder käme! Ich klappe das Buch zu und setze mich auf einen

Barhocker (Barock). Neben mir steht eine attraktive Dame mit einem betörenden Rock (Rokoko).

Übung:
Erweitern Sie die Geschichte, indem Sie die Datierungen der einzelnen Epochen einbinden!

Beispiel: Die neun Musen

Die neun Musen gelten bei den Griechen als Schutzgöttinnen der Künste und des geistigen Lebens. Ursprünglich handelte es sich wohl um drei, später um neun Schwestern im Gefolge des Apollon.

Kalliope	epische Dichtung
Melpomene	tragische Dichtung
Thalia	komische Dichtung
Euterpe	Lyrik
Terpsichore	Chorlyrik und Tanz
Erato	Liebesdichtung
Polyhymnia	Hymnendichtung
Klio	Geschichtsschreibung
Urania	Sternkunde

Ich befinde mich auf der Apollo-Raumstation: Alles scheint so kahl und ohne Pep (Kalliope). Und Hunger habe ich, doch leider isst man hier Mehl auf den Pommes (Melpomene). Eine Tragödie! Komisch, hier gibt es sogar einen Thalia-Buchladen und nebenan eine musikalische Kuh, aus deren Euter (Euterpe) im Takt – so richtig lyrisch – Milch tropft. Schließlich tappt (Terpsichore) die Kuh zu einem in der Nähe tanzenden Chor. Die Frauen sind erotisch (Erato) gekleidet, so richtig zum Verlieben. Ich singe mit. Es entsteht eine mehrstimmige Hymne (Polyhymnia), richtig poly! Die Frauen jagen mich weg. Zum Glück steht hinter mir ein Clio (Klio), das Auto, welches Geschichte schrieb. Mit ihm rase ich weg. Mit Uran (Urania) im Tank den Sternen entgegen. Apollo sei Dank!

Methoden verflechten

Jetzt kennen Sie alle Methoden der Gedächtniskunst. Jede für sich ist Gold wert! Und mit etwas Übung bekommen Sie schnell ein Gefühl dafür, welche Methode sich für welches Thema am besten eignet. Wenn Sie alle Methoden so gut kennen, dass Sie quasi von selbst lernen, können Sie beginnen, die einzelnen Methoden zu verflechten.

Und das Schöne ist: Neues zu lernen wird mit der Zeit sogar immer leichter. In dem bestehenden Netz können sich neue Informationen besser festsetzen. Wenn Sie dabeibleiben, kann es Ihnen sogar passieren, dass sich Informationen beim Zeitungslesen wie von selbst in Ihrem mentalen Netz festsetzen. Auch für Prüfungen und Vorträge lässt sich dann relativ viel Stoff in kurzer Zeit lernen.

Noch einmal wird es richtig spannend. Am nächsten Beispiel zeige ich Ihnen, wie sich Geschichts- und Körpermethode miteinander verknüpfen lassen.

Beispiel: Die Planeten unseres Sonnensystems

Die Verknüpfung von zwei Mnemotechniken funktioniert gemäß des Sprichworts «Doppelt genäht hält besser». Um uns die Planeten unseres Sonnensystems in der richtigen Reihenfolge einzuprägen, greifen wir auf die Geschichts- und die Körpermethode zurück.

Wir beginnen unten, bei den Füßen. In Gedanken binden wir uns eine Uhr um die Fußgelenke und überlegen: Wie MERKe ich mir die Uhr an den Füßen? – Merkur.

Wir bewegen uns aufwärts, zum rechten Knie. Vielleicht kennen Sie die berühmte Skulptur «Der Denker» von Rodin. Wie er da sitzt und denkt, den rechten Arm auf das rechte Knie gestützt und den Kopf schwer in der Hand. Ich stelle mir vor: Wie viel angenehmer wäre es, wenn auf dem rechten Knie eine wunderschöne Frau säße und mir das Nachdenken erleichtern würde! Und welche Frau wäre schöner als die Venus von Milo? – Venus.

Aber federleicht ist die Schöne nicht. Ihr Gewicht drückt mich fest auf die Erde. – Erde.

Da ist es gut, dass ich immer eine Stärkung bei mir habe. Hier, in meiner Gesäßtasche, habe ich ein Mars. Das macht ja bekanntlich mobil. – Mars.

Zu viele Mars allerdings machen nicht mobil, sondern fettleibig. Das ist natürlich nicht *in*! So sieht man nicht aus als Yuppie. Also schnüre ich mich in ein Korsett. Damit es schmiegsam ist und doch fest, nehme ich eins aus Teer. Nun hält es meinen Bauch in Form: mein Yuppie-Teer-Korsett. – Jupiter.

Damit bin ich aber noch nicht *in* genug: Folglich lasse ich mir Ringe in die Brust stechen, die Ringe des Saturn. – Saturn.

In sein macht stark! Doch meine Schultergelenke sind es noch nicht. Also lasse ich mir neue schmieden – aus hartem Metall – aus Uran. Erinnert Sie das nicht an den Planeten Uranus? – Uranus.

Jetzt sind wir beim Hals angekommen. Bis dahin steht mir oft das Wasser. Und er schwillt mir, vor Zorn, wenn ich mich geneppt fühle! Eine Plage, dieser Nepp heutzutage! Da soll doch der Wassergott Neptun mit seinem Dreizack dreinfahren! – Neptun.

Und nun: Was ist mit Pluto?, höre ich Sie sagen. Natürlich könnte hier sowohl die Geschichte als auch die Zuordnung zum nächsten Körperteil, dem Kopf, weitergehen. Doch im September 2006 beschloss die Internationale Astronomische Union (IAU), dass der Pluto nur ein Kleinplanet sei. Belassen wir es also dabei.

Und noch etwas: Wundern Sie sich nicht über die ungewöhnliche Erzählweise. Ich möchte Ihnen lediglich zeigen, wie lebendig Gedächtniskunst sein kann.

Vom Kurzzeit- ins Langzeitgedächtnis

Von einem Gedächtniskünstler wird erwartet, dass er alle Infor
mation sofort parat hat. Aber auch ich muss manchmal passen.
Woran liegt das? Bin ich dann unkonzentriert, oder verwende
ich die falsche Technik? – Nein, schuld daran ist in erster Linie,
dass wir viele Informationen nur im Kurzzeitgedächtnis speichern. Auch die in diesem Buch vorgestellten Techniken aktivieren erst einmal «nur» das Kurzzeitgedächtnis.

Wenn wir die Einkaufsliste schnell wieder vergessen, bedeutet
das keinen großen Verlust. Wenn aber mühsam gepaukte Vokabeln oder das neue Wissen über Bundespräsidenten, -kanzler und
Planten verloren geht, wäre das schade. Daher mein Tipp:

Jens der Denker rät
Wiederholen Sie den erlernten Stoff insgesamt fünfmal. Nur so
hat er eine Chance, vom Kurzzeit- ins Langzeitgedächtnis zu gelangen. Die erste Wiederholung sollte bereits nach 20 Minuten
erfolgen, die zweite nach zwei Stunden, die dritte innerhalb der
nächsten drei Tage, die vierte nach etwa zwei Wochen und die
fünfte nach einem Monat.

Um das Langzeitgedächtnis zu trainieren, greife ich auf eine altbe-
währte Methode zurück – auf den Karteikasten. Lassen Sie sich
von dieser Technik bitte nicht abschrecken, selbst wenn Sie mit ihr
unliebsame Erinnerungen an Ihre Schulzeit verbinden.

Das System ist einfach ideal, um Informationen langfristig abzu-
speichern. Falls Sie mit der Technik noch nicht vertraut sind, hier
eine kurze Anleitung:

Das Karteikastensystem

- Basteln Sie sich einen Karteikasten mit fünf Fächern. Jedes weitere Fach sollte dabei doppelt so groß sein wie das vorherige.
- Splitten Sie nun Ihre zu lernenden Information in kleinstmögliche Einheiten auf und notieren sie jeweils auf eine Karteikarte. Schreiben Sie die Vokabel auf die Vorderseite, die Übersetzung auf die Rückseite.
- Nutzen Sie die Assoziationstechnik und die Ersatzwortmethode bereits beim ersten Notieren.
- Füttern Sie den Kasten so lange mit Vokabeln, bis das erste Fach voll ist.
- Anschließend nehmen Sie die erste Karte und lesen die Vokabel laut. Wenn Sie die Übersetzung wissen, kommt diese Karte ins zweite Fach. Wenn Sie sie nicht wissen, bleibt diese Karte als letzte Karte im ersten Fach stecken.
- Erst wenn nur noch drei oder vier Karten im ersten Fach stecken, fertigen Sie weitere Karteikarten an. Diese kommen hinter die verbliebenen Karten in das erste Fach. Wenn dieses wiederum gefüllt ist, wiederholen Sie die Prozedur des Abfragens.
- Wenn auch das zweite Fach gefüllt ist, nehmen Sie die erste Karte dieses Faches und lesen die Vokabel neu. Wenn Sie die richtige Übersetzung kennen, wandert die Karte in das dritte Fach. Wissen Sie die Übersetzung nicht, kommt die Karte zurück ins erste Fach.
- Wenn alle Vokabeln den Kasten komplett durchwandert haben, ist das Lernen abgeschlossen.

Das Lernen im Karteikastensystem hat entscheidende Vorteile:
- Der Erfolg ist sichtbar. Das motiviert.
- Durch die Verdopplung der Fachgrößen wird die Zeitspanne zwischen den Wiederholungen immer länger. Die Informationen wandern automatisch ins Langzeitgedächtnis.

- Sie halten sich bei den Wiederholungen nicht mit den bereits sicher sitzenden Informationen auf, sondern widmen sich nur den «harten» Brocken. Das spart Zeit.

Mnemotechnik als Sport

Oft werde ich gefragt, wo die Grenzen des Lernens und des Merkens liegen. Darauf kann ich nur antworten: Bisher habe ich sie noch nicht entdeckt.

Zwar ist nicht immer sofort ersichtlich, wie genau die Mnemotechnik bei bestimmten Stoffen angewandt wird, und es dauert manchmal seine Zeit, bis die Strategien entwickelt sind. Aber eine Lösung findet sich immer irgendwann.

Gedächtnissport ist mittlerweile zu einer echten Disziplin geworden, und es finden sogar Meisterschaften statt, etwa die Offenen Deutschen Gedächtnissportlermeisterschaften. Hier stehen sich Gedächtnissportler aus aller Welt gegenüber. Spielkarten, Binärcodes, Wortreihen, Zahlenreihen, Namen und Gesichter, historische Daten – all dies merken sich Gedächtnissportler auf Geschwindigkeit und verwenden dabei verschiedene Disziplinen.

Kartensprint – die Königsdisziplin der Gedächtniskünstler

Stellen Sie sich vor, Sie lassen ein 52-blättriges Blatt mischen, schauen sich dann die Reihenfolge kurz an und können diese dann exakt wiedergeben. Das ist Kartensprint. Wenn Sie in der Lage sind, sich das gesamte Kartenspiel in einem Zeitraum von fünf Minuten einzuprägen, sind Sie vermutlich ein Genie und sollten über eine Anmeldung bei den Gedächtnismeisterschaften nachdenken. Falls nicht, sind Sie ein ganz normaler Mensch. Bleiben Sie dabei, trainieren Sie weiter! Übung hält Ihr Gehirn auf Trab, und wenn Sie dranbleiben, werden Sie schon bald die ersten Erfolge sehen.

Ziel beim Kartensprint ist es, sich so schnell wie möglich ein gemischtes 52-blättriges Kartenspiel einzuprägen.

Der Teilnehmer hat maximal fünf Minuten Zeit dafür. Sobald er oder sie meint, die Reihenfolge auswendig zu kennen, wird die Zeit gestoppt. Nach fünf Minuten muss dann ein zweites Kartenspiel in die Reihenfolge des gemerkten Decks gebracht werden. Hierfür haben die Teilnehmer wiederum fünf Minuten Zeit.

Für Profis und Meisterschaftsanwärter gelten verschärfte Bedingungen. Sie dürfen das zweite Deck erst sortieren, wenn zehn Minuten, eine halbe oder eine volle Stunde verstrichen sind, je nach Schwierigkeitsgrad.

Aktueller Weltrekordhalter im Kartensprint ist der Deutsche Simon Reinhard. Er merkte sich 52 gemischte Karten innerhalb von 21,9 Sekunden. Wie das funktionieren kann? Mit der Mnemotechnik und viel, viel Übung.

Binärzahlen

Diese Disziplin ist der Kartensprintdisziplin – zumindest aus der Zuschauerperspektive – ganz ähnlich. Der Unterschied liegt lediglich darin, dass sich die Gedächtnissportler keine Spielkarten, sondern Binärfolgen, also Folgen von Nullen und Einsen, einprägen.

Auch in dieser Disziplin gibt es für Fortgeschrittene oder Meisterschaftsanwärter eine Zusatzdisziplin. In einer Art Marathon prägen sich die Gedächtnissportler 30 Minuten lang Binärzahlen ein.

Weltrekordhalter ist zurzeit der Brite Ben Pridmore, seinen Rekord errang er im Jahr 2008. Er konnte sich in fünf Minuten 930 Binärziffern merken.

Wörterlauf

Sich willkürlich zusammengewürfelte Wörter merken zu können
– und zwar möglichst viele Wörter in fünf Minuten –, das steckt
hinter der Disziplin Wörterlauf. Substantive, Verben, Adjektive,
egal, ob in der Grundform, konjugiert oder dekliniert, alles darf
den Gedächtnissportlern vorgelegt werden.

Für Fortgeschrittene und Meisterschaftsanwärter gibt es auch
hier eine Extra-Disziplin. Sie müssen sich die Wörter 15 Minuten
lang merken können.

Der aktuelle Weltrekord wurde 2009 in Hamburg erzielt. Boris-
Nikolai Konrad aus Deutschland brachte es auf 280 Wörter.

Zahlensprint

Auch beim Zahlensprint hat der Teilnehmer fünf Minuten Zeit.
Bei dieser Disziplin gilt es, sich möglichst viele Ziffern einzuprägen.

Noch schwieriger wird es auch hier, wenn man die Zahlen über
15, 30 oder 60 Minuten lang im Kopf behalten muss, bevor man
sie wiedergibt. Bei den Weltmeisterschaften in Bahrain im Jahre
2008 schaffte es der Magdeburger Johannes Mallow auf 405 gemerkte Ziffern.

Namensgedächtnis

Vor diesen fünf Minuten – bzw. 15 für die Fortgeschrittenen oder
Meisterschaftsanwärter – haben die meisten Gedächtnissportler
Respekt. Die Namen und Vornamen von Personen, die sie sich
hier merken müssen, sind willkürlich ausgedacht, und die Macher
der Aufgaben können ganz schön gemein sein.

Boris-Nikolai Konrad ließ sich nicht beirren. Seit den Deutschen Gedächtnismeisterschaften hält er den Weltrekord in dieser
Disziplin. Er merkte sich 195 Namenskombinationen.

Historische Daten

1138 wurde die erste Schachpartie auf dem Mond gespielt und ein Schaf urinierte 2001 auf eine Kuhweide. Das muss man nicht unbedingt glauben – aber man sollte sich solche und ähnliche Daten merken können, wenn man in dieser Disziplin antritt. Johannes Mallow konnte sich bei den Hamburger Gedächtnismeisterschaften 110,5 solcher Daten einprägen und stellte damit einen neuen Weltrekord auf.

Auch wenn der Name der Disziplin irreführend ist: Echte historische Daten spielen in dieser Disziplin keine Rolle. Schließlich soll verhindert werden, dass die Teilnehmer die Daten vorher auswendig lernen.

Die Daten müssen in einem Zeitraum zwischen 1000 und 2099 liegen. Halbe Punkte kommen dadurch zustande, dass ein Datum nicht korrekt wiedergegeben wurde.

Fantasietraining

Haben Sie schon einmal versucht, einen Tintenklecks zu deuten, oder mit Tusche und Papier einen Schmetterling gemalt, indem Sie die Farbe mit viel Wasser aufgetragen und das Blatt in der Mitte gefaltet haben? Das Fantasietraining arbeitet mit ganz ähnlichen Bildern.

Die Teilnehmer der Meisterschaften haben Zeilen mit jeweils fünf abstrakten Bildern, ähnlich der Tintenkleckse im Rorschachtest, vor sich liegen. Nach 15 Minuten erhalten die Teilnehmer ein neues Blatt, auf welchem diese Fantasiebilder in einer anderen Reihenfolge abgedruckt sind. Nun gilt es, die ursprüngliche Anordnung wieder herzustellen.

2008 sortierte Gunther Karsten 276 Bilder auf diese Art und Weise: Weltrekord.

Gedächtnistechniken speziell für Wettkampfdisziplinen

Ob Sie sich für den «Privatbedarf» geistig fit halten oder auf Gedächtnismeisterschaften mit Höchstleistungen und Rekorden auftrumpfen möchten – die Techniken bleiben die gleichen. Alle Wettbewerbsdisziplinen, die ich Ihnen vorgestellt habe, lassen sich mit der Mnemotechnik bewältigen. Die Disziplinen Kartensprint und Binärcodes erfordern darüber hinaus allerdings noch eine besondere Vorbereitung.

Wie merke ich mir Spielkarten?

Gedächtnissportler haben für jede einzelne Karte ein festes Bild im Kopf, welches sie an einem bestimmten Punkt auf einer ihnen bekannten Route ablegen.

Jens der Denker rät
Um die Kartensprint-Technik zu erlernen, empfehle ich Ihnen, sich neue Bilder auszudenken. Lösen Sie sich für diese Disziplin von den Basisbildern. So können Sie Verwechslungen vermeiden.

Ich habe mir folgende Bilder für den Kartensprint zurechtgelegt:

Kreuz (Bilder aus der Kirche)

Ass	Papst
König	Pfarrer
Dame	Marienstatue
Bube	Messdiener
10	Orgel
9	Kirchenfenster

8	Beichtstuhl
7	Taufbecken
6	Kirchenbank
5	Gebet
4	Liedbuch
3	Kelch
2	Traupaar

Pik (Bilder aus dem Handwerk)

Ass	Kran
König	Polier
Dame	Putzfrau
Bube	Monteur
10	Gerüst
9	Betonmischer
8	Schlauch
7	Sieb
6	Bohle
5	Schaufel
4	Kellerloch
3	Fundament
2	Schubkarre

Herz (Bilder vom Rummelplatz)

Ass	Riesenrad
König	Bierzelt
Dame	Geisterbahn
Bube	Losbude
10	Autoskooter
9	Luftballons
8	Achterbahn
7	Lutscher
6	Rodeo
5	Wahrsager
4	Karussell

| 3 | Pommesbude |
| 2 | Klo-Häuschen |

Karo (Bilder aus dem Zirkus)

Ass	Direktor
König	Clown
Dame	Tänzerin
Bube	Dompteur
10	Zelt
9	Manege
8	Todesrad
7	Trapez
6	Turner
5	Popcorn
4	Pferde
3	Jongleur
2	Löwen

Manche Bilder sind den Basisbildern ähnlich, auch Tiere kommen vor. Aber keine Sorge: Da es sich hier um eine spezielle Zuordnung zu den Karten handelt, sollten sich die beiden Bildersets nicht in die Quere kommen.

Wenn Sie sich die Bilder eingeprägt haben, folgt der nächste Schritt. Nehmen Sie sich eine Loci-Route vor und legen Sie an jedem bekannten Punkt die entsprechende Spielkarte ab.

Das PVO-System

Auch Gedächtnissportler wollen sich keine langen Routen merken. Daher legen sie an jedem einzelnen Routenpunkt gedanklich gleich mehrere Karten ab. Um die Reihenfolge sicher einzuhalten, haben sie ein zuvor festgelegtes System parat, das PVO-System. PVO steht für Person – Verb – Objekt.

Die Bilder des PVO-Systems leiten sich vom Basisbild ab und sind daher schnell und leicht zu lernen. Hier ein paar Beispiele:

Das Kreuzass stellt im PVO-System nicht nur den «Papst» (Person) dar, sondern auch «küssen» (Verb) und «Papstring» (Objekt).

Der Kreuzkönig bedeutet nicht nur der «Pfarrer» (Person), sondern auch als Verb «Hand auflegen» sowie als Objekt die «Bibel».

Die Kreuzdame steht neben «Marienstatue» auch für «weinen» (Verb) und «Jesuskind» (Objekt).

Mit dem PVO-System sind Sie in der Lage, gleich drei Karten an einen Routenpunkt anzuhängen. Die erste Karte ist immer die Person, die zweite immer das Verb und die dritte immer das Objekt.

Auf jedem Routenpunkt liegen somit nicht einfach nur drei Karten, sondern eine Minigeschichte, anhand derer man sich die Reihenfolge dieser drei Karten merken kann.

Folgende kleine Geschichten ergeben sich aus der Kombination der drei Karten Ass, König und Dame:

- Ass – König – Dame
  Der Papst legt seine Hand auf das Jesuskind.
- Ass – Dame – König
  Der Papst weint um eine Bibel.
- König – Ass – Dame
  Der Pfarrer küsst das Jesuskind.
- König – Dame – Ass
  Der Pfarrer weint Ringe.
- Dame – Ass – König
  Maria küsst die Bibel.
- Dame – König – Ass
  Maria legt ihre Hände auf den Ring.

Jens der Denker rät

Mir fällt es oft schwer, mir die Verben des PVO-Systems vorzustellen. Daher nutze ich lediglich das «PO-System», lasse das Verb also einfach weg.

Probieren Sie aus, ob Sie mit dem PO- oder dem PVO-System besser zurechtkommen. Es funktioniert beides.

Der Binärcode

Binärcode ist die allgemeine Bezeichnung für einen Code, mit dem Nachrichten durch Sequenzen von zwei verschiedenen Symbolen dargestellt werden können. Am bekanntesten sind die Symbole 1/0 oder wahr/falsch.

Auch das Einprägen von Binärcodes ist eine Disziplin bei Gedächtnismeisterschaften. Außerhalb von Wettkämpfen nutze ich die Methode für sogenannte Wahr-falsch-Aufgaben. Beispielsweise merke ich mir in einem großen Saal, auf welchem Platz ein Mann und auf welchem eine Frau sitzt.

Der Binärcode lässt sich auf verschiedene Weisen darstellen. Die Gedächtnissportler nutzen eine Darstellungsform, die ihnen und ihren Aufgaben entspricht, die aber jeden Mathematiker die Hände über dem Kopf zusammenschlagen lässt. Sie merken sich lediglich die Binärdarstellung der Ziffern von 0 bis 7:

0 = 000

1 = 001

2 = 010

3 = 011

4 = 100

5 = 101

6 = 110

7 = 111

Mit diesen sieben Codes steht Ihnen die gesamte Binärcode-Technik zur Verfügung. Haben Sie sich diese Codes eingeprägt, kann es gleich losgehen:

Hier ein Beispielcode: 101011110100110010001101

- Trennen Sie die vor sich liegende 0/1-Folge in Gruppen von jeweils drei Ziffern und übersetzen Sie diese mithilfe der Codes in die Zahlen von 1 bis 7.
- Aus den neu gewonnenen Zahlen entstehen neue, zweistellige Zahlen. Das erste Dreiergrüppchen wird zur Zehnerstelle, das zweite zur Einerstelle.

- Das Basisbild für Ihre neue zweistellige Zahl legen Sie an einer bekannten Loci-Route ab. Fertig. Nun geht es mit den nächsten sechs Ziffern weiter.

Der Weltrekord in dieser Disziplin liegt übrigens bei 240 Binärziffern, die sich der Israeli Itay Avigdor innerhalb einer Minute merken konnte.

Bei den Offenen Deutschen Gedächtnismeisterschaften 2009 durfte ich live miterleben, wie sich als Demonstration während der Siegerehrung ein Spanier 64 Binärziffern innerhalb von 3(!) Sekunden merken konnte.

Tipps zur Teilnahme an Gedächtnismeisterschaften

Sind Sie neugierig geworden? Haben Sie eventuell schon trainiert? Wollen Sie Gedächtnissportler werden? Dann habe ich ein paar Tipps für Sie.

Zum einen müssen Sie kontinuierlich trainieren. Das versteht sich.

Zum anderen empfehle ich Ihnen, sich zunächst einen Wettkampf als Zuschauer anzusehen. Das gibt Ihnen Gelegenheit, zu beobachten, sich mit den Teilnehmern zu unterhalten, und kann Sie eventuell vor dem einen oder anderen Anfängerfehler bewahren.

Nicht nur die Vorbereitung auf einen Wettkampf selbst, sondern auch die Vor- und Nachbereitung sollten in Ihrem Training eine Rolle spielen. Hier einige Tipps aus der Praxis:

Vor dem Wettkampf

Trainieren Sie jede Disziplin wenigstens ein Mal zu Hause.
- Routen
  Gehen Sie nicht mit einer einzigen Route im Kopf zur Meisterschaft. Selbst wenn Sie nur an einer Disziplin teilnehmen

möchten, gibt es diese mit verschiedenen Einprägzeiten. Haben Sie sich nur auf das Kartenmerken vorbereitet, fehlt Ihnen eine «frische Route» für die Sprint- und Marathondisziplin. Aus meiner Erfahrung weiß ich, wie schnell sich Bilder im Kopf überlagern können.

Jens der Denker rät
Sie sollten genug Routenpunkte für jede Disziplin parat haben. Planen Sie, welche Route Sie für welche Disziplin verwenden möchten.

- Wettkampfdauer
Betrachten Sie die Marathondisziplinen nicht als eine längere Sprintdisziplin. Beim bis zu einstündigen Einprägen – insbesondere bei Weltmeisterschaften – von Zahlen oder Karten sollten Sie sich der Wiederholungshäufigkeit der einzelnen Kartenbilder bewusst sein. Auch Ihre Lerngeschwindigkeit wird mit großer Wahrscheinlichkeit eine andere sein als beim fünfminütigen Einprägen.

Jens der Denker rät
Üben Sie Ihre Disziplin sowohl als Sprint- als auch als Marathondisziplin. Ohne vorab wenigstens einmal eine Marathondisziplin simuliert zu haben, fehlt Ihnen die Vorstellung, mit welcher Geschwindigkeit Sie das Einprägen angehen werden.

- Zeitgefühl
Zu wissen, wie viel Zeit zum Einprägen übrig ist, kann sehr wichtig sein.

Jens der Denker rät
Versuchen Sie schon während des Trainings, ein Gefühl dafür zu entwickeln, wie viel Zeit Sie zum Einprägen benötigen.

- Fehler mittrainieren
  Je mehr Situationen schon beim Training passiert sind, desto leichter können Sie sich im Wettkampf damit abfinden.

Jens der Denker rät
Brechen Sie Ihr Training nicht ab, wenn es mal nicht so läuft oder Sie an einem Tag zu viele Fehler machen.

- Rechtzeitiges Stoppen des Trainings
  Ihre Routen sind die Basis für jede Disziplin. Nichts wäre schlimmer, als wenn Sie sich bei der Wiedergabe noch an die Bilder erinnern, die Sie im Training an Ihre Routenpunkte gehängt haben.

Jens der Denker rät
Beenden Sie Ihr Training bereits einige Tage vor den Meisterschaften.

- Anreise und Ausrüstung
  Gedächtnissport ist Kopfsport. Alles, was einen bei einem Wettkampf aus der Konzentration bringt, schmälert die Leistung. Vermeiden Sie stressige Situationen im Vorfeld des Wettkampfes und überlegen Sie, was Sie am Wettkampftag brauchen werden. Schreibmaterial, ein Zeitmessgerät und Verpflegung sollten Sie an diesem Tag auf jeden Fall dabei haben.

Jens der Denker rät
Planen Sie ausreichend Zeit für die Anreise ein und überlegen Sie rechtzeitig, was Sie mitnehmen möchten.

Während des Wettkampfs

Während des Wettkampfs selbst zählen die Tagesform und natürlich die richtige Strategie:

Jens der Denker rät
Stecken Sie sich ein Ziel und bleiben Sie realistisch.

Nur wer ein Ziel hat, ist in der Lage, die Risikobereitschaft während des Wettkampfs anzupassen. In den seltensten Fällen dürfte es gelingen, die Trainingsrekorde während des Wettkampfes zu wiederholen. Dies gilt insbesondere dann, wenn Sie nicht auch im Training alle Disziplinen am Stück trainiert haben.

Wenn Sie versuchen, in einer Wettkampfdisziplin etwas zu erreichen, das über Ihrem durchschnittlichen Leistungsniveau des Trainings liegt, gehen Sie ein hohes Risiko ein, in dieser Disziplin sehr schlecht abzuschneiden.

Meine Faustregel in dieser Frage lautet: Bis an die Grenze der Leistungsfähigkeit zu gehen ist ein guter Weg, um einzelne Disziplinen zu gewinnen, das Selbstvertrauen zu stärken und sich selbst zu motivieren. Aber es hilft nicht unbedingt dabei, stets zu gewinnen oder alles zu erreichen. Das Risiko, sich zu übernehmen, ist dann einfach zu hoch.

Um das Gesamtergebnis zu maximieren, empfehle ich die Verwendung des statistischen Konzeptes des Erwartungswertes, das auch mit dem Gesetz der großen Zahlen umschrieben werden könnte.

Angenommen, mein Rekord beim Kartensprint liegt bei 60 Sekunden, was zur Zeit 500 Punkten entspricht. Aus dem Training weiß ich, dass ich diese Leistung nur etwa jedes zehnte Mal schaffe. Meine Durchschnittszeit im Training liegt bei 75 Sekunden (400 Punkten). Diese Leistung schaffe ich bei jedem zweiten

Durchgang. Meine sichere Zeit, sprich die Zeit, die ich im Training mit einer Wahrscheinlichkeit von 95 Prozent schaffe, liegt bei 150 Sekunden (200 Punkten) im Wettkampf.

Aufgrund dieser Beobachtungen kann ich meinen Erwartungswert für den Wettkampf berechnen:

$$500 * 0,1 = 50$$
$$400 * 0,5 = 200$$
$$200 * 0,95 = 190$$

Meine Erwartungen für den Wettkampf werde ich etwa bei meinem Durchschnittswert, also bei 75 Sekunden, ansiedeln. Dass Sie Ihren Erwartungswert kennen, sollte Sie allerdings nicht davon abhalten, die Wettkampftaktik der aktuellen Situation anzupassen. Sie können natürlich weiterhin spontan entscheiden, ob Sie versuchen wollen, die Karten in 60 Sekunden zu memorieren.

Einprägphase

Wichtig ist auch, die persönliche Geschwindigkeit beim Denken zu finden und durchzuhalten. Dabei helfen neben der Motivation gute äußerliche Komponenten wie eine gesunde Ernährung, Sport und genügend Wasser und frische Luft in den Wettkampfpausen.

Die eigene Geschwindigkeit beizubehalten und sich nicht von den Mitstreitern irritieren zu lassen, kann manchmal ganz schön schwierig sein. Während der Einprägphase ist es daher besonders wichtig, sich so viel Zeit zu nehmen, wie man wirklich benötigt. Meist ist es erfolgversprechender, in einer Geschwindigkeit zu memorieren, die man gerade noch beherrscht, als die Geschwindigkeit der Top-Athleten zu imitieren. Wenn Sie versuchen, schneller zu sein, als Sie sind, erreichen Sie vermutlich nicht mehr Punkte als der Top-Athlet neben Ihnen, sondern fallen eher noch hinter Ihr Leistungsvermögen zurück.

Jens der Denker rät
Konzentrieren Sie sich nur auf sich und bleiben Sie Ihrer Geschwindigkeit treu.

Wiedergabe

In der Wiedergabephase referiert der Gedächtnissportler, was er notiert hat, und bekommt darüber hinaus die Möglichkeit, seine Ergebnisse zu kontrollieren – vorausgesetzt, die Zeit reicht noch dafür! Oberstes Gebot ist hier, die Gesamtzeit, die zur Wiedergabe zur Verfügung steht, im Auge zu behalten.

Je nachdem, wie viel Zeit Sie beim Abrufen der Informationen benötigen, kann die Kontrollphase recht kurz werden. Sparen Sie also am richtigen Ende: Assoziationen zwischen Karten und Routenpunkten, die Sie nahezu perfekt beherrschen, brauchen Sie nicht doppelt und dreifach zu kontrollieren.

Jens der Denker rät
Halten Sie die Gesamtzeit im Auge und kontrollieren Sie nur Dinge, bei denen Sie sich unsicher sind.

Vorsicht Suchtgefahr

Wenn Sie demnächst bis zum frühen Morgen in einer Kneipe sitzen, um Ihre Trainingsmethoden zu vergleichen, neue Lernsysteme zu entwickeln und sich über die Höchstleistungen der Wettkampfsportler auszutauschen – dann geht es Ihnen wie den Teilnehmern der ersten Offenen Deutschen Gedächtnismeisterschafen 1998 in Hamburg, denen ich beigewohnt habe. Uns konnte nicht einmal die Reeperbahn in Hamburg von der Faszination des Gedächtnissports und den Mnemotechniken ablenken. Es war einfach faszinierend!

Ich brenne schon darauf, zu den nächsten Offenen Deutschen Gedächtnismeisterschaften zu fahren. Weiß ich doch aus gut unterrichteten Kreisen, dass die Spitze das vorhandene Zahlensystem noch einmal um eine Stelle erweitert hat, sodass einige neue Weltrekorde zu erwarten sind. Die Wettbewerbsdisziplinen habe ich Ihnen hier vorgestellt – vielleicht möchten Sie ja einmal selbst dabei sein.

Bei mir wurde das Lernen mithilfe der Mnemotechniken fast zur Sucht. Können es Ihnen auch nicht zu viele Informationen sein, und kann es Ihnen nicht schnell genug gehen? Mit den Techniken des Schnell- und des Fotolesens lässt sich die Geschwindigkeit des Auswendiglernens noch einmal deutlich steigern.

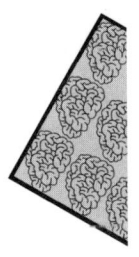

Kapitel 6

Intelligenter lesen – mit Speed Reading

Warum schneller lesen?

Welche Informationen sind wichtig? Was muss ich wissen? In welchem Text steht die Information, die ich jetzt gerade benötige? Wer sich viel mit Texten beschäftigt, muss ständig filtern, organisieren und entscheiden, was er wann und mit welcher Intensität liest.

Speed Reading hilft uns, intelligenter zu lesen – durch schnelleres Lesen, durch gezieltes Auswählen, Überfliegen und Scannen von Texten. Egal, ob Schüler, Student oder Privatperson: Von der Schnelllesetechnik kann jeder profitieren. Man bedenke allein den zeitlichen Aufwand beim Lesen von Rundschreiben, E-Mails, Briefen, Dokumenten usw. Und Sie werden merken: Eine Verbesserung der Lesegeschwindigkeit bedeutet eine Verbesserung der Lerntechnik. Sie hilft Ihnen, sich besser zu konzentrieren und komplexe Texte besser zu verstehen.

Wer beruflich viel liest, kann durch Speed Reading im Jahr bis zu einem Monat Arbeitszeit einsparen. Das war für mich ursprünglich der Grund, das Schnelllesen zu lernen – mittlerweile arbeitet mein gesamtes Team mit dieser Methode. Auch Sie werden schnell merken, dass Sie nach den Übungen wesentlich entspannter lesen und damit auch mehr Freude am Lesen haben.

Warum wir beim Lesen oft abschweifen

Kennen Sie das? Sie lesen einen Text, können sich aber nur mäßig auf den Inhalt konzentrieren. Immer wieder schauen Sie aus dem Fenster, rufen sich eine Diskussion ins Gedächtnis, die Sie sehr beschäftigt hat, oder denken mit einem flauen Gefühl im Magen an die Präsentation, die Sie übermorgen bieten müssen. Sie sind unkonzentriert und brauchen deutlich länger, um den Inhalt des Textes zu erfassen.

Wie kommt es, dass die Gedanken auf Wanderschaft gehen, wenn wir eigentlich mit Lesen beschäftigt sind? Unser Gehirn verarbeitet 126 Bits pro Sekunde. Davon werden beim normalen Lesen gerademal 40 Bits pro Sekunde genutzt. Die restlichen 86 Bits pro Sekunde nutzt das Gehirn für Abschweifungen. Das Geheimnis des Speed Reading liegt also darin, die vorhandenen Kapazitäten besser zu nutzen. Zuerst einmal dadurch, dass wir die Lesegeschwindigkeit erhöhen.

Wie schnell ist schnell?

Schnelllesen steht für die Fähigkeit, überdurchschnittlich schnell zu lesen. Das Schnelllesen wird in Wörtern pro Minute (WpM) gemessen. Ein durchschnittlich geübter Leser kann etwa 200 bis 300 Wörter pro Minute erfassen, solange es sich bei dem Text nicht um komplizierte technische Erläuterungen handelt.

Um das Schnelllesen zu erlernen, gibt es verschiedene Techniken, die sich in drei Stufen einteilen lassen.

Stufe 1 – Das Schnelllesen
Hierbei lässt sich die gängige Lesegeschwindigkeit verdoppeln, wenn nicht sogar verdreifachen. Beim Schnelllesen bringen es die schnellsten Leser auf mehr als 1000 Wörter pro Minute.

Aber es geht auch schneller. Um allerdings mit weit höheren Geschwindigkeiten zu lesen, ist jahrelanges Training notwendig. Überprüfte Rekorde liegen im Bereich von 4000 bis 5000 Wörtern pro Minute. Darüber hinausgehende Geschwindigkeiten sind nur mit der Stufe 2, dem Speed Reading, möglich.

Stufe 2 – Das Speed Reading

Speed Reading beinhaltet weitergehende Techniken, wie zum Beispiel die Verknüpfung mit Strukturierungs- und Lerntechniken. Mit diesen Techniken habe ich Sie bereits im Kapitel über «MindMap» vertraut gemacht.

Stufe 3 – Das Fotolesen

Das sogenannte Fotolesen umfasst Spezialtechniken, bei denen es nicht darum geht, den gesamten Inhalt eines Textes aufzunehmen oder gar zu durchdenken. Es sind vielmehr Querlese- und Strukturierungstechniken, bei denen der Text lediglich überflogen wird. Bei einem Lesetempo, welches durchaus 25 000 WpM betragen kann, ist eine vollständige Verarbeitung des Inhaltes nicht mehr möglich. Mit dieser Technik beschäftigen wir uns im nächsten Kapitel. Beginnen wir jedoch zunächst mit der ersten Stufe, dem Schnelllesen.

Messen der Lesegeschwindigkeit

Schnell lesen zu können, bringt nur dann einen Vorteil, wenn man versteht, was man liest. Das Textverständnis wird ermittelt, indem man nach dem Lesen Fragen zum Text beantwortet. Die Verständnisleistung ergibt sich aus folgender Formel:

Die Anzahl der richtigen Antworten × 100%
geteilt durch die Anzahl der gestellten Fragen

Schon nach einigen Tests habe ich mit dem schnelleren Lesen mehr vom Text verstanden als mit der herkömmlichen Geschwindigkeit. Ich erkläre mir dies damit, dass das Schnelllesen nicht nur eine

Arbeits- sondern auch eine Denkmethode ist. Durch das Schnelllesen nutzt der Leser die Kapazität seines Kurzzeitgedächtnisses besser aus. Zusammenhänge lassen sich leichter erkennen, und das Verstehen und Verarbeiten des Lesestoffes wird verbessert.

Drei einfache Ursachen führen zu einer Steigerung der Lesegeschwindigkeit:

- Schnelles Lesen verhindert das gedankliche Abschweifen.
- Es verbessert den eigentlichen Lesevorgang. Durch optimierte Augenbewegungen werden Sie nichts überlesen. Außerdem vermeiden Sie Rücksprünge, indem Sie den Text in systematischen Sprüngen lesen.
- Das systematische Lesen größerer Absätze verhilft zu einer leichteren Sinnauffassung und somit zu einem besseren Verstehen des Textes.

Und wie schnell lesen Sie? Machen Sie jetzt den Test!
Den Einstiegstest finden Sie auf Seite 238 im Anhang.

Lesen, wie wir es gelernt haben

Buchstabe für Buchstabe, Laut für Laut haben wir als Kinder das Alphabet gelernt und nach und nach einzelne Wörter entziffert. Ich erinnere mich noch genau daran, wie es bei mir war: Bei den ersten Wörtern, die ich lesen konnte, musste ich noch jeden Buchstaben laut mitlesen. Nur so konnte ich die mir bisher nur vom Hören bekannten Wörter im Gesamtbild wiedererkennen. Den Text verstand ich nur, wenn ich ihn laut mitlas. Dummerweise habe ich mir – wie wohl fast alle Schüler – mit der Zeit angewöhnt, beim Lesen mental mitzulesen. Viele Leser brauchen dieses unterschwellige Mitsprechen auch heute noch, um einen Text zu verstehen.

Nachdem ich von den Techniken des schnellen Lesens erfahren hatte, habe ich quasi ein zweites Mal lesen gelernt. Ich konzentrierte mich darauf, die drei häufigsten Lesefehler zu vermeiden:

- das Zurückspringen im Text,
- das Erfassen von lediglich einem Wort,
- das unterschwellige Mitsprechen des Textes.

Lesefehler 1: Das Zurückspringen im Text

«Papa, das ist lustig. Deine Augen gehen immer hin und her.» Mit diesen Worten machte mich mein Sohn auf die Zickzackbewegungen meiner Augen beim Lesen aufmerksam. Ich sprang ständig auf einen bestimmten Punkt zurück, weil meine Gedanken zwischendurch abgeschweift waren und ich Angst hatte, den Text nicht richtig zu verstehen. Dieses «Zickzack-Lesen» kostet allerdings nicht nur Zeit, sondern macht die Augen auch schnell müde.

Noch gravierender ist aber, dass durch das Zurückspringen der Augen das Verständnis für den logischen Aufbau des Textes verloren geht, da das Gehirn die einzelnen Satzsegmente erst wieder in die eigentlich schon vorhandene Reihenfolge setzen muss. Daran leidet die Logik, und das Verstehen des Textes wird erschwert.

So vermeiden Sie das Zurückspringen

Der ungeübte Leser springt im Text zurück, weil er glaubt, das gerade Gelesene gar nicht oder zumindest falsch verstanden zu haben. Da dies in der Grundschule tatsächlich noch der Fall war und die meisten ihre Lesetechnik beibehalten haben, wurde dieses Zurückspringen immer mehr zur Gewohnheit. Selbst wenn der Leser alles verstanden hat, springt das Auge automatisch zurück.

Jens der Denker rät

Vertrauen Sie der Auffassungsgabe Ihres Gehirns. Lesen Sie auch weiter, wenn Sie das Gefühl haben, das gerade Gelesene nicht verstanden zu haben. Vielleicht haben Sie es entgegen Ihrem Gefühl doch verstanden, oder der Inhalt ergibt sich im Laufe des Weiterlesens von selbst.

Und versuchen Sie immer ein wenig schneller zu lesen, als Sie es bislang gewohnt sind. Behalten Sie dabei den Rhythmus der Augenbewegung bei.

Erweitern Sie Ihren Blickwinkel

Je mehr Sie es gewohnt sind, Ihren Blick zu steuern und Ihr Blickfeld zu erweitern, desto weniger kommen Sie in Versuchung, mit den Augen im Text zurückzuspringen.

Mir haben beim Erlernen des Schnelllesens verschiedene Augenübungen geholfen, beispielsweise der Buchstabenbaum. Diese Übung ist Gold wert, Sie sollten Sie immer mal wieder machen.

Übung: Buchstabenbaum – Teil 1

Decken Sie die folgende Übung mit einem Blatt Papier ab. Schieben Sie das Blatt eine Zeile nach unten, und verdecken Sie diese schnell wieder. Sagen Sie sich die Lösung auf und kontrollieren diese anschließend. Machen Sie nun mit der nächsten Zeile weiter.

Konzentrieren Sie sich beim Herunterschieben des Blattes ausschließlich auf die Zahl in der Mitte der Zeile. Versuchen Sie dabei, die Buchstaben links und rechts mitzuerfassen und das in möglichst hohem Tempo.

Achtung: Die Buchstaben sind von Zeile zu Zeile ein Stück weiter von der Mitte entfernt. Somit wird die Übung mit jeder Zeile schwieriger. Achten Sie unbedingt darauf, dass Sie die Mitte fokussieren.

```
J   1   S
L   2   C
A     3     L
Q       4       T
X         5         L
E           6           U
Ö             7             O
Y               8               Z
C                 9                 P
```

V	10	F	
R	11	N	
Ü	12	E	
U	13	Ö	
H	14	G	
B	15	K	
W	16	E	
Ä	17	K	
J	18	Ö	
C	19	R	
H	20	G	

Übung: Buchstabenbaum – Teil 2

Bei der nächsten Übung finden Sie jeweils zwei Buchstaben auf jeder Seite.

KJ	1	PS
LO	2	QC
AB	3	RL
QR	4	RT
XX	5	NL
ER	6	IU
ÖU	7	UO
YH	8	UZ
CF	9	BP
VS	10	EF
RR	11	ÖN
ÜI	12	ÜE
UO	13	WÖ
HS	14	QG
BT	15	DK
WK	16	CE
ÄI	17	DK
JX	18	ZÖ
CI	19	VR
HÖ	20	OG

Lesefehler 2: Zu viele Fixierungen

Als Kinder haben wir gelernt, Buchstaben aneinanderzureihen und den Blick starr auf den zu lesenden Text zu richten. Mittlerweile lesen wir zwar schneller und flüssiger, meist aber immer noch Wort für Wort.

Jedes Wort einzeln zu fixieren kostet jedoch Zeit. Wenn wir nicht jedes einzelne Wort, sondern eine Wortgruppe fixieren, lesen wir deutlich schneller. Gleichzeitig ist das Gehirn besser beschäftigt, und wir lassen uns nicht mehr so leicht ablenken.

Übung: Wortgruppen
Lesen Sie den nachfolgenden Satz Wort für Wort und stoppen Sie dabei bewusst bei jedem Leerzeichen:
Wer ... sich ... nach ... der ... Grundschule ... beim ... Leseverhalten ... nicht ... weiterentwickelt ... hat, ... wird ... zwar ... nicht ... mehr ... Buchstabe ... für ... Buchstabe mühselig ... aneinanderreihen, ... aber ... meistens ... Wort ... für ... Wort ... lesen.
Und jetzt lesen Sie den Satz noch einmal bewusst und stoppen Sie wieder bei jedem Leerzeichen:
Wer sich ... nach der Grundschule ... beim Leseverhalten nicht weiterentwickelt hat, wird zwar nicht mehr ... Buchstabe für Buchstabe ... mühselig aneinanderreihen, aber meistens ... Wort für Wort lesen.

Es ist nachgewiesen, dass unser Gehirn die Informationen beim Lesen leichter aufnimmt, wenn das Gelesene in Wortgruppen zusammengestellt ist. Am besten erkennt man sinnvolle Wortgruppen, wenn man den Text 30 bis 40 cm von den Augen entfernt hält.

Zu häufige Fixierungen vermeiden

In unserer Muttersprache sitzen wir so fest im Sattel, dass wir den Wörtern nicht nur Buchstaben und Symbole, sondern Inhalte entnehmen können. Die meisten Wörter erkennen wir auf Anhieb. Das kann auch für Wortgruppen gelten.

Ein Beispiel:
Kennen Sie dieses Lied?

«Mein»

Wenn Sie jedes Wort einzeln fixieren, stoppen Sie nach dem Demonstrativpronomen «Mein» das erste Mal. Eine Information, wie das Lied heißt, können Sie noch gar nicht haben. Mit dem Fixieren hinter diesem Wort zwingen Sie Ihr Gehirn aber dennoch zu einer Pause.

«kleiner»

Vielleicht haben Sie schon eine Idee. Aufgrund Ihres vorhandenen Wortschatzes und vor allem aufgrund Ihrer Allgemeinbildung können Sie zumindest beginnen, das gesuchte Lied zu erraten.

Wüssten Sie nicht, dass es sich um ein Lied handelt, würde Ihnen das Adjektiv immer noch nicht weiterhelfen. Dennoch zwingen Sie Ihr Gehirn wiederum zu einer Pause.

«grüner»

Jetzt kennen Sie den Liedtitel. Dennoch liest der ungeübte Leser auch noch das letzte Wort: «Kaktus».

Bei einer Taschenbuchseite empfiehlt es sich, zwei bis drei Fixierungen pro Zeile anzustreben. «Mein kleiner grüner Kaktus» hätten Sie mit einem Blick erkannt.

Bei einem Schachtelsatz laufen Sie bei zu vielen Fixierungen Gefahr, am Ende des Satzes den Anfang bereits vergessen zu haben.

Wortgruppen bilden
Im Idealfall bestehen Wortgruppen aus drei bis vier einzelnen Wörtern.

In der deutschen Sprache werden sinntragende Wörter wie Substantive oder Eigennamen groß geschrieben. Sie stechen somit deutlich aus dem Text hervor und bilden oftmals den Mittelpunkt einer Wortgruppe.

Bei einer Fixierung sollte sich das Substantiv am Ende der Wortgruppe befinden. Vor dem Substantiv stehen oft Artikel, Präpositionen oder Adjektive, die für sich alleine nichtssagend, im Zusammenhang aber oft wichtig sind. Binden Sie diese Wörter in die entsprechende Wortgruppe mit ein. Achten Sie auch auf die Satzzeichen. Kürzere Sätze lassen sich oft mit einer Fixierung lesen. In längeren Sätzen helfen Satzzeichen, den Satz zu strukturieren und Wortgruppen zu bilden.

Die folgende Übung sollten Sie sich immer mal wieder vornehmen. Sie trainiert sowohl die rhythmische Augenbewegung als auch das Fixieren von Wortgruppen. Schauen Sie sich Zeile für Zeile gleichmäßig an und fixieren Sie jeweils das Symbol XXXXX.

Wenn Sie am Ende der Seite angelangt sind, beginnen Sie wieder von vorne, diesmal allerdings mit einer höheren Geschwindigkeit. Setzen Sie sich selbst ein wenig unter Druck. Bedenken Sie, dass Sie gerade dabei sind, jahrelange Leseblockaden zu lösen.

Zwei Fixierungen pro Zeile

```
o o o o o o XXXXX o o o o o o o o o o o XXXXX o o o o o
o o o o o o o o o XXXXX o o o o o o o o o o o XXXXX o o
o o o XXXXX o o o o o o o o o o o o o XXXXX o o o o o
o o o o o o o XXXXX o o o o o o o o XXXXX o o o o o o o
o o o o o o o o o o o XXXXX o o o o o o XXXXX o o o o
XXXXX o o o o o o o o o o o XXXXX o o o o o o o o o o
o o o o o o o XXXXX o o o o o o o o o o o XXXXX o o o o
o o o o o o o o o XXXXX o o o o o o o o o o o XXXXX o
o o o o XXXXX o o o o o o o o o o o o o XXXXX o o o o
o o o o o o o XXXXX o o o o o o o o XXXXX o o o o o o o
o o o o o o o o o o XXXXX o o o o o o XXXXX o o o o
XXXXX o o o o o o o o o o XXXXX o o o o o o o o o o o
o o o o o o o XXXXX o o o o o o o o o o o XXXXX o o o o
o o o o o o o o o o XXXXX o o o o o o o o o o o XXXXX o
o o o o XXXXX o o o o o o o o o o o o o XXXXX o o o o
o o o o o o XXXXX o o o o o o o o XXXXX o o o o o o o
o o o o o o o o o o o o XXXXX o o o o o o XXXXX o o o o
```

Bei der nächsten Übung gilt es, drei Fixierungen pro Zeile möglichst rasch zu erfassen. Drei Fixierungen benötigen Sie, wenn die Texte, die Sie schnell lesen möchten, über eine gewisse Breite geschrieben sind.

Drei Fixierungen pro Zeile

o o o o XXXXX o o o o o XXXXX o o o o o o XXXXX o o o
o o o o o o XXXXX o o o o o XXXXX o o XXXXX o o o o o
o XXXXX o o o o o o o XXXXX o o o o o o o XXXXX o o o
o o o o o XXXXX o o o o o o XXXXX o o o o o o o XXXXX
o o o XXXXX o o o o o o o o o XXXXX o o o o XXXXX o
o o o o XXXXX o o o o o XXXXX o o o o o o XXXXX o o o
o o o o o o XXXXX o o o o o XXXXX o o XXXXX o o o o o
o XXXXX o o o o o o o XXXXX o o o o o o o XXXXX o o o
o o o o o XXXXX o o o o o o XXXXX o o o o o o o XXXXX
o o o XXXXX o o o o o o o o o XXXXX o o o o XXXXX o
o o o o XXXXX o o o o o XXXXX o o o o o o XXXXX o o o
o o o o o o XXXXX o o o o o XXXXX o o XXXXX o o o o o
o XXXXX o o o o o o o XXXXX o o o o o o o XXXXX o o o
o o o o o XXXXX o o o o o o XXXXX o o o o o o o XXXXX
o o o XXXXX o o o o o o o o o XXXXX o o o o XXXXX o
o o o o XXXXX o o o o o XXXXX o o o o o o XXXXX o o o
o o o o o o XXXXX o o o o o XXXXX o o XXXXX o o o o o
o XXXXX o o o o o o o XXXXX o o o o o o o XXXXX o o o
o o o o o XXXXX o o o o o o XXXXX o o o o o o o XXXXX
o o o XXXXX o o o o o o o o o XXXXX o o o o XXXXX o
o o o o XXXXX o o o o o XXXXX o o o o o o XXXXX o o o

Nehmen Sie sich diese Übungen einige Male vor und üben Sie das zügige Vorwärtslesen erst dann an einem Text.

Übung:

Nehmen Sie sich einen leichteren Roman zum Üben vor. Ziehen Sie dazu auf den ersten 20 Seiten zwei gerade Linien von oben nach unten, sodass sich jeweils drei Spalten ergeben. Nun lesen

Sie Zeile für Zeile und achten stets darauf, dass Ihre Augen jeweils von Linie zu Linie springen.

Lesen – oder besser gesagt – springen Sie bewusst immer schneller. Hier gilt es lediglich, die geführten Augensprünge einzuüben. Bald werden Sie sehen, dass Sie sowohl schneller lesen als auch immer mehr vom Text verstehen werden.

Durch die beiden Linien haben Sie einen breit geschriebenen Text so unterteilt, dass Sie Ihre Augen zwingen, sich nur zwei Fixierungen pro Zeile vorzunehmen. Später können Sie dazu übergehen, zwei Finger in entsprechenden Abständen von oben nach unten über die Seite zu ziehen. Dann brauchen Sie keine Linien mehr.

Lesefehler 3: Unterschwelliges Mitsprechen des Textes

Kinder konzentrieren sich beim Lesenlernen meist noch sehr auf die Aussprache der einzelnen Laute, sodass sich ihnen der Sinn des gebildeten Wortes nicht sofort erschließt. «Mmmaa – mma» – die Wörter werden langsam mitgesprochen. Kommt nun das Wort Mama in einem längeren Satz vor, lesen die Grundschüler noch laut mit, um den Anfang des Satzes nicht zu vergessen.

Noch heute passen wir unser Lesetempo diesem unterschwelligen Mitlesen an. Dass es jedoch unnötig ist, beim Lesen mühselig Buchstabe für Buchstabe durchzugehen, zeigt die folgende Übung. Lesen Sie den Text zügig durch:

Übung:

Luat enier sidtue an eienr elgnhcsien uvrsnäiett, ist es eagl in wcheler rhnfgeeloie die bstuchbaen in eniem wrot snid. das eniizg whictgie ist, dsas der etrse und der lztete bstuchbae am rtigeichn paltz snid. der rset knan tatol deiuranchnedr sien und man knan es ienrmomch onhe porbelm lseen. das legit daarn, dsas wir nhcit jeedn bstuchbaen aeilln lseen, srednon das wrot als gzanes.

So wie wir mittlerweile die Wörter erfassen können, ohne den einzelnen Buchstaben dieselbe Bedeutung zukommen zu lassen, können wir Wortgruppen aufnehmen, ohne den Sinn aus den Augen zu verlieren. Das Erfassen ganzer Wortgruppen funktioniert aber nur, wenn wir nicht jedem Wort dieselbe Bedeutung geben.

Lese ich schnell, verlasse ich mich auf keinen Fall vollständig auf jedes Wort. Vielmehr vertraue ich meiner Auffassungsgabe und meinen bereits vorhandenen Kenntnissen zu dem jeweiligen Thema. Denn mir ist bewusst, dass meine Augen die Fähigkeit haben, auch die Flächen rund um das einzelne Wort zu erfassen.

Nur noch markante Wörter bewusst mitlesen
Das soll aber nicht heißen, dass ich auf keinen Fall mehr unterschwellig mitlese. Kommen in einem Text schwierige oder unbekannte Wörter oder Namen vor, lese ich diese bewusst mental mit. Dies hat dann dieselbe Wirkung wie der Fettdruck bei einem geschriebenen Text, die Stelle wird hervorgehoben.

Wenn Sie das Zurückspringen im Text und die Fixierungen pro Zeile reduziert haben, haben Sie kaum noch eine Chance, den Text mental laut mitzulesen. Optimal ist, wenn Sie nur die markanten Wörter bewusst mitlesen.

Übung:
Nehmen Sie Ihren Übungsroman zur Hand. Beim Lesen auf den mit zwei Strichen versehenen Seiten bzw. dem Springen von Strich zu Strich – zählen Sie laut mit: eins – zwei – drei, eins – zwei – drei, eins – zwei – drei. Versuchen Sie trotz des Mitzählens möglichst viel vom Text zu verstehen.

Anfangs wird Ihnen das vielleicht noch nicht gelingen. Aber halten Sie durch – wenn Sie nach einigen Übungen trotz des Zählens den Textinhalt verstehen, haben Sie das unterschwellige Mitlesen erfolgreich überwunden und sind schon einen großen Schritt weiter.

Wortgruppen erfassen

Die Übungen, die ich Ihnen für das Erfassen von Wortgruppen sowie gegen das Zurückspringen im Text zusammengestellt habe, klingen zunächst sehr einfach. Doch wenn Sie die Zeit mitstoppen und sich zu einem höheren Tempo zwingen, wird die Herausforderung schon größer – und Sie immer fitter und schneller.

Insgesamt gibt es vier Übungen. Gehen Sie jeweils in der gleichen Art und Weise vor.

Schauen Sie sich das erste Wort der Übung an. Es kommt in der gleichen Zeile evtl. noch ein- bis dreimal vor. Streichen Sie es jedes Mal, wenn es in dieser Zeile auftaucht, an. Springen Sie nicht zurück. Lesen Sie sehr schnell, überfliegen Sie die Wörter regelrecht.

Am Ende der Übung angekommen, kontrollieren Sie Ihre Ergebnisse und notieren sich die Anzahl der Fehler.

Wörter

Haus Dach Stuhl Haus Maus Haus Kranz
Hand Stuhl Mann Hand Topf Ring Hand
Klotz Bein Frau Topf Kranz Dach Berg
Glas Gabel Glas Stuhl Bein Lift Glas
Sauna Auto Rad Sauna Wasser Tuch Berg
Blume Sonne Räder Blume Sauna Kissen Pluna
UKW MW MDR UAwG UKW KKW MfG
Radio Radio Radio Radon Rubin Radio Rosen
Sauna Sonne Sinne Saugen Siegen Sauna Sofas
Blut blöd bunt beige blutig Blei Bluse
Grund Hund bunt Grund Hund bunt Hund
Auto Glocke Russe Auto Auto Sage Aster
Löwe Stuhl Bein Sand Kuh Stange Löwe
Reiter Ritt Pferd reiten Reiter Reiter Kamel
Kissen Lasso Risse Küsse Küssen Kissen Küsse
grau klein grau grün grün grau rosa
Ritter Sattel Ritt Kugel Saal Klee Ritt
Blume Blüte Baum Rosen Herbst Baum Blume

Hand Hand Hund Hand Wand Wunde Wand
Lärm lahm lahm laut lesen liegen ahm
Lärm Lärm lahm Lärm laut lesen lahm
Fan Van Lahn Bahn Fahne Fan Rand
Suppe Puppe Puppe Suppe Gruppe Suppe Suppe

Benötigte Zeit:
Anzahl der Fehler:

Zahlen

3486	3486	4367	8634	3486	8346	8634
2335	8089	9854	7495	2335	8943	3241
4368	6438	6834	4368	7634	6843	6843
3948	7463	7394	0473	0283	8937	7383
6696	9969	6669	6996	6966	6666	9999
7393	7393	7393	7393	7933	7393	7393
8396	8432	8490	5395	8396	0302	0374
0013	0361	0360	0036	9913	0013	7400
4976	8373	2335	8089	9854	7495	2335
8943	8943	3241	9437	3893	9472	8943
4368	6438	6834	4368	7634	6843	6843
9463	9463	8993	9843	7389	1271	1246
4976	4976	3739	9298	6763	3425	4286
8634	8634	7394	0473	0283	0846	6836
3241	4943	3241	8793	4495	8373	3241
6843	4368	2335	8089	9854	2462	6843
7383	0473	7383	9488	7892	7383	9802
6996	9999	7439	8429	6375	6886	6996
2335	8089	9854	7495	2335	8943	3241
4368	6438	6834	4368	7634	6843	6843
7812	1234	1243	1278	7118	7812	1287
1128	1289	1128	1272	9211	1284	1218
7939	7982	1798	1661	1876	1743	7939
9781	7918	9681	9781	9781	6871	7918
5576	7634	9342	3456	5567	5576	5534

Benötigte Zeit:
Anzahl der Fehler:

Buchstaben

JKLK KLJK KKLJ LJKL JKII LIKI KLKJ
FSDS FDSD FSDS FKLS JKLS DFJK IEVM
IELV ILEV UZWI OIWW OXIL LJDW EILV
JLJW IWOO JLLW JLJW IOWS OLLW OXIS
JVML MLLS SOXI LOIX OWID YPYP JVML
JOYC CSOX XXOS YOXE OXIJ XOIE XOIE
ZTZW ZTZW ZZTW ZTZV ZTZO ZTZO ZTZW
OEIX LJXO XJOE YDWO OEIX OXUE AXYO
QOIE ZTOG ZAOG OASH AJOW QOIE YOZT
UEIE IUEI EIUW WIWW UIWW IEWO UEIE
GETE GETE GATA GETA GATE GETE TEGE
IOIG OIFO OIWS OIWL OIOG OIOG LKWE
OJIW JXXS XJLX OJIW YOSE OOXJ OOJW
JOXI JWON VJVH NOSW JOXI NXHE JOXH
OJXI JOXY JOYX JOIW OWIS XOIE OJXI
JXOI JOHW OYIE JYIOZ AZTE AARZ AJOZ
JOYW JYJU JOYI AOIU JAOI OYIU JYOI
BVCX NYIU BXYU BYIQ HYXIU WESX BVCX
IUZW UIWI IOWU YIOU AOIE YJOWI IUZW
MMMN MNNM MNNN NMMN MMMN MMMN MMMI
SIEO OIWE OJIW SOWE SAOE SIEO SIEO
OJFI OIEW OJIE WOIE OWIG OWIE OJFI
JFLK JKLF JKLS FJKL JFLK JFLK FLKJ
RTDE RPOT REOK RTFD RTDE PEOK RTDE
ASUT MJUT GIUT GIUT OSUP ESUT ASUT ASST

Benötigte Zeit:
Anzahl der Fehler:

Bei der folgenden Übung suchen Sie nicht dasselbe, sondern ein
sinnverwandtes Wort. So können zum Wort «Schwein» auch

Wörter wie «Kuh» oder «Pferd» passen. Wichtig ist, dass Sie auch hier mit hohem Tempo an die Übung herangehen.

Sinnverwandt

Raubtier Bär Löwe Maus Grille Panther
Bus Salat Haus Traum Beere Kuchen
Dach Keller Küche Auto Ziege Flur
Teich Fisch Wasser Rasen Fleisch Sahne
Milch Boot Fluss Kakao Kaffee Floß
Klaus Angel Herbert Rolf Hand Engel
Stift Stoff Stiefel Cousin Anton Rosen
Zimmer Raum Boden Dach Clown Bluse
Sport Mord Kegeln Wind Berge Felge
Blut Haut Organ Auge Apfel Haar
Stiefel Schrank Sohle Senke Schuh Lack
Kamm Wurst Affe Sonne Loden Bayern
Tuba Horn Gitter Geige Flöte Ritter
Nuss Fuß Kuss Kokos Erdnuss Bus
Pinsel Farbe Sonne Kuchen Sänger Boot
Handy klingeln Post Kabel Rufton Gurt
Münze Geld Los Boden Brot Euro
Sieben Fünf Sorben Sarden Drei Elf
blind Huhn bunt taub hinkend rau
Kitz Kalb Eis Küken Kuh Sau
treten boxen kneifen Kniff Haken blau
kg mm cm t dl g
Topf Pfanne Herd Bräter Küche heiß
Sand Brut Kies Lied Land Nest
Rad Ring Reifen Kugel Ball

Benötigte Zeit:
Anzahl der Fehler:

Wörter sind Symbole

Bevor ich als Kind «zum ersten Mal» lesen gelernt habe, waren für mich die Buchstaben «nur» Symbole – auch wenn mir das damals noch nicht bewusst war. Erst später wurden aus den Symbolen Wörter.

Um beim Schnelllesen nicht jedes Wort einzeln zu gewichten, bilde ich Wortgruppen, die ich mir als Symbole vorstelle. Das verhindert das Mitlesen, erhöht die Lesegeschwindigkeit und verbessert das Textverständnis.

Aber lässt sich aus jedem Wort ein Symbol erstellen? Bestimmte und unbestimmte Artikel, Konjunktionen, Präpositionen, Hilfsverben, Pronomina und einige weitere kleine Wörter ergeben für sich allein gelesen keinen Sinn. In Verbindung mit weiteren Wörtern, meist Substantiven, sieht dies ganz anders aus.

In der deutschen Sprache gibt es etwa 50 Wörter, die insgesamt ein Drittel der gesamten Schriftsprache ausmachen:

die – der – und – in – den – von – zu –mit – das – sich – für – im – ist – auf – des – nicht – dem – ein – eine – als – auch – es – an – aus – sie – werden – er – hat – nach – am – bei – wird – einer – um – wie – dass – sind – noch – vor – einem – über – einen – zum – nur – war – so – haben – aber – bis – oder

Durch mein hohes Lesepensum wurden selbst die Wörter, die ich immer wieder zu lesen bekam, zu Symbolen. In erster Linie gilt dies für Fachbegriffe aus dem eigenen Berufsalltag. Lese ich dagegen einen Krankenbericht, kann ich diesen auf keinen Fall mit hohem Textverständnis schnell lesen. Das Gleiche gilt bei mir zum Beispiel für lateinische Begriffe.

Wie aber wandle ich Wörter in Symbole um?

Bei häufig vorkommenden Wörtern geschieht die Umwandlung im Unterbewusstsein. Bei Viellesern geht dies naturgemäß sehr schnell vonstatten.

Habe ich aus beruflichen Gründen plötzlich mit einer großen Anzahl von Fremdwörtern zu tun, schreibe ich mir diese in unterschiedlicher Weise auf: mal einzeln auf einer Karteikarte, mal in Zehnerblöcken in größerer Schrift, mal als Fließtext, mal verborgen im Text. Diese Texte nehme ich dann als Grundlage für eine der in diesem Kapitel beschriebenen Übungen zum schnelleren Lesen. So manifestieren sich nach und nach auch diese anfangs schwierigen Wörter als Symbole.

Jens der Denker rät
Nutzen Sie zumindest die 50 häufigsten Wörter als Symbole! Solche Symbole verhindern das Mitlesen, erhöhen die Lesegeschwindigkeit und vor allem das Textverständnis.

Wie viel haben Sie verstanden?

Jetzt kennen Sie die gravierendsten Lesefehler und haben einige Übungen absolviert, um Ihr Lesetempo zu beschleunigen. Aber das ist nur die halbe Miete. Natürlich kommt es darauf an, den Inhalt des Textes auch bei der hohen Lesegeschwindigkeit zu verstehen. Wie viel Sie vom Text verstehen, können Sie in der nächsten Übung testen.

Jens der Denker rät
Wenn Sie das erste Mal auf Tempo lesen, werden Sie unter Umständen permanent das Gefühl haben, nichts vom Text mitzubekommen. Ignorieren Sie dieses Gefühl, sonst verpassen Sie den Inhalt in der Tat.

1. Verständnistest
Testen Sie Ihr Textverständnis! Einen Text zum Thema «Coachen Sie sich selbst» und Testfragen finden Sie im Anhang ab Seite 243.

Doch halt, noch ein Tipp: Nehmen Sie das Ergebnis sportlich, falls Sie für das Lesen länger brauchen sollten als zuvor. Bedenken

Sie, dass Sie wahrscheinlich das erste Mal gegen Ihre langjährig eingeprägten Lesegewohnheiten angehen.

Was uns am Schnelllesen hindert und wie wir diese Hindernisse überwinden

Die in der Grundschule erworbenen Lesetechniken sind unverzichtbar, um das Lesen überhaupt zu lernen. Wollen wir jedoch schneller und mit einem besseren Textverständnis lesen, müssen wir einige eingeschliffene Muster wieder ablegen. Beispielsweise, um eine bessere Konzentrationsfähigkeit zu erreichen.

Konzentrationsschwierigkeiten können folgende Ursachen haben:

- Schwierigkeiten beim Auffassen des Lesestoffs,
- eine unpassende Lesegeschwindigkeit,
- eine falsche Einstellung zum Text,
- mangelnde Organisation,
- zu wenige Pausen,
- einen unzureichenden Wortschatz.

Schwierigkeiten beim Auffassen des Lesestoffs

Gerade im beruflichen Alltag kommt es häufig vor, dass wir uns mit mit Fremdwörtern und Fachbegriffen vollgestopften, verschachtelten oder auch wenig strukturierten Texten beschäftigen müssen. Bei einmaligem Lesen bleibt da vom Inhalt oft nicht viel haften.

Jens der Denker rät

Lesen Sie schwierige oder schlecht geschriebene Texte mehrfach. Am Ende des Schnelllesetrainings lesen Sie wahrscheinlich mindestens doppelt so schnell wie bisher. Selbst bei zweimaligem Lesen wären Sie somit immer noch schneller als mit Ihrer herkömmlichen Lesemethode.

Die richtige Lesegeschwindigkeit finden

Je langsamer Sie lesen, desto schwieriger fällt es Ihnen, sich auf den Inhalt zu konzentrieren. – Das ist eine der Grundsätze des Schnelllesens.

Jens der Denker rät

Gewöhnen Sie sich an, die Texte immer etwas schneller zu lesen, als Sie es für gewöhnlich tun würden. So dringen Sie langsam zu Ihrer «Wohllesegeschwindigkeit» vor.

Den Kopf frei bekommen

Wichtige Texte lese ich nach Möglichkeit immer dann, wenn ich den Kopf frei habe. Ansonsten gehen meine Gedanken beim Lesen schnell auf Wanderschaft.

Jens der Denker rät

Sie wissen nicht, wo Ihnen der Kopf steht, und müssen sich auf einen anspruchsvollen Text konzentrieren? Notieren Sie, was Sie noch unbedingt erledigen müssen oder was Sie umtreibt. So wird Ihr Kopf frei für das, was Sie im Moment bewältigen müssen.

Organisiert Lesen

Um einen Roman zu lesen, brauche ich mich nur hinzusetzen und das Buch aufzuschlagen. Schon bin ich in die Lektüre vertieft. Bei Texten, die mich nicht interessieren, sieht das oft anders aus. Kaum habe ich angefangen, stelle ich fest, dass ein Bleistift oder die Kassette im Diktiergerät fehlt usw. Die Folge: Ich bin abgelenkt und brauche erheblich länger.

Jens der Denker rät
Organisieren Sie sich und Ihren Schreibtisch, bevor Sie mit dem Lesen beginnen. Legen Sie alles bereit, was Sie zum Arbeiten benötigen, und beginnen Sie dann mit dem Lesen.

Pausen

Pausen sind für ein effizientes Arbeiten unverzichtbar. Bei mir ist es so, dass ich mich nur 10 bis 15 Minuten hoch und höchstens 90 Minuten vernünftig konzentrieren kann. Gönne ich mir danach keine Pause, ist meine Konzentration extrem herabgesetzt.

Jens der Denker rät: Entspannen Sie sich!
- Schließen Sie einen Moment lang die Augen.
- Stärken Sie die Halswirbelmuskulatur, indem Sie sich aufrecht hinsetzen und mit leichtem Druck die Handfläche an die Stirn drücken. Wiederholen Sie diese Übung an anderen Stellen des Kopfes.
- Wechseln Sie immer mal wieder Ihre Haltung, indem Sie zwischendurch vom Schreibtisch an ein Stehpult wechseln oder ein wenig herumlaufen.

Ein ausreichender Wortschatz

Die Konzentration nimmt schnell ab, wenn man einen Text mit vielen unbekannten Wörtern liest. Sie hemmen den Lesefluss. Wenn man befürchtet, aufgrund des fremden Wortes den gesamten Text nicht zu verstehen, sind Konzentration und Motivation schnell verflogen.

Einen großen Wortschatz zu besitzen bedeutet, viele Texte ohne Verlust des Textverständnisses lesen zu können. Und wer seine Worte zielsicher zu setzen weiß, kommt meist schneller ans Ziel – egal, ob es darum geht, die Aufgabenstellung in Tests und Klausuren richtig zu verstehen, eine Rede vor anspruchsvollem Publikum zu halten oder erfolgreich zu verhandeln.

Hier einige Tipps, wie Sie an Ihrem Wortschatz arbeiten können:

- Achten Sie beim Lesen besonders auf Vor- und Nachsilben, Präfixe und Suffixe. Sie werden schnell erkennen, welche wann angewandt werden und dadurch den Sinn des Grundwortes verändern.
- Gehen Sie dem Ursprung der Fremdwörter, die Ihnen häufig begegnen, nach. Überlegen Sie, in welchen Zusammenhängen sie vorrangig verwendet werden, und bringen Sie sie in Gesprächen aktiv ein.
- Schlagen Sie konsequent jedes Ihnen nicht bekannte Wort nach – warten Sie damit jedoch, bis Sie am Ende des Textes angekommen sind, damit Sie das Nachschlagen nicht ausbremst.
- Lernen Sie zusätzlich täglich ein frei gewähltes Fremdwort hinzu.
- Notieren Sie Ihre neu gelernten Vokabeln auf Karteikarten.

Die Umgebung muss stimmen

Ihre innere Einstellung zum Lesen sowie die äußere Umgebung haben ebenfalls Einfluss darauf, wie schnell und aufmerksam Sie lesen. Wählen Sie daher zum Lesen einen Platz, an dem Sie sich wohlfühlen.

- Suchen Sie sich einen Platz, der für Ihren Text besonders geeignet ist: der Frühstückstisch für die Zeitung, das Bett für den Roman, Stehpult und Schreibtisch für Berichte und Reportagen.
- Buch, Zeitung und Co. sollten optimal beleuchtet sein, wenn Sie lesen möchten. Verwenden Sie am besten eine Tischlampe, die auch den Rest vom Raum leicht erhellt. Wenn Sie das Glück haben, bei Tageslicht am Fenster lesen zu können, sollten Sie darauf achten, dass das Licht über die Seite einfällt, mit der Sie nicht schreiben. So vermeiden Sie, dass der Schatten auf den Text fällt.

- Suchen Sie sich ein Möbelstück, das weder zu hart noch zu weich ist. Perfekt sitzen Sie, wenn die Knie im rechten Winkel stehen und Sie mit den Fußsohlen den Boden berühren. Wenn Sie etwas notieren, sollten auch Ober- und Unterarm etwa im rechten Winkel zueinander stehen. Der optimale Abstand zwischen Augen und Lesematerial liegt zwischen 30 und 40 cm.
- Testen Sie aus, wann Ihre beste Lesezeit ist. Jeder hat seinen Konzentrationshöhepunkt zu einer anderen Uhrzeit.
- Vermeiden Sie möglichst jede Ablenkung. Die Konzentration ist schnell dahin, sobald das Telefon klingelt oder jemand in den Raum kommt.

2. Verständnistest

Es ist Zeit für den zweiten Verständnistest! Das Vorgehen kennen Sie bereits. Blättern Sie vor auf Seite 249.

Visuelle Lesehilfen

Beobachten Sie einmal jemanden, der eine Telefonnummer aus dem Telefonbuch heraussucht oder etwas im Wörterbuch oder Lexikon nachschlägt. Wahrscheinlich wird er mit einem Finger oder Stift über die Seiten gehen, bis die richtige Stelle und Information gefunden ist.

Auch als wir das Lesen lernten, war es noch eine Selbstverständlichkeit, sich an einem Finger oder Lineal zu orientieren; mit der Zeit haben wir diese Angewohnheit jedoch abgelegt, weil sie mit einer Technik von ‹Anfängern› assoziiert wird.

Aber das ist Unsinn. Anders als das mentale Mitlesen sollten wir uns dieses Prinzip zunutze machen. Denn mit einem Finger, Stift oder einer Stricknadel lassen sich die Augen optimal steuern. Sie folgen der Lesehilfe automatisch über den Text, ein Zurückspringen wird verhindert, die Lesegeschwindigkeit gesteigert und das Textverständnis verbessert.

Optimal nutzen Sie die Lesehilfe, indem Sie sie unter die Zeile setzen und sie beim Lesen gleichmäßig mitbewegen. Achten Sie darauf, dass die Lesehilfe Ihre Augen steuert und nicht umgekehrt. Bewegen Sie die Lesehilfe flüssig über den Text und springen Sie nicht ruckartig von Wortgruppe zu Wortgruppe.

Lange und dünne Lesehilfen eignen sich am besten, da sie den Text nicht verdecken. Entscheiden Sie sich für eine der folgenden Methoden und üben Sie sie zunächst in einer extrem hohen Geschwindigkeit ein, ohne ein Textverständnis anzustreben. Erst danach gehen Sie auf Ihr – mittlerweile vermutlich schon zügigeres – Lesetempo zurück. So bereiten Sie Ihr Gehirn auf eine noch höhere Geschwindigkeit vor.

Die Zwei-Zeilen-Methode

Die Technik kennen Sie bereits: Sie führen die Lesehilfe unterhalb der Zeile gleichmäßig über den Text. Jetzt setzen Sie die Hilfe allerdings nur bei jeder zweiten Zeile an. Am Ende der Zeile setzen Sie die Lesehilfe ab und gehen schnell zur linken Seite zurück. Sie werden feststellen, dass Sie dennoch den ganzen Text erfassen. Ihr Auge sieht schließlich nicht nur in der vertikalen, sondern auch in der horizontalen Richtung. Denken Sie an das Notenlesen, da funktioniert diese Technik ganz automatisch.

Mehrere Zeilen auf einen Schlag

Nachdem Sie die Zwei-Zeilen-Methode gut eingeübt haben, versuchen Sie doch einmal, die Lesehilfe nach dem Zurückkehren an den linken Rand einige Zeilen weiter unten anzusetzen. Beginnen Sie mit dem Lesen von drei Zeilen und steigern Sie sich langsam. Mit einiger Übung kann man bis zu acht Zeilen auf einmal schaffen.

Rückwärts lesen

Rückwärts zu lesen ist leichter, als Sie denken. Beginnen Sie wie bei der «Mehrere-Zeilen-Methode», setzen die Lesehilfe jedoch am Ende der Zeile nicht ab, sondern gehen stattdessen am rechten Rand einige Zeilen herunter, um dann lesend zum linken Rand zu kommen. Auch hier gehen Sie wieder einige Zeilen nach unten, um zum rechten Rand zu gelangen. Sie lesen also von links nach rechts und von rechts nach links – hin und her.

Achten Sie darauf, dass Sie nicht die einzelnen Wörter, sondern Wortgruppen lesen. Bei einer durchschnittlichen Buchbreite fixieren Sie drei Wortgruppen. Diese muss nun Ihr Gehirn in die richtige Reihenfolge bringen.

«Jeden Morgen lese ich zwei Tageszeitungen.»

Durch das Bilden der Wortgruppen lesen Sie beim Rückwärtslesen:

«Zwei Tageszeitungen – lese ich – jeden Morgen.»

Sie sehen: Unser Gehirn ist durchaus in der Lage, Sätze mit der Rückwärtsmethode richtig zusammenzupuzzeln. Denken Sie nur an Schachtelsätze. Hier muss das Gehirn manchmal mehr als eine Zeile am Anfang des Satzes speichern, bis endlich alle Informationen des Satzes gelesen wurden.

Sie kennen nun alle Techniken, die Sie benötigen, um ohne Rücksprünge gezielt vorwärts zu lesen. Wenn Sie «nur» zwei Zeilen auf einmal hin- und herlesen, kann es gut sein, dass sich Ihre Lesegeschwindigkeit mit dieser Methode bereits verdoppelt.

3. Verständnistest

Machen Sie die Probe aufs Exempel. Starten Sie die Stoppuhr, entspannen sich kurz und lesen Sie los – auf Seite 257 im Anhang.

Mit diesen Techniken lesen Sie noch schneller

Nutzen Sie Ihre Lesehilfe weiterhin wie beschrieben. Zusätzlich können Sie Ihre Augen unterstützen, indem Sie mit einem Finger der anderen Hand an der Seite hinunterfahren. Auf diese Art und Weise können Sie das Lesetempo steuern.

Aber halt: Verschaffen Sie sich als Erstes einen Überblick über den Inhalt des Textes! Dann können Sie einen Text noch schneller lesen. Ein schneller Leser benötigt für das Lesen einer durchschnittlichen Seite ungefähr 30 Sekunden. Für den ersten Überblick reichen aber 10 Sekunden vollkommen aus.

Jens der Denker rät
Nehmen Sie sich 10 Sekunden Zeit, um die Seiten zu überfliegen. Wenn Sie einen Überblick gewonnen haben, können Sie besser einschätzen, ob sich eine genauere Lektüre lohnt. Unter Umständen können Sie so eine Menge Zeit sparen.

Lassen Sie Ihren Finger also in gleichmäßigem Tempo am linken oder rechten Rand der Seite hinabgleiten, während Sie mit der Lesehilfe gleichzeitig eine der folgenden Methoden anwenden.

Jens der Denker rät
Gut möglich, dass Sie eine Zeitung lieber mit dieser, eine wissenschaftliche Abhandlung in Buchform eher mit einer anderen Methode lesen werden. Konzentrieren Sie sich dennoch auf wenige Methoden, damit Ihr Gehirn sich optimal auf Ihr neues Lesen einstellen kann.

Mit Schlangenlinien zu einem besseren Überblick

Die Kurventechnik ähnelt dem Hin- und Herlesen. Der Unterschied besteht lediglich darin, dass Sie am Rand nicht im spitzen Winkel zurückgehen, sondern hier mit der Lesehilfe eine Kurve zeichnen, die durchaus bis zu acht Zeilen gehen kann. Von da an lesen Sie wieder rückwärts und kurven erneut über die Seite. Die Kurventechnik berücksichtigt abwechselnd größere Passagen am linken und rechten Rand. Die Mitte wird weniger fokussiert.

Die Zwei-Seiten-Methode für längere Fließtexte

Auf der einen Seite gehen Sie in gleichmäßigem Tempo mit Ihrem Finger nach unten, während Sie die Lesehilfe parallel hierzu auf der anderen Seite am Text herunterziehen. Ihre Augen «saugen» den Text im Ganzen auf.

Für einen schnellen Überblick ist diese Methode optimal, allerdings werden hier Ihre Augen am wenigsten geführt, was das Konzentrieren auf den Text erheblich erschwert. Diese Technik ist insbesondere bei längeren Fließtexten sinnvoll.

Die Wellentechnik – die effektivste Methode

Bei dieser Methode folgen Sie mit Ihrer Lesehilfe wellenförmig einem nicht enden wollenden «S» in der Mitte des Blattes. Diese Methode ist die effektivste, da sie alle Techniken, die das Lesen schneller machen, integriert: Sie kombiniert das Vorwärts- mit dem Rückwärtslesen. Der Blickwinkel Ihrer Augen wird in alle Richtungen ausgenutzt, sodass Sie mit einem Blick etwas mehr als die Hälfte jeder Zeile erfassen.

Texte überfliegen

Auch wenn Sie Ihre Lesegeschwindigkeit zu diesem Zeitpunkt vermutlich schon verdoppelt oder gar verdreifacht haben sollten, ist es ratsam, sich vorab zu überlegen, wie – also mit welcher Methode – Sie welche Texte lesen möchten.

Ziel ist es jeweils, möglichst viele Informationen mit möglichst wenig Aufwand zu erfassen und Lesetechniken und Texte gewinnbringend zu kombinieren. Denn nicht bei allen E-Mails, Berichten, Listen und dergleichen lohnt es sich, jede Zeile zu lesen – selbst dann nicht, wenn Sie Wortgruppen bilden. Verschaffen Sie sich daher unbedingt einen Überblick über den Lesestoff, bevor Sie mit dem Lesen beginnen. Dann erfahren Sie schnell, was Sie weglassen können.

Textstellen intelligent auslassen

Lohnt es sich, diesen Text zu lesen? Kann mir der Text Antworten auf das geben, was ich wissen möchte? Was genau möchte ich in diesem Text erfahren?

Jens der Denker rät
Konzentrieren Sie sich einige Augenblicke auf diese Fragen, bevor Sie mit dem Lesen beginnen, und überlegen Sie, was Sie zu dem jeweiligen Thema bereits wissen. Sobald Sie im Text auf Passagen stoßen, die dieses Wissen behandeln, erkennen Sie allein schon beim Überfliegen, ob Sie Neues entdecken oder ob Sie diese Textstellen außer Acht lassen können.

Augenübungen

Alle Tipps und Tricks zum Schnelllesen hätten bei mir weitaus weniger geholfen, wenn ich nicht gleichzeitig mein Sehverhalten trainiert hätte. Augenübungen sind für das schnelle Lesen wichtig, da sie auf eine Veränderung des Sehverhaltens abzielen.

Bei der folgenden Übung finden Sie in jeder Zeile Zahlen vor. Die erste Zahl der Zeile wird möglicherweise in dieser Zeile ein- oder mehrmals wiederholt. Streichen Sie die doppelte Zahl jeweils mit einem Bleistift an. Stoppen Sie dabei die Zeit, denn nur unter Zeitdruck trainieren Sie das Überfliegen richtig. Achtung: Es kann auch sein, dass sich die Zahl in der Zeile nicht wiederholt. Sie werden feststellen, dass Sie in diesem Fall eher zum Zurückspringen neigen. Achten Sie bei dieser Übung bewusst auf alle Regeln des Schnelllesens:

- Springen Sie nicht zurück.
- Lesen Sie nicht mental mit.
- Wiederholen Sie die Übung mehrfach und steigern Sie Ihre Lesegeschwindigkeit von Mal zu Mal.

Übung: Auch das Überfliegen will geübt sein – Teil 1

67 79 67 44 27 29 88 95 88 95 44 42 66 44
28 93 74 28 57 29 39 96 68 44 37 96 62 51
59 66 33 75 39 59 92 42 24 42 77 55 39 92
28 28 52 68 34 28 48 45 76 87 45 32 85 40
19 87 65 19 23 47 57 36 86 83 59 37 63 27
87 28 26 43 66 78 66 43 65 41 43 94 87 94
38 28 56 27 73 92 27 50 61 95 36 43 67 95
91 58 38 74 32 65 58 47 27 33 67 51 27 27
39 84 31 44 86 75 44 56 46 22 18 64 86 18
26 62 36 58 82 85 35 65 77 65 42 25 27 87
26 91 72 26 55 27 37 43 74 85 43 30 83 38

94 66 42 35 94 60 59 50 60 50 70 50 05 05
43 74 85 43 30 83 38 63 87 67 56 67 89 56

Benötigte Zeit:
Anzahl der Fehler:

Übung: Auch das Überfliegen will geübt sein – Teil 2

239 282 438 236 875 672 672 848 743 764 237 848 265 782
665 638 848 636 426 852 665 965 198 576 865 576 578 965
509 509 642 117 271 872 509 276 276 578 623 438 228 276
063 036 033 066 036 063 063 569 875 675 568 675 891 569
276 276 236 843 281 239 662 456 791 236 251 456 745 321
847 764 637 847 637 425 852 380 674 839 380 738 893 812
821 543 821 653 265 387 418 965 198 567 865 576 578 965
236 237 636 865 117 623 066 438 764 438 236 236 821 567
672 782 265 672 848 875 236 230 287 394 230 230 969 961
879 789 789 987 878 879 879 111 777 112 634 439 111 112
569 906 239 902 326 647 569 746 636 426 844 764 746 426
494 433 444 481 494 494 949 636 734 643 636 636 939 639
221 211 122 221 222 121 212 539 304 340 382 582 463 087

Benötigte Zeit:
Anzahl der Fehler:

Weitere Übungen

Schnelllesen ist wie ein Sport. Trainieren Sie daher so oft wie möglich. Natürlich sind Sie nicht an die Übungen in diesem Buch gebunden.

Übung: Die Textmenge bleibt gleich

Lesen Sie drei Minuten mit einer Lesehilfe in Ihrem Übungsroman. Nach drei Minuten markieren Sie die Stelle, bis zu der Sie gekommen sind.

Gehen Sie nun zum Anfang zurück und lesen Sie den Text noch einmal. Dieses Mal sollten Sie bereits nach zwei Minuten an der zuvor markierten Stelle sein. Wie immer gilt: Probieren Sie es einfach noch einmal, wenn es Ihnen nicht auf Anhieb gelungen ist.

Geschafft? Nun gehen Sie noch einmal zum Anfang zurück und versuchen – dieses Mal innerhalb einer Minute –, zu der anfangs markierten Stelle zu gelangen.

Jens der Denker rät

Nur wenn Sie sich anstrengen müssen, fordern Sie Ihr Gehirn so heraus, dass es sich an die neue Lesegeschwindigkeit gewöhnen kann. Behalten Sie Ihr Ziel im Auge: Sie wollen erreichen, dass Sie bei gleicher Zeit immer längere Texte lesen können.

Sie können diese Übung auch in einer anderen Variante machen. Diesmal bleibt nicht die Textmenge, sondern die Zeit gleich.

Übung: Die Zeit bleibt gleich

Lesen Sie in Ihrem Übungsroman zwei Minuten lang in einer Geschwindigkeit, bei der Sie ein möglichst hohes Textverständnis haben. Diese Stelle markieren Sie.

Für den zweiten Lesedurchgang verdoppeln Sie die Textmenge und versuchen nun, in den zwei Minuten bis zur neu markierten Stelle zu lesen. Bleiben Sie dran, wenn es nicht gleich funktioniert!

Im dritten Durchgang nehmen Sie noch einmal dieselbe Textmenge wie im ersten Durchgang hinzu. Auf diese Weise verlassen Sie nach und nach Ihre bisherige Lesegeschwindigkeit und zwingen sich, sich an eine noch höhere anzupassen.

Bei der nächsten Übung setzen Sie sich in Ihrem Trainingsbuch einen Zielpunkt, der anfangs noch in utopischer Ferne liegen sollte. Versuchen Sie, dieses Ziel mit sehr schnellem Lesen zu erreichen. Anfangs ist dies kaum möglich, da ein Textverständnis kaum vorhanden sein wird. Wenn Sie diese Übung jedoch öfter wiederholen, werden Sie nach und nach mehr verstehen.

Übung: Tempo – Tempo – Tempo

Überschlagen Sie in Ihrem Buch etwa 5000 Wörter. Nun lesen Sie bis zu dieser Markierung innerhalb von fünf Minuten. Das entspricht 1000 WpM. Bei dieser Übung geht es nicht um das Textverständnis. Vielmehr soll hier erreicht werden, Ihr Gehirn auf Dauer an eine sehr hohe Lesegeschwindigkeit zu gewöhnen.

Paragraphing – das Absatzlesen

Das Paragraphing macht sich die Anordnung der einzelnen Absätze in den Publikationen zunutze. Die wichtigsten Informationen sind fast immer im ersten Absatz oder in den ersten beiden Absätzen untergebracht. In den weiteren Absätzen folgen Details, die nur dann für Sie als Leser wichtig werden, wenn Sie das Gefühl haben, in diesem Text die Antworten auf Ihre vorab gestellten Fragen zu finden.

Um einen Text zu überfliegen, reicht es für den ersten Schritt aus, den ersten Absatz zu lesen. Wichtig ist dann wieder der letzte Absatz des Textes. Hier werden noch einmal Ergebnisse oder Schlussfolgerungen des Textes zusammengefasst.

Diese Technik können Sie auch verwenden, wenn ein Text einmal etwas anders aufgebaut sein sollte:

- Lesen Sie den ersten, den zweiten und den letzten Absatz.
- Verschaffen Sie sich einen kurzen Überblick über die Absätze in der Mitte.
- Achten Sie darauf, dass Sie die Absätze beim Überfliegen verbinden. Das gelingt am besten, wenn Sie die letzte Zeile des vorhergehenden Absatzes mitlesen.

Das Absatzlesen ist eine interessante Taktik, um sich schnell einen Überblick über einen Text zu verschaffen. Die Methode empfiehlt sich besonders vor dem Kauf von teuren Fachbüchern. Nehmen Sie sich in der Buchhandlung ein paar Minuten Zeit für das Absatzlesen. Auch bei dickeren Büchern hält sich der Zeitaufwand in Grenzen und bewahrt Sie vielleicht vor einem Fehlkauf.

Scanning – das Filtern

Die Filtertechnik, das sogenannte Scanning, können Sie anwenden, wenn Sie bestimmte Informationen in einer großen Textmenge suchen. Die Vorgehensweise hat nicht mehr wirklich etwas mit Lesen zu tun, sondern zielt schon in Richtung Fotolesen. Vielmehr überfliegen Sie einen Text so schnell, dass Sie gerade noch in der Lage sind, nach Schlüsselwörtern oder Zahlen Ausschau zu halten.

Jens der Denker rät

Haben Sie kein schlechtes Gewissen, weil Sie sehr viel Text auslassen. Ganz gleich, wie viel Textstellen Sie überspringen, Sie werden dennoch mehr lesen, als wenn Sie sich den Text überhaupt nicht vorgenommen hätten.

Sind Sie auf der Suche nach einer bestimmten Information, finden Sie diese aufgrund der bisher gelernten Techniken ohne Probleme, obwohl Sie lange Passagen übersprungen haben. Sind Sie auf der Suche nach einer Antwort auf eine bestimmte Frage, sollten Sie sich vorab gezielte Schlüsselwörter merken oder notieren. Diese scannen Sie, indem Sie Seite für Seite großflächig betrachten. Lesen Sie dabei auf keinen Fall Zeile für Zeile. Sie werden sehen, dass Ihnen die Schlüsselwörter beim großflächigen Betrachten wie von selbst ins Auge springen.

Der Katalogeffekt

Das großflächige Filtern eines Textes kennen Sie bereits vom Durchblättern von Katalogen, Prospekten usw. Sie werden nicht bei den Haushaltsgeräten suchen, wenn Sie sich eine Hose bestellen möchten.

Aber auch auf Ihren Berufsalltag kann sich das Scannen positiv auswirken. In Zukunft müssen Sie nicht mehr jede einzelne E-Mail oder jeden Newsletter lesen, um nach einigen Zeilen frustriert festzustellen, dass der Inhalt Sie gar nicht betrifft.

Überlegen Sie sich vor dem Lesen ein Schlüsselwort:

- Was könnte der Absender wollen?
- Spricht mich der Betreff schon an?
- Bei Newslettern: Könnte ich von dem Thema direkt betroffen sein?

Stellen Sie sich Fragen zum Inhalt, bevor Sie zu lesen beginnen. Überlegen Sie sich, welche Antworten auf diese Fragen im Text vorkommen könnten. Diese Antworten sind Schlüsselwörter, nach denen Sie im Text suchen. Auf diese Weise können Sie sehr viele Textstellen einfach scannen.

Mehr Textverständnis durch Stichwörter

Studien haben gezeigt, dass das Textverständnis wesentlich höher liegt, wenn Sie Schlüsselwörter im Kopf haben. In einer dieser Untersuchungen wurden zwei Gruppen gebeten, einen Text zu lesen. Die Mitglieder einer Gruppe erhielten vor dem Lesen Fragen, deren Antworten sie im Text finden sollten.

Anschließend wurden beiden Gruppen dieselben Fragen gestellt – und zwar Fragen, die sich auf den ganzen Text bezogen. Es stellte sich heraus, dass die Gruppe, die eigentlich nur nach bestimmten Textpassagen Ausschau halten musste, ein wesentlich höheres Textverständnis aufwies als die Gruppe, die den ganzen Text gelesen hatte.

Das Lesen war also durch die gelenkte Konzentration auf einen Punkt aktiver und damit effizienter.

Übung:
Üben Sie die Scan-Technik morgens mit Ihrer Tageszeitung. Nehmen Sie sich einen Artikel vor, der Sie nicht interessiert – einen Artikel, bei dem Sie sonst nur die Überschrift gelesen hätten. Stellen Sie sich zu dieser Überschrift eine Frage. Nun scannen Sie den Text. Sie werden feststellen, dass Sie den Artikel nun mit Interesse lesen.
Zu Beginn ist es ratsam, diese Übung bei Zeitungen anzuwenden, deren Layout aus engen Spalten besteht. Mit ein wenig Übung gelingt Ihnen diese Technik dann auch bei einspaltigen Texten, und zwar ohne vorab Hilfslinien eingezeichnet zu haben.

Sinnerfassendes Lesen – Skimming

Beim Skimming lesen Sie Zeile für Zeile und – nur dann funktioniert Skimming – in extrem hohem Tempo. Achten Sie dabei ausschließlich auf die Wortgruppen. Nur der grobe Inhalt des Textes ist wichtig. Alle Details werden beim Skimming ausgelassen.

Versuchen Sie auf keinen Fall, bewusst den Sinn des Textes zu erfassen. Wenn Sie die Technik richtig anwenden, wendet sich der Autor an Sie. Sie bleiben bei einem extrem hohen Lesetempo und springen von Wortgruppe zu Wortgruppe.

Jens der Denker rät
Skimming eignet sich insbesondere für den Lesestoff, der sich schon seit einiger Zeit auf Ihrem Schreibtisch stapelt – zum Beispiel Fachzeitschriften, Einladungen oder Werbemailings. Dass Sie diesen Lesestoff mit Muße lesen, wird wahrscheinlich selten passieren. Bevor Sie ihn aber sofort zum Altpapier befördern, erfassen Sie den Sinn – durch Skimming.

Wie liest man was am besten?

Zeitungen und Zeitschriften, Texte aus dem Internet, Fachbücher, Reportagen, Romane und Sachbücher. Sowohl beruflich als auch privat hat man verschiedene Lesestoffe zu bewältigen. Doch welche Technik soll man für welches Genre verwenden?

Reportagen und andere längere Texte können Sie mit den Lesetechniken bewältigen, die Sie bereits kennengelernt haben. Bei Zeitungen und Zeitschriften reicht hier zum Beispiel ein erstes Durchblättern, um an den Überschriften, Fotos und Bildunterschriften zu erkennen, welche Artikel für Sie interessant sind. Texte wie E-Mails haben oft kein spezielles Layout oder eine Inhaltsangabe. Sich hier einen ersten Überblick zu verschaffen ist häufig nicht so leicht wie bei Zeitungen. Fachbücher wiederum verfügen über ein ausführliches Inhaltsverzeichnis oder einen Index.

Zeitungen und Zeitschriften

Während meiner Ausbildung zum Parlamentsstenografen wurde mir nahegelegt, jeden Morgen mindestens zwei Tageszeitungen zu lesen, um einen Überblick über die wichtigsten Nachrichten zu haben. Damit ich mehr als nur die Überschriften lesen konnte, ohne schon mitten in der Nacht aufstehen zu müssen, organisierte ich mein morgendliches Lesen.

- In einem ersten Schritt blätterte ich die Zeitung durch und überflog die Seiten. Hierbei wählte ich die Artikel aus, die ich wirklich lesen wollte.
- Zu jedem Artikel stellte ich mir die Frage, was ich von dem Beitrag erwartete.
- Jetzt erst begann ich mit dem Lesen.

Das Zeitungsformat kommt uns Schnelllesern übrigens entgegen. Die Aufteilung der Spalten lässt sich auf einen Blick erfassen. Gerade bei einspaltigem Satz empfehle ich, die Lesehilfe in der Mitte der Spalte von oben nach unten zu ziehen, evtl. unterstützt vom Daumen, der parallel am Rande der Spalte entlanggleitet.

Bei Zeitschriften verfahren Sie genauso. Hier haben Sie noch den Vorteil, dass Sie vor dem Lesen des Artikels die Fotos und deren Bildunterschriften studieren können. Diese Informationen eignen sich bestens als Schlüsselwörter.

Lesen am Computerbildschirm

Wenn es um wichtige Dokumente geht, bin ich eher ein Freund des Ausdruckens. Dennoch bleiben genügend Informationen übrig, die ich direkt auf dem Computerbildschirm lesen muss.

Das Schöne ist, dass das Schnelllesen auf Papier und auf dem Bildschirm genau gleich funktioniert. Als Lesehilfe empfiehlt sich der Cursor, welchen Sie in der Regel mit der Maus steuern. So achten Sie automatisch auf die richtige Distanz zum Bildschirm und verhindern Rücksprünge.

Ein weiterer Vorteil des Computers ist, dass Sie die optimale Schriftart sowie einen für Sie günstigen Zeilenabstand einstellen können. Bei manchen Onlinetexten ist dies jedoch nicht möglich. Eignet sich die Schriftgröße oder der Zeilenabstand nicht zum Schnelllesen, kopieren Sie den Text einfach in Ihr Textverarbeitungsprogramm und arbeiten hier weiter.

Fachbücher lesen leicht gemacht

Besonders beim Lesen von Fachbüchern mache ich mir vorab klar,
• was das Leseziel sein soll,
• wie hoch der Schwierigkeitsgrad des Textes ist und
• wie viel Textverständnis ich benötige.

Für mich stellt es auch einen Unterschied dar, ob ich das Fachbuch in die Hand nehme, um es eventuell zu kaufen, oder ob ich es zum Nachschlagen nutze.

Kaufe ich das Buch?

Meine beste Freundin ist Inhaberin einer Buchhandlung. Wie oft stehe ich bei ihr im Geschäft und frage mich, ob es sich lohnt, das Fachbuch, welches ich gerade durchblättere, zu erwerben. Bei der Entscheidung nutze ich die Struktur des Fachbuches beim ersten Durchsehen:

- Einen ersten Eindruck vermittelt der Umschlag. Während der Text auf der Umschlagrückseite meist werblichen Charakter hat, informiert der sogenannte Klappentext stärker über den zu erwartenden Inhalt.
- Wer ist der Autor? Ist er vom Fach? In welchem Land ist er aufgewachsen? Bedenken Sie: Es macht einen Unterschied, ob ein Amerikaner oder ein Europäer über den Nahen Osten schreibt.
- Auch das Impressum verrät einiges. Ist das Buch noch aktuell? Wo wurde es herausgebracht? Diese Informationen sind genauso wichtig wie die über den Autor.
- Ein gutes Inhaltsverzeichnis ist mehr als eine grobe Zusammenfassung des Buches. Steht das Thema, das Sie besonders interessiert, im Mittelpunkt, oder kommt es nur als Untergliederungspunkt vor?
- Wenn ich mir vorab bereits Schlüsselwörter zurechtgelegt habe, schaue ich im Stichwortregister – so vorhanden – nach, ob diese so oder ähnlich vorkommen.

Auf diese Weise erfahren Sie, ob Sie das Buch nur für eine bestimmte Problemlösung oder generell als Nachschlagewerk einsetzen können.

Das Fachbuch als Nachschlagewerk

Klappentext, Autor, Impressum, Inhaltsverzeichnis, Register – ähnlich gehe ich vor, wenn ich in einem Fachbuch nachschlage. So erfahre ich, ob ich der Lösung auf meine Frage in dem entsprechenden Buch auch wirklich näher komme.

Es folgt eine detailliertere Vorschau, indem ich Seite für Seite schnell durchblättere. Als Erstes achte ich auf den Aufbau des

Buches, lese die Überschriften, betrachte die Bilder und dessen Bildunterschriften. Wenn ich jetzt immer noch keinen brauchbaren Überblick über das Fachbuch erhalten habe, lese ich die Kapitel, die mich im Inhaltsverzeichnis angesprochen haben. Auch das Lesen der letzten Seite kann helfen, da hier häufig eine Zusammenfassung des Buches gegeben wird.

Augentraining – Erholung für die Augen

Bevor wir zum Abschlusstest kommen, sollten Sie sich die folgenden Übungen des Augentrainings verinnerlichen. Sie verbessern damit nicht nur die Fähigkeit Ihrer Augen zum gezielteren Sehen, sondern erweitern nach und nach Ihren Blickwinkel, was wiederum zum größeren Leseradius und größerer Schnelligkeit führt.

Das bewusste Relaxen der Augen bewirkt sogar einen höheren Grad der Entspannung, als im Schlafzustand erreicht werden kann. Entscheidend ist hierbei die vollständige Lösung von bestehenden Verspannungen und Verkrampfungen der Augenmuskeln und Augennerven, die auch Sehstörungen verursachen sollen. Sie können mit diesen Übungen auch der Überbeanspruchung der Augen durch Bildschirmarbeit entgegenwirken.

«Palmieren»

Der Begriff bezeichnet eine Übung, bei der die Handflächen etwas gewölbt, leicht und ohne Druck auf die Augen gelegt werden, die Finger liegen dann über Kreuz auf der Stirn, die Nase bleibt frei, die Augen sind geschlossen. Die Ellenbogen können auf die Knie gestützt werden. Es darf kein Licht auf die Augen fallen. Konzentrieren Sie sich nun nur auf die schwarze Fläche, die Sie «sehen». Nehmen Sie dabei eine entspannte Haltung der Augen ein, und versuchen Sie sich auch mental zu entspannen. Für diese Übung sollten Sie sich etwa 10 bis 30 Sekunden Zeit nehmen.

Großer Schwung

Stellen Sie sich hierfür möglichst entspannt mit leicht gegrätsch-ten Beinen hin, lassen Ihre Arme locker hängen und beginnen eine Drehung um die vertikale Körperachse. Ihr Blick gleitet dabei über die Umgebung, ohne irgendetwas zu fixieren, in einem Be-reich von maximal 90° rechts und links. Die Augen sollen sich dabei nicht bewegen – und auch nicht der Kopf, sondern nur die Schultern und das Becken. Zur Vermeidung rhythmischer Augen-bewegungen ist es hilfreich, an ruhige Situationen zu denken, etwa an eine Kuh auf der Weide. Bei diesen lockeren Schwüngen sollen sich Auge und Augenmuskeln entspannen, weil sie dadurch vom dauernden Fixieren abgelenkt werden. Übrigens: Ihrem Rücken tut diese Übung ebenfalls gut. Bei ruhigem Atmen führt sie darüber hinaus auch zu seelischer Entspannung und Gelassen-heit.

Zahlen suchen

Für die nächste Übung setzen Sie sich in Ihre Wohlfühlposition. Halten Sie die Seite in einem Abstand von circa 30 cm und versu-chen Sie, möglichst schnell die Zahlen von 1 bis 26 in der richtigen Reihenfolge zu finden. Achten Sie darauf, dass sich nur Ihre Au-gen, nicht der Kopf oder der ganze Oberkörper bewegen.

11 21 26

19 6 17

4 25 3

15 12

24 1 22

8 7 18

13 23

5 2

14

16 10 20 9

Buchstaben suchen

Suchen Sie die Buchstaben in alphabetischer Reihenfolge zusammen.

K U Z
S F Q
D Y C
O L
X A V
H G R
M W
E B
N
P J T I

Abschlusstest

Nun sind wir am Ende des Kapitels angekommen, und es wird Zeit für den Abschlusstest. Sind Sie bereit für die Herausforderung? Dann blättern Sie vor auf Seite 263.

Ausblick

Sie haben nun ein zweites Mal lesen gelernt. Wie bei einem Führerschein werden Sie erst durch Praxis zum Profi. Nehmen Sie sich daher immer mal wieder die verschiedenen Übungen dieses Buches oder einen Roman zur Hand, an dem Sie die verschiedenen Techniken üben können.

Sind Sie mit dem Ergebnis des Abschlusstests zufrieden? Ich freue mich, wenn ich Ihnen dabei helfen konnte, dass Sie Ihr persönliches Ziel erreicht haben. Bis Sie eine gewisse Grundfertigkeit erlangt haben, kann es aber auch durchaus sein, dass Sie etwas länger brauchen. Hat sich Ihr Gehirn aber erst einmal an die neue Geschwindigkeit gewöhnt, wird sich das Gefühl der Anstrengung und des Stresses beim Lesen sogar in Entspannung verwandeln.

Wenn es Ihnen in einigen Wochen so vorkommt, als würden Sie wieder sehr langsam lesen, sollten Sie nicht gleich die Flinte ins Korn werfen. Messen Sie Ihre Lesegeschwindigkeit doch noch einmal. Es kann gut sein, dass Sie sehr schnell lesen, es Ihnen aber gar nicht mehr so vorkommt, weil Sie sich bereits an das neue Tempo gewöhnt haben.

Was sonst noch alles möglich ist im Schnelllesen? Etwa 35 483 Wörter pro Minute zu lesen bei einem Textverständnis von 95,2 Prozent, wie es Kasia Sobolewska im August 2002 gelang. Oder in 47 Minuten die 607 Seiten des neuesten Harry-Potter-Bands zu lesen und alle Fragen zum Roman anschließend beantworten zu können.

Mein Ziel war es zu Anfang, meine Lesegeschwindigkeit zu verdoppeln oder zu verdreifachen. Aber daraus wurde noch mehr: Ich erfuhr, dass das Lesen auf diese Weise wesentlich entspannender und das Textverständnis viel höher ist als beim «normalen» Lesen. Und das machte mir Lust auf mehr.

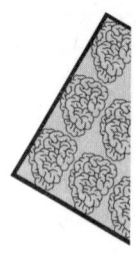

Kapitel 7

Die hohe Schule des Fotolesens

Ein Buch von vorne bis hinten durchzublättern, kurz auf die Seiten zu schauen und zu wissen, was drinsteht – das ist die Verlockung des Fotolesens.

Aber Fotolesen ist weit mehr als das. Auch über das Schnelllesen geht es weit hinaus. Fotolesen bedeutet, Informationen und Inhalte schnell und zielgerichtet zu erarbeiten und zu erfassen. In erster Linie geht es also um die Beschäftigung mit einem Text. Das Scannen der Textseiten, bei dem die Informationen eines Buches im Unterbewusstsein abgespeichert werden – zugegebenermaßen der interessanteste und faszinierendste Schritt –, ist nur ein Teil dieser Technik.

Fotolesen ist mehr als Schnelllesen

Fotoleser machen sich die enormen Ressourcen des Unterbewusstseins zunutze. Diese Technik aktiviert den Aufmerksamkeitsmechanismus, genauer das quantitativ begrenzte Aufmerksamkeitskontrollsystem oder *limited capacity control system* (LCCS). LCCS ist durch willentliche Anstrengung, das heißt kontrollierte Suche und aktive Bewegungsplanung, gekennzeichnet. Bedingung des kognitiven LCCS sind energetische Mechanismen, die natürliche Ressourcen durch größere Durchblutung und höhere Energiebereitstellung für die Aktivierung sensorischer und motorischer Systeme bereitstellen. Jeder von uns besitzt quasi einen «vorbewussten Prozessor», der visuelle Informationen unter Umgehung des Bewusstseins verarbeiten kann. Im Zusammenhang mit der Mnemotechnik haben Sie erfahren, dass es leichter ist, etwas hinzuzulernen, als es sich neu zu erarbeiten. Genauso nutzt Ihr Unterbewusstsein beim Fotolesen das bereits vorhandene Wissen, um die neuen Aussagen des Textes daran anzuknüpfen. Beim Fotolesen umgeht man die eingeschränkte Kapazität des Bewusstseins und kommuniziert mit dem Unterbewusstsein. Das Potenzial ist also da – es muss lediglich aktiviert werden.

Mit der Fototechnik ist es möglich, Texte mit einer Geschwindigkeit von bis zu 25 000 Wörtern pro Minute in Gedanken zu fotografieren. Bei dieser Geschwindigkeit können Sie dieses Buch in weniger als zehn Minuten fotolesen. Dafür müssen Sie lernen, den Blick auf eine komplette Seite zu fokussieren. Im ersten Moment sehen Sie – ähnlich wie bei 3-D-Bildern – eine verschwommene Seite. Ihr Unterbewusstsein nimmt bereits alle Informationen dieser Seite auf. Später aktivieren Sie dieses Bild, sodass – ebenfalls wie bei den 3-D-Bildern – in Ihrem Bewusstsein neue Informationen auftauchen, die unmittelbar mit Ihrem bereits vorhandenen Wissen verbunden werden.

Beim herkömmlichen Lesen, aber auch noch beim Schnelllesen, ist ausschließlich die linke Gehirnhälfte im Einsatz. Diese muss beim Lesen einiges leisten: Sie nimmt die Buchstaben als schwarzen Kontrast zum weißen Papier wahr, decodiert sie, gleicht die Buchstaben mit dem Alphabet ab und bildet Wörter. Diese werden dann im Satzzusammenhang zwischengespeichert, um ihnen den Sinn als Ganzes entnehmen zu können – und das alles gleichzeitig. Parallel vollzieht die linke Gehirnhälfte noch den Abgleich mit dem bereits Bekannten: «Kann das stimmen, was ich da lese? Passt das zu dem, was ich meine?»

Beim Fotolesen hingegen werden beide Gehirnhälften genutzt. Die rechte Gehirnhälfte kann durch ihre Fähigkeit, innere Bilder zu schaffen und auf intuitive Weise zu reagieren, mehr Informationen auf einmal verarbeiten als die linke, die immer den analytischen Anspruch erhebt. Beim Fotolesen werden in einem Zustand der entspannten Wachheit viele Informationen auf einmal in bildhafter Form in der rechten Gehirnhälfte gespeichert. Nach einer längeren Ruhepause – ich nehme mir meistens eine ganze Nacht Zeit – können die Informationen dann über verschiedene Aktivierungstechniken erschlossen werden.

Beim Fotolesen nutzt man also intuitive Prozesse und das Zusammenwirken von bewusster und unbewusster Informationsverarbeitung. Im Gegensatz zum Schnelllesen können Sie beim Fotolesen aber nicht einfach mit dem Lesen beginnen, sondern müssen die Lektüre vorbereiten, damit Ihr Gehirn die Informationen je nach Vorwissen später verarbeiten kann. Das ist besonders bei schwierigen Fachtexten von Vorteil. Sie werden den Text nicht auswendig und auch nicht jede schwierige Definition blind herunterbeten können, aber Sie entwickeln einen persönlichen Zugang zum Text, und der Stoff wird so lebendig.

Ein Beispiel hierzu aus meinem Berufsalltag. Als Bühnenkünstler biete ich meinen Kunden an, ihre Publikationen auswendig zu lernen, um daraus eine werbewirksame Präsentation zu kreieren. Im ersten Schritt fotolese ich das Material. In diesem Moment weiß ich bereits, um was es geht, was der Firma wichtig erscheint. Das anschließende Lernen des Materials fällt mir wesentlich leichter, da ich mit meinem Unterbewussten bereits «ein Teil des Unternehmens» bin.

Der größte Unterschied zum Schnelllesen und zum herkömmlichen Lesen liegt also darin, dass wir aktiv lesen. Passiv lesen wir, wenn wir einen Text ohne klare Absicht lesen. Dann lesen wir stets in der gleichen Geschwindigkeit, egal, ob wir ein Märchenbuch oder einen Fachtext vor uns haben.

Fotolesen heißt Lesen in mehreren Durchgängen. Denn lesen Sie einen Text nur einmal, müssen Sie parallel die Struktur des Textes verstehen, die wichtigsten Begriffe erkennen, gegebenenfalls lernen, die Gedanken- oder Handlungsfolge im Auge zu behalten, den Inhalt behalten, kritisch analysieren und korrekt zitieren zu können. Das bremst nicht nur, sondern kann dazu führen, dass unsere bewusste Wahrnehmung buchstäblich abschaltet. Oft genug wissen wir am Ende eines Fachtextes nicht mehr, was alles an Informationen in diesem Text verborgen war. Beim Fotolesen werden Sie flexibel lesen, ihre Lesegeschwindigkeit dem jeweiligen Material anpassen. Sie lesen zielgerichtet, weil Sie nach Antworten suchen, und somit deutlich schneller als Sie es bislang getan haben.

Hätten Sie's gewusst?
Fotolesen ist nicht neu. Die Techniken des mentalen Verarbeitens von Informationen wurden schon ab dem fünften Jahrhundert in religiösen Traditionen sowie in verschiedenen fernöstlichen Kampfkünsten angewandt. In der westlichen Hemisphäre werden diese Techniken unter anderem in der militärischen Ausbildung genutzt, insbesondere in der Pilotenausbildung.

Weitere Abkehr vom bisherigen Lesen

Die Schwierigkeit des Fotolesens besteht darin, überhaupt zuzulassen, dass es funktioniert. Denn es stellt unser Wissen über Lesen und Lernen komplett in Frage.

Einige Lesegewohnheiten haben Sie bereits abgelegt. Stellen Sie sich noch auf ein paar weitere Veränderungen ein:

- Werfen Sie Selbstzweifel über Bord. Beim Fotolesen umgehen Sie kurzzeitig Ihren kritischen, logischen und analytischen Verstand. Sie lesen im Unterbewussten, nutzen beide Gehirnhälften. Das setzt Vertrauen in Ihre eigenen Fähigkeiten voraus.
- Fotolesen verlangt Planung. Schieben Sie also keine Aufgaben vor sich her. Unterbewusst beschäftigen Sie sich von dem Augenblick des Aufschiebens an mit der Aufgabe. Gehen Sie sie schließlich an, fehlt Ihnen die Energie, die Sie beim Aufschieben verpulvert haben, für die notwendige Konzentration.
- Verabschieden Sie sich von dem Gedanken, perfekt sein zu müssen. Wie beim Schnelllesen werden Sie anfangs nicht

gleich das volle Textverständnis haben. Wenn Sie beim Schnelllesen durchgehalten haben, wissen Sie jedoch, dass Sie mit der Zeit schneller und besser werden.

- Vertrauen Sie Ihrem Bauchgefühl. Nach dem Fotolesen verspüre ich oft ein Gefühl für den Text und ahne, was er noch beinhaltet. Dann bin ich mir aber nicht sicher, ob ich das wirklich so gelesen habe. Bisher haben mir alle Kontrollen bestätigt, dass ich richtig lag. Setzen Sie also auf Ihre intuitiven Fähigkeiten.
- Lassen Sie sich nicht hetzen. Die Fotolesetechnik funktioniert nur mit etwas Vorbereitung. Und die Zeit, die Sie hierfür benötigen, holen Sie später um ein Vielfaches wieder auf.

Die fünf Schritte des Fotolesens

Die fünf Schritte sind:
- Mentale Vorbereitung,
- Überblicken des Lesestoffes,
- Fotolesen,
- Aktivierung und
- Vergewisserung.

Mentale Vorbereitung

Bestimmen der Absicht

Die mentale Vorbereitung auf einen Text ist die Basis für aktives Lesen. Sich mental vorzubereiten heißt, sich bewusstzumachen, warum Sie genau diesen Text lesen wollen. Formulieren Sie ganz bewusst, ob Sie sich einen Überblick über die wichtigsten Aussagen eines Textes verschaffen wollen oder ob Sie bestimmte Informationen suchen, um ein konkretes Problem zu lösen.

Mit der Definition Ihrer Absicht setzen Sie emotionale und körperliche Energie frei und geben Ihrem Unterbewusstsein ein Stichwort, das es ihm ermöglicht, das von Ihnen definierte Ergebnis zu erzielen.

Auch hierzu ein Beispiel aus meinem Berufsleben: Kurz vor meinem Bewerbungsgespräch zum Parlamentsstenografen im Landtag zu Baden-Württemberg musste ich im Foyer warten, bevor ich zum Gespräch gebeten wurde. Ich vertrieb mir mit einer Infobroschüre des Landtags die Zeit, nutzte die Gelegenheit zur letzten Informationsaufnahme über das Haus.

Meine Absicht, als ich die Broschüre aufschlug, war, möglichst viel über die Außendarstellung des Landtags zu erfahren. Ich wollte wissen, welche Personen, außer dem Ministerpräsidenten, in diesem Hause noch eine Rolle spielten. Auch stellte ich mir das bevorstehende Gespräch und die möglichen Fragen, die mir gestellt werden könnten, vor, um in der Broschüre Antworten zu diesen Fragen zu finden. Während des Vorstellungsgesprächs fühlte ich mich bereits heimisch – und schließlich bekam ich den Job.

Mögliche Fragen, die Sie definieren können, sind:

- Was bezwecke ich mit dem Lesen dieses Textes? Lese ich zum Zeitvertreib? Möchte ich mich weiterbilden?

  Blättern Sie in einer Zeitschrift, während Sie auf den Zug warten, kann Ihre Absicht durchaus lauten: Zeitvertreib. Beim Abarbeiten des Papierstapels auf Ihrem Schreibtisch sollte die Absicht eine andere sein.

- Wie lange möchte ich die Inhalte dieses Textes behalten?

  Es ist in der Definition der Absicht ein großer Unterschied, ob Sie einen Begriff nachschlagen wollen, oder ob Sie Inhalte für eine Rede recherchieren.

- Möchte ich mich allgemein informieren und nur ein paar Aspekte des Textes aufzählen können, oder möchte ich mich umfassend mit dem Thema befassen?

- Muss ich zum Auffinden meiner gesuchten Information den ganzen Text lesen, oder reichen einzelne Passagen aus?

  Auf keinen Fall sollte es Ihre Absicht sein, eine komplette Zeitschrift zu lesen, nur weil Sie sie komplett gekauft und dementsprechend auch bezahlt haben.

- Wie viel Zeit kann ich dem Text widmen?

  Zwar sollen Sie sich auf keinen Fall unter Druck setzen, doch erhöht es Ihre Aufmerksamkeit enorm, wenn das Lesen die einzige Tätigkeit ist, der Sie sich in diesem Moment widmen. Je wichtiger der Text für Sie ist, desto strikter sollten Sie vermeiden, sich ablenken zu lassen, bevor Sie alles gelesen haben.

Beachten Sie stets: Lesen ohne Absicht ist passives Lesen. Fotolesen funktioniert nur, wenn Sie aktiv lesen.

Haben Sie Ihre Absicht definiert und beginnen mit dem Lesen, werden Sie feststellen, dass Sie nicht jeden Text mit der gleichen Geschwindigkeit oder mit dem gleichen Verständnis lesen werden. Manche Texte sollten weiterhin möglichst detailliert gelesen werden, bei manchen lohnt sich das Lesen überhaupt nicht.

Die Absicht zu bestimmen, um sich mental auf den Text vorzubereiten, dauert nicht lange. Die Zeitersparnis, die Sie dadurch beim Lesen erzielen, summiert sich enorm. Mit einer eindeutigen Fragestellung im Hinterkopf können Sie ganze Bücher so fotolesen, dass Sie pro Seite nicht mehr Zeit benötigen, als das Umblättern erfordert.

Jens der Denker rät

Bis Sie mit den Methoden des Fotolesens vertraut sind, sollten Sie sich jedoch ein wenig Zeit lassen und die Vorbereitung sorgfältig durchführen.

Keine Sorge, das lässt sich trainieren, ähnlich wie ein Muskel, der schon immer vorhanden war, den Sie aber selten genutzt haben. Irgendwann werden Sie erleben, wie es ist, ein Buch fotogelesen zu haben. Glauben Sie mir, dann lässt Sie die Technik nicht mehr los.

Entspannte Wachheit

Ich lerne am effizientesten in einem Zustand der entspannten Wachheit. In diesem Zustand bin ich extrem entspannt, und meine Gehirnaktivität ist stark herabgesetzt, ähnlich wie in einer Trance oder in einer tiefen Meditation.

Beim Fotolesen ist die entspannte Wachheit dem konzentrierten und bewussten Lesen oder Denken entgegengesetzt, wobei unsere Aufmerksamkeit und unser Blick stark fokussiert sind.

Ich erinnere mich noch an die Zeit, als ich mich erstmals in eine entspannte Wachheit hineinversetzen wollte. Erst gelang es gar nicht, später dauerte es sehr lange, und heute reicht es mir oft, einfach kurz die Augen zu schließen, ein paar mal tief ein- und auszuatmen und die Fragen, die ich für den Text vor mir gestellt habe, vor dem geistigen Auge abzurufen. Im Prinzip spielt es jedoch keine Rolle, wie ich mich entspanne.

Um Ihnen den Einstieg etwas zu erleichtern, empfehle ich Ihnen die sogenannte Mandarinentechnik. Auch Mediziner und andere Menschen, die sich extrem stark konzentrieren müssen, greifen auf Konzentrationshilfen dieser Art zurück.

Mandarinentechnik
Stellen Sie sich eine kleine Zaubermandarine vor.
- Um sich an die Vorstellung zu gewöhnen, nehmen Sie in Gedanken eine Mandarine in die Hand. Spielen Sie mit ihr. Werfen Sie sie herum, schälen Sie sie.
- Schließen Sie die Augen. Fangen Sie die gedachte Zaubermandarine ein letztes Mal.
- Legen Sie sie nun auf den Hinterkopf. Dabei berühren Sie mit Ihrer Hand sanft die Stelle am Kopf. Lassen Sie die Zaubermandarine in dieser Position beliebig lange liegen. Sie kann nicht herunterfallen.
- Ihre Augen sind immer noch geschlossen. Konzentrieren Sie sich jetzt auf das zu lesende Material. Spüren Sie, wie sich Ihr Blick weitet, die komplette Seite erfasst.
- Ab und an sollten Sie nachfühlen, ob die Zaubermandarine noch an ihrem Platz liegt und dabei ihre Wirkung verbreitet.
- Jetzt öffnen Sie die Augen.

Für mich fühlt sich die Mandarinentechnik an, als wenn ich mich kurz vor dem Einschlafen befinde. Mein Körper wird immer bewegungsunfähiger. Ich verliere langsam die Kontrolle über Körper und Gedanken. Es ist wie ein Traum, obwohl ich weiß, dass ich wach bin.

Die Mandarinentechnik lenkt die Aufmerksamkeit automatisch in die gewünschte Richtung und verbessert die Leseleistung sofort, da man sich leichter auf den Stoff konzentrieren kann. Sie lässt einen entspannter lesen.

Sie sehen, der Sinn, der Trick besteht darin, Ihre Aufmerksamkeit auf einen Ort hinter Ihrem Kopf zu lenken. Üben Sie die Technik gut ein. Sitzt sie richtig, werden Sie feststellen, wie Sie sich schon vor dem Öffnen Ihrer Augen auf die zu lesende Seite konzentrieren können, Sie können sogar Ihre Hände sehen, die das Blatt oder das Buch halten. In diesem Zustand können Sie wesentlich mehr visuelle Informationen aufnehmen als zuvor.

Alpha-Zustand

Dieser Zustand wird auch Alpha-Zustand genannt. Der Mediziner spricht vom Alpha-Zustand, wenn das menschliche Gehirn Hirnströme mit einer bestimmten Frequenz produziert, die niedriger ist als die des gewöhnlichen Wachzustandes. Dies passiert vorzugsweise in dem Bereich zwischen 7 und 13 Hertz. Sie befinden sich dann in einer geistigen Klarheit und entspannten Ruhe. Jeder von uns kennt diesen Zustand, und zwar wenn wir uns morgens und abends in einem Halbdämmerzustand befinden – es fühlt sich an, als ob wir im Tiefschlaf und gleichzeitig hellwach wären. Ein ähnliches Gefühl haben wir, wenn wir mit offenen Augen träumen.

Ohne dass es Ihnen gelingt, in den Alpha-Zustand zu gelangen, ist Fotolesen nicht möglich. Sie sollten also ein verlässliches Ritual haben, mit dessen Hilfe Sie in den Zustand eintauchen und in ihm verweilen können.

Der bekannteste Weg dafür ist die Mandarinentechnik. Aber es geht auch anders:

Konzentriertes Atmen

- Machen Sie es sich bequem – und wenn Sie sich anfangs dazu auf den Boden legen müssen. Scheuen Sie sich nicht. Mir ging es beim Erlernen der Technik nicht anders.
- Atmen Sie tief ein und aus. Schließen Sie dabei die Augen.
- Begeben Sie sich in eine körperliche Entspannung. Hierzu gibt es zahlreiche Übungen aus dem autogenen Training. Spannen Sie beispielsweise einen Moment lang alle Muskeln intensiv an, um sie dann bewusst wieder zu entspannen.
- Atmen Sie noch einmal tief ein und halten den Atem kurz an. Beim langsamen Ausatmen denken Sie an die Zahl drei und sagen sich in Gedanken: «Lass los!»
- Achten Sie auf Ihre körperliche Entspannung.
- Wiederholen Sie den Vorgang des bewussten Atmens. Dieses Mal denken Sie an die Zahl zwei. Wieder sagen Sie sich in Gedanken: «Lass los!»
- Atmen Sie regelmäßig tief ein und aus. Stellen Sie sich bei jedem Atemzug vor, dass alle Spannungen, Sorgen und Probleme davongleiten.
- Beim nächsten Einatmen halten Sie wieder kurz die Luft an, denken an die Zahl eins. Stellen Sie sich zusätzlich vor, Sie hätten eine Mandarine in der Hand. Das hilft, die Aufmerksamkeit zu bündeln.

Funktioniert's? Wenn nicht, probieren Sie einmal die folgende Technik aus.

Vom Kunstwort zum Alpha-Zustand

Bei dieser Methode erteilen Sie Ihrem bewussten Denken einen fortdauernden Befehl, sich abzulenken und zu entspannen.

- Schließen Sie die Augen.
- Denken Sie sich ein Kunstwort ohne Sinn aus.
- Dieses Wort sprechen Sie sich wie ein Mantra in Gedanken vor. Dadurch werden alle anderen Gedanken verdrängt. Der Kopf wird leerer, Sie sind entspannt.

Sie sollten erst, wenn Sie in der Lage sind, sich in den Alpha-Zustand zu versetzen, sobald Sie es wünschen und benötigen, den nächsten Schritt machen und sich einen Überblick über den Lesestoff verschaffen.

Überblicken des Lesestoffes

Je mehr ich vor dem eigentlichen Lesen von dem Text weiß, desto schneller kann ich ihn bei hohem Textverständnis lesen. Gehen Sie auf die gleiche Weise vor wie schon beim Schnelllesen.

- Verschaffen Sie sich einen Überblick,
- Suchen Sie nach Triggerwörtern.
- Fassen Sie zusammen, was Sie dem Text entnehmen konnten, und überlegen Sie, wie Sie weiter vorgehen möchten.

Die Schwierigkeit, sich einen Überblick zu verschaffen, liegt darin, sich nicht sofort vom Text leiten zu lassen, zu schnell zu viele Details zu lesen. Kämpfen Sie gegen das Gefühl an, an der einen oder anderen Stelle mehr als eine Überschrift oder ein Triggerwort zu lesen. Kommen Sie an eine interessante Stelle, halten Sie ganz kurz inne, um dann aber unverzüglich weiterzugehen. In diesem Moment hat Ihr Unterbewusstsein registriert, was für Sie im Text wichtig ist, und wird es beim eigentlichen Fotolesen parat haben.

Haben Sie keine Angst, dass Sie sich später an diese Textpassage nicht mehr erinnern werden. Genau das Gegenteil ist der Fall. Ihr Unterbewusstsein hat praktisch einen Marker gesetzt. Durch das Hinhalten wird das Interesse noch mehr geweckt und die Motivation nachzulesen größer.

Jens der Denker rät

Verschaffen Sie sich zunächst immer einen Überblick – ganz gleich, ob Sie einen einzelnen Artikel, eine Zeitschrift oder gar ein komplettes Buch fotolesen möchten.

Und entscheiden Sie sich gegen einen Text, sobald Sie merken, dass Ihnen der Text Ihre Fragen nicht beantworten kann. Auf diese Weise können Sie wirklich Zeit sparen.

Rufen wir uns die einzelnen Schritte noch einmal in Erinnerung:
- Verinnerlichen Sie Titel und Untertitel des Textes,
- gehen Sie das Inhaltsverzeichnis durch,
- registrieren Sie das Datum der Veröffentlichung,
- durchforsten Sie das Stichwortverzeichnis nach zentralen Begriffen.
- Achten Sie auf Hervorhebungen wie Fettgedrucktes, Überschriften, Zwischenüberschriften und dergleichen,
- lesen Sie den Anfang und das Ende des Textes,
- studieren Sie Bilder, Diagramme, Grafiken,
- beachten Sie Kapitelzusammenfassungen.

Tun Sie dies alles ohne Stoppuhr in der Hand, aber bummeln Sie nicht. Für einen kürzeren Artikel benötige ich nur Sekunden, für eine Zeitschrift zwei, drei Minuten. Selbst für ein Buch nehme ich mir höchstens zehn Minuten Zeit. Sollten Sie länger brauchen, haben Sie vermutlich bereits begonnen, sich näher mit dem Text zu beschäftigen.

Triggerwörter

Triggerwörter, also Aktivierungs- oder Beschleunigerwörter, sind wichtige Schlüssel für das Textverständnis. Oftmals vermitteln sie bereits die zentrale Idee des Textes.

Optimal finden Sie die Triggerwörter heraus, indem Sie im Stichwortverzeichnis des Buches nachschlagen. Es sind die Wörter, die mit den meisten Seitenzahlen versehen sind. Aber auch, wenn der zu lesende Text über kein Stichwortverzeichnis verfügt, sollten Sie nicht auf die Triggerwörter verzichten. Blättern Sie das Buch schnell durch. Bestimmte Wörter werden Ihnen dann immer wieder ins Auge springen. Notieren Sie sich diese Begriffe.

Suchen Sie sich aber nicht zu viele Triggerwörter heraus. Verlieren Sie hier bereits den Überblick, ist die Struktur, die Sie sich geschaffen haben, dahin.

Fassen Sie jetzt zusammen, was Sie bislang zusammengetragen haben: Leseabsicht und Triggerwörter. Beginnen Sie erst mit dem Lesen, wenn Sie noch überzeugt sind, dass Sie einen großen Teil der gesuchten Informationen in diesem Text finden werden.

Fotolesen

Beim eigentlichen Fotolesen fotografieren Sie in Ihren Gedanken Textseiten. Sie müssen es nicht stundenlang üben oder verstehen – das kann sogar kontraproduktiv sein. Denn die Technik setzt auf die natürliche Fähigkeit unseres Gehirns, bereits Bekanntes verarbeiten zu wollen. Deshalb ist das Einstimmen auf einen Text so wichtig.

Welchen Nutzen das sogenannte periphere Sehen hat, wissen Sie bereits. Beim Fotolesen gehen Sie noch einen Schritt weiter: Sie schauen sich die komplette Seite mit einem Blick an. Dabei sehen Sie kein Wort bewusst, alles wirkt verschwommen. Vertrauen Sie Ihren Augen, welche in diesem Moment das aufgenommene Bild – für Ihre Augen ist der Buchstabensalat ein Bild – mithilfe Ihrer Vorarbeit in Ihrem Unterbewusstsein verankern.

Noch ein paar Ratschläge:

Fokussieren vermeiden

Sobald Sie eine bestimmte Stelle fokussieren, sind Sie nicht mehr in der Lage, eine komplette Buchseite in Gedanken zu fotografieren. Eine von Paul R. Scheele, dem Begründer der PhotoReading-Technik, empfohlene Übung, um das Fokussieren zu vermeiden, ist die sogenannte «Blipseite»:

- Setzen Sie sich entspannt hin.
- Nehmen Sie dieses Buch und fokussieren Sie Ihren Blick auf einen Punkt, der ein Stück weit über dem oberen Buchrand liegt.
- Ihr Blick bleibt auf diesem Punkt haften, während Sie gleichzeitig Ihre Aufmerksamkeit auf alle vier Ecken des Buches richten.

Jetzt sehen Sie die Mittelfalz etwas gewölbt und doppelt. Das ist die «Blipseite».

- Sehen Sie die «Blipseite», richten Sie Ihren Blick langsam in die Buchmitte – die «Blipseite» sollte weiterhin sichtbar sein. Anfangs verschwand die «Blipseite» bei mir just in diesem Moment. Das lag an meiner Gewohnheit, die Augen auf bestimmte Textstellen zu fokussieren. Verkrampfen Sie nicht. Versuchen Sie es einfach immer mal wieder. Es ist wie beim Radfahren: irgendwann geht es.

Will es mit der «Blipseite» partout nicht klappen, gibt es eine andere Vorgehensweise:

- Setzen Sie sich entspannt hin.
- Nehmen Sie das Buch vor Ihre Augen und schauen Sie genau auf die Mitte.
- Der Blick verbleibt in der Mitte, während Sie gleichzeitig auf alle vier Buchecken achten.
- Sie sehen quasi ein X, bei welchem Sie gleichzeitig auf die vier Enden als auch auf den Mittelpunkt schauen.

Umblättern

Nachdem ich so weit war, die «Blipseite» ohne Anstrengung beim ersten Blick auf das Buch zu sehen, übte ich das Umblättern ein. Wie ich vermutete, verschwand zu Beginn jedes Mal die «Blipseite».

Die Zaubermandarine und ein gesprochenes Mantra halfen mir über diese Anfangsschwierigkeiten hinweg.

- Ich nahm eine bequeme Sitzposition ein,
- dann nahm ich verstärkt die Zaubermandarine auf dem Hinterkopf wahr.
- Ich suchte die «Blipseite».
- Während ich im Sekundentakt umblätterte wiederholte ich gebetsmühlenartig ein Mantra: 1–2 – 3 – umblättern – 1–2 – 3 – umblättern.

Wichtig ist, sich von keinerlei äußeren Einflüssen aus dem Takt bringen zu lassen: nicht von Geräuschen, aber auch nicht von der Tatsache, aus Versehen zwei Seiten auf einmal umgeblättert zu haben. Machen Sie stets weiter: 1–2 – 3 – umblättern …

Was haben Sie gelesen?

Wenn Sie es geschafft haben, dieses Buch im Sekundentakt umgeblättert und fotogelesen zu haben, sind von Anfang bis Ende des
Buches nicht ganz drei Minuten vergangen.

**Bitte – und diese Bitte ist sehr, sehr ernst gemeint – stellen Sie
sich jetzt nicht die Frage: Was habe ich gelesen?**

Sie wissen es nicht! Sie können es gar nicht wissen!

Stellen Sie sich dennoch die Frage, werden Sie enttäuscht sein
und an der Methode des Fotolesens zweifeln.

Bedenken Sie unbedingt, dass Fotolesen lesen ins Unterbewusstsein bedeutet. Solange Sie Ihrem Gehirn nicht den Befehl geben,
die gerade fotogelesenen Informationen aus dem Unterbewusstsein hervorzukramen, passiert nichts. Reden Sie sich allerdings ein:
«Ich habe gar nichts vom Text mitbekommen» oder «Fotolesen
funktioniert nicht», machen Sie es Ihrem Gehirn nahezu unmöglich, an Ihr Unterbewusstsein zu gelangen. Sie setzen ihm Schran-
ken.

Das Beeinflussen Ihres Gehirns funktioniert zum Glück auch
in die positive Richtung. Klappen Sie das Buch zu und sagen Sie
sich, was das für ein toller Text war: «Ich freue mich schon darauf,
Details des Textes bewusst wahrzunehmen.»

Aktivierung

Das Fotogelesene befindet sich in Ihrem Unterbewusstsein. Bisher wissen Sie nicht, was Sie überhaupt gelesen haben. Es gilt nun,
Ihre zuvor definierte Absicht umzusetzen. Fotogelesenes muss
aktiviert werden!

Sicherlich fragen Sie sich spannungsgeladen, wie solch eine
Aktivierung vonstattenzugehen hat. Und das ist gut so. Spannung
und Neugier erleichtern die Aufgabe.

Nach dem Fotolesen sollten Sie mindestens 15 bis 20 Minuten
verstreichen lassen, um mit der Aktivierung zu beginnen. Das Gehirn braucht diesen Moment, um sich erst einmal von dem Ge-

lesenen zu trennen. Beim Fotolesen bildet das Gehirn verstärkte neuronale Verbindungen zum Unterbewussten. In der Ruhephase werden diese Verbindungen stimuliert. Legen Sie allerdings das gerade fotogelesene Buch zur Seite, um zu versuchen, sich an den Text zu erinnern, fehlt die Ruhephase, die Stimulierung bleibt aus.

Kommt Ihnen diese Situation bekannt vor? Sie suchen Ihre Brille. Überall, wo Sie sie ansonsten ablegen, haben Sie bereits gesucht. Die Brille ist weg. Wenn Sie allerdings durchatmen und sich daran erinnern, wann Sie Ihre Brille das letzte Mal bewusst wahrgenommen haben, fällt Ihnen vielleicht ein, dass dies im Wohnzimmer war. Gerade, als Sie sie aufsetzen wollten, klingelte das Telefon. Sie erinnern sich, dass Sie die Brille noch in der Hand hatten. Um sich etwas zu notieren, nahmen Sie einen Stift zur Hand. Es war allerdings kein Papier in der Nähe. Sie gingen ins Zimmer Ihrer Tochter, um sich ein Blatt zu holen. Richtig. Als Sie das Blatt zur Hand nahmen, legten Sie die Brille ab. Jetzt wissen Sie es wieder.

Genau so verhält es sich mit unserem Gehirn: Lassen Sie los, bevor Sie auf die Information zugreifen. Denn beim Fotolesen hat Ihr Gehirn die Inhalte nicht einfach so abgelegt. Es hat alle Informationen an bereits bekannte Informationen tief in Ihrem Unterbewusstsein angeknüpft. In der Entspannungsphase «geht Ihr Gehirn diesen Pfad ab».

Auch wenn es auf den ersten Blick widersprüchlich erscheint, je länger dieser Moment der Entspannung ist, desto besser kann Ihr Gehirn auf das Fotogelesene zurückgreifen.

Ich habe mir angewöhnt, wichtige Texte am Abend zu lesen, um sie über Nacht reifen zu lassen. Dabei kann es durchaus passieren, dass ich von dem Gelesenen träume. Nachdem dies mehrmals passiert war, habe ich angefangen, kurz vor dem Einschlafen positive Texte aller Art fotozulesen. Das kann ich Ihnen nur empfehlen – Sie glauben gar nicht, mit welcher Energie ich am nächsten Morgen in den Tag gegangen bin.

Der Vorgang des Aktivierens

Ist die Entspannungsphase vorüber, denken Sie in aller Ruhe an Ihre Leseabsicht. Gehen Sie die Triggerwörter durch und versetzen sich in ein Gefühl von Neugier. Schon befinden Sie sich auf dem zuvor angelegten Pfad zum Unterbewusstsein.

Wichtig ist, dass Sie nicht sofort eine Antwort auf Ihre Frage erwarten. Ohne es zu wollen, würden Sie sich verkrampfen und bewusst suchen. Ihr Gehirn reagiert sofort darauf und sucht lediglich in den jüngsten Erinnerungen. Bis zur Unterbewusstseinsebene stößt es gar nicht mehr vor, aber genau dort liegen die Informationen, nach denen Sie eigentlich suchen.

Ein anderer Vorgang des Aktivierens ist, eine Diskussion mit sich selbst zu beginnen. Nehmen Sie sich eine der Fragen oder ein Triggerwort vor und überlegen Sie sich Pro- und Contra-Argumente. Während Sie sich auf diese Weise mit dem Text beschäftigen, sucht Ihr Gehirn bis ins Unterbewusstsein hinein nach bereits abgelegten Informationen zu dieser Diskussion. Et voilà.

Im Übrigen automatisiert sich die Technik des Aktivierens. Will heißen, je öfter Sie sie verwenden, desto leichter und selbstverständlicher fällt sie Ihnen.

Mehr als eine Antwort

Zu Beginn hatte ich stets Angst, während des Aktivierungsprozesses würde gar nichts aus meinem Unterbewusstsein auftauchen. Vor dem Ausprobieren wäre ich noch froh gewesen, wenigstens eine meiner zuvor definierten Fragen beantwortet zu bekommen.

Heute weiß ich: Oft ist genau das Gegenteil der Fall.

Ich bekomme meine Antworten. Diese sind für mich dann so interessant, dass ich noch mehr von dem Text erfahren möchte. Ich habe im Gefühl, dass der fotogelesene Text Antworten auf Fragen beinhaltet, die ich gar nicht formuliert habe, und es stellt sich heraus, dass meine zuvor definierten Fragen lediglich die Spitze des Eisberges dessen sind, was ich zu diesem Thema erfahren möchte.

In diesem Fall wiederhole ich die Vorbereitung für das Foto-lesen. Ich nehme mir das Buch vor und blättere es schnell durch, nehme die Überschriften, Grafiken, Bilder, die fett gedruckten Wörter und dergleichen wahr. Ich merke sofort, wenn ich an eine Stelle gelangt bin, an der meine zusätzlich gewonnene Neugier befriedigt werden kann. Wenigstens das haben wir in der Grund-schule gelernt: die Fähigkeit, im Text schnell die richtigen Stellen zu finden.

Anders als beim Vorbereiten halte ich hier inne und tauche tie-fer in den Text ein.

Vergewisserung

Der letzte Schritt des Fotolesens ist die Vergewisserung. Dieser Schritt kann vor allem anfangs die Angst nehmen, man hätte von dem Gelesenen nichts aufgenommen. Mit der Zeit werden Sie die-sen Schritt vielleicht gar nicht mehr benötigen.

Im Prinzip vergewissern Sie sich über den Inhalt des Textes, indem Sie ihn im Anschluss an die bereits erwähnten Schritte des Fotolesens schnelllesen. Der einzige Unterschied zum Schnell-lesen ist allerdings, dass Sie beim Vergewissern das Lesetempo variieren.

Lesen Sie aber unbedingt schnell. Achten Sie darauf, nicht in die alten Lesemuster zu verfallen.

Konnten Sie sich vergewissern, können Sie fotolesen? Die Ant-wort können Sie sich nur selbst geben. Wenn Sie sich nicht sicher sind, testen Sie es einfach aus. Lesen Sie für einen gewissen Zeit-raum alles – wirklich alles – mit der Fotolesetechnik. Denselben Zeitraum schließen Sie mit «normalem» Lesen an. Danach wer-den Sie wissen, welche Methode effizienter war.

Fotolesen im Alltag

Ich fotolese wirklich alles. Zu oft habe ich mich früher darüber geärgert, wie viel Zeit ich verschwendet hatte, nur um dies oder das zu lesen. Außerdem ist das Fotolesen ein wunderbares Gehirntraining.

Fällt mir etwas zu lesen in die Hände, entscheide ich als Erstes, was ich damit anfangen möchte:

- Benötige ich das Material dringend? In diesem Fall fotolese ich es sofort.
- Interessiert mich das Material, aber es ist nicht wirklich wichtig? Diese Texte markiere ich mir. Ich vermerke direkt auf dem Blatt oder der Umschlagseite des Buches, dass ich es gegebenenfalls demnächst fotolesen werde. Beim nächsten Griff zu diesem Text beginne ich mit Einstimmung und Übersicht.
- Material, welches mich überhaupt nicht interessiert, lese ich erst gar nicht. Das ist natürlich die größte Zeitersparnis. Sollte ich es dennoch aufbewahren müssen, mache ich mir eine entsprechende Notiz auf der Lektüre.

Fotolesen geht nicht nur extrem schnell, sondern funktioniert immer und überall. Wenn man sein Material dabei hat, lassen sich auch kürzere Wartezeiten sinnvoll überbrücken.

Mit der Zeit habe ich mir angewöhnt, verschiedene Lesestoffe zu unterscheiden und sie unterschiedlich zu lesen:

- Romane
  - Ich stimme mich ein. Dies fällt mir bei Romanen abends im Bett meist leichter als tagsüber am Schreibtisch.
  - Ich verschaffe mir einen Überblick. Die wichtigsten Informationen zu Inhalt, Autor und Entstehungsjahr erhalte ich auf den Umschlagseiten. Beim Durchblättern fallen mir Namen von Personen, Orten, Daten und dergleichen auf.
  - Dann fotolese ich das Buch

o und schnelllese es gleich im Anschluss, ohne es vorher aktiviert zu haben.

o Für einen Roman benötige ich im Schnitt drei Abende – und muss auch beim Fotolesen nicht auf den Genuss der bildgewaltigen Sprache verzichten.

- Umfangreiche Fachtexte lese ich mit allen Schritten des Fotolesens.

- Bei kürzeren Artikeln, wie Zeitungsartikeln, aber auch bei Mails oder Briefen, reicht mir oft der Überblick mit eventuell anschließendem Schnelllesen aus.

Allgemeinbildung durch Fotolesen

Für mich ist «Wissen sammeln» immer noch das schönste Hobby. Das Auswendiglernen der 30-bändigen Brockhaus-Enzyklopädie hat mich allerdings damals so in Beschlag genommen, dass es beim besten Willen nicht mehr als Freizeitbeschäftigung durchging.

Ohne die Techniken des «organisierten Kopfes» wäre das nicht möglich gewesen. Dabei habe ich nicht den Brockhaus selbst fotogelesen, sondern die verschiedenen Techniken des MindMappings, der Mnemotechnik und des Fotolesens kombiniert.

Neben dem Brockhaus arbeitete ich mit vielen weiteren Büchern. In einem guten Lexikon sind zum Beispiel alle Länder dieser Erde mit einem Artikel versehen. Die Struktur dieser Artikel war gleich. Ich legte das Lexikon beiseite und nahm ein reines Länderlexikon zur Hand, welches ich fotolas.

Jedes Mal, wenn im Brockhaus ein weiteres Land beschrieben wurde, stellte ich fest, dass ich den Inhalt kannte. Nach dem Lesen des Länderlexikons legte ich die Struktur der Artikel im Unterbewusstsein ab. Die Aktivierung erfolgte ganz automatisch, sobald ich einen Artikel über ein Land las.

Zu jeder neuen Struktur fotolas ich ein entsprechendes Buch. Die Zeit, die ich dafür benötigte, machte ich beim eigentlichen Lernen um ein Vielfaches wieder wett.

Parallel dazu machte ich mir über die Zeit des Lernens eine riesige MindMap. Jede neue Struktur legte ich darauf ab. Zugegeben, bei 30 Bänden wurde die MindMap riesig, bildet aber noch heute – Jahre später – den besten Aktivierungsschlüssel, den ich mir vorstellen kann.

Ich hoffe, ich konnte Sie ein wenig für die eine oder andere Übung und Technik begeistern.

Ganz gleich, was Sie aus Ihren neu erworbenen Fähigkeiten machen – ob Sie Mindmaps erstellen, Ihren Einkaufszettel mit der Wohnungsmethode auswendig lernen oder sich gleich den ganzen Brockhaus vornehmen – wenn Sie alle beschriebenen Techniken anwenden, haben Sie sich neue Horizonte und ungeahnte Möglichkeiten eröffnet. Sie verfügen jetzt über mentale Fitness!

In diesem Sinne: Viel Spaß und Erfolg beim lebenslangen und effizienten Lernen!

Ihr Jens Seiler – Jens der Denker

Anhang

Test: Welcher Lerntyp sind Sie?

Durch die Bestimmung Ihres Lerntyps erfahren Sie, über welchen der Eingangskanäle Informationen am besten in Ihrem Gedächtnis verarbeitet werden und wie Sie sich Lerninhalte am schnellsten und zuverlässigsten aneignen können.

Als Vorreiter für die Entwicklung eines Tests zur Bestimmung des Lerntyps gilt Frederic Vester. Seine Vorgaben habe ich als Basis genommen.

Bei der Ermittlung des Lerntyps wird der Übergang vom Ultrakurzzeitgedächtnis zum Kurzzeitgedächtnis in Abhängigkeit vom Eingangskanal getestet. Hier erfahren Sie, über welchen der vier Eingangskanäle eine Information in Ihrem Gedächtnis am besten Fuß fasst.

Nach der Auswertung, welche Sie am Ende dieses Tests finden, wissen Sie, welche Lernarten Sie am besten miteinander kombinieren sollten.

Insgesamt sollten Sie sich eine halbe Stunde Zeit nehmen. Zur Durchführung der Tests benötigen Sie eine weitere Person als Hilfe.

Testen Sie Ihr Lesegedächtnis (Dauer: etwa 2 Minuten)

Lassen Sie sich die folgenden zehn Wörter im Zwei-Sekunden-Takt vorlegen.

Da es sich um das Lesegedächtnis handelt, reicht ein einfaches Vorlesen nicht aus.

Anschließend sollten Sie 30 Sekunden lang einfache Kopfrechenaufgaben rechnen. Erst dann haben Sie 20 Sekunden Zeit, sich an die Wörter zu erinnern.

- Waschlappen
- Trompete
- Nähnadel
- Türrahmen
- Heizung
- Keller
- Hebel
- Jacke
- Wiese
- Lagerfeuer

Übertragen Sie die Anzahl der behaltenen Wörter in die Auswertungstabelle ein, welchen Sie am Ende des Tests finden.

Testen Sie das auditive Gedächtnis (Dauer: etwa 2 Minuten).
Dieser Test gleicht dem ersten. Dieses Mal lassen Sie sich die Wörter im Zwei-Sekunden-Takt vorlesen, rechnen 30 Sekunden, um sich dann innerhalb von 20 Sekunden an möglichst viele Begriffe zu erinnern.

- Becher
- Hausschuh
- Tapete
- Kanne
- Basketball
- Wachsmalkreide
- Salz
- Stehlampe
- Sieb
- Stuhl

Übertragen Sie die Anzahl der behaltenen Wörter in die Auswertungstabelle.

Testen Sie das visuelle Gedächtnis (Dauer: etwa 7 Minuten).
Bei diesem Test werden Ihnen im Zwei-Sekunden-Takt zehn Haushaltsgegenstände freier Wahl vorgelegt. Wieder folgen 30 Sekunden lang Kopfrechenaufgaben, bevor Sie 20 Sekunden Zeit haben, sich an die Gegenstände zu erinnern.

Übertragen Sie die Anzahl der behaltenen Gegenstände in die Auswertungstabelle.

Testen Sie das haptische Gedächtnis (Dauer: etwa 7 Minuten).
Die Vorgehensweise beim haptischen Test ist dieselbe wie beim visuellen. Nur bekommen Sie hier die Gegenstände nicht zu sehen, sondern müssen diese *mit verbundenen Augen* erfühlen.
Übertragen Sie die Anzahl der gewussten Gegenstände in die Auswertungstabelle.

Testen Sie das kombinierte Gedächtnis (Dauer: etwa 7 Minuten).
Bei diesem Test dürfen Sie die verschiedenen Gegenstände je nach Gusto sehen, hören, lesen und auch anfassen.

Zusätzlich zu den Ihnen vorgelegten zehn Gegenständen erhalten Sie noch einen Zettel, auf welchem die Gegenstände namentlich bezeichnet sind. Gleichzeitig bekommen Sie den Zettel vorgelesen.

Das Prozedere ist das Gleiche wie zuvor: Sie haben pro Gegenstand zwei Sekunden Zeit, ihn zu erfassen, lösen anschließend 30 Sekunden Kopfrechenaufgaben, um sich danach innerhalb von 20 Sekunden an die Gegenstände zu erinnern.

Übertragen Sie die Anzahl der behaltenen Gegenstände in die Auswertungstabelle.

Auswertung

Gedächtnis	behaltene Gegenstände
Lesegedächtnis	
Auditives Gedächtnis	
Visuelles Gedächtnis	
Haptisches Gedächtnis	
Kombiniertes Gedächtnis	

Im nächsten Schritt übertragen Sie die Zahlen aus den Zeilen 1 bis 4 auf die entsprechenden Linien des Lernkreuzes.

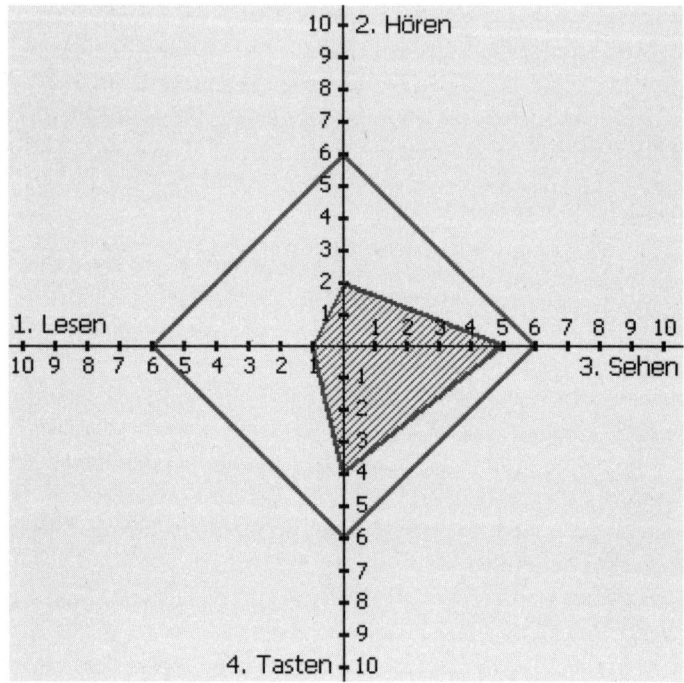

Verbinden Sie nun die vier Punkte zu einem Viereck.

Mein Beispiel zeigt den Fall einer Testperson, die beim Lesen 1, beim Hören 2, beim Sehen 5 und beim Tasten 4 Punkte hatte (gestricheltes Viereck).

Je gleichmäßiger sich das Viereck vom Mittelpunkt des Kernkreuzes aus nach allen Seiten ausbreitet, desto gleichwertiger sind die Eingangskanäle ins Gehirn ausgebildet. Jede Abweichung in eine Richtung bedeutet eine Bevorzugung des betreffenden Eingangskanals. Je größer das Viereck als solches ist, desto besser ist das Gedächtnis insgesamt.

Die Testperson aus meinem Beispiel behält sehr schlecht beim Lesen, dagegen recht gut beim Sehen und Anfassen.

Sie sollte sich nicht wundern, wenn ihr Schulbücher Schwierigkeiten bereiten. Sie sollte sich einen Lernstoff möglichst in Bildern einprägen und großen Wert auf anschauliche Darstellungen legen.

Um zu erfahren, wie gut das Gedächtnis bei Einsatz mehrerer Eingangskanäle ist, müssen Sie die Zahl aus Zeile 5 auf allen vier Linien des Lernkreuzes markieren und die Punkte zu einem auf der Spitze stehenden Quadrat verbinden (im Beispiel 6 Punkte).

Aus dem Unterschied zum ersten Viereck können Sie ablesen, wie wichtig es für Ihren Testpartner ist, beim Lernen mehrere Eingangskanäle anzusprechen, und welche Eingangskanäle sich hierfür am besten eignen (im Beispiel: Sehen und Anfassen).

Wie schnell lesen Sie?
Fünf Tests zum Speed Reading

Am leichtesten fällt es einem, bei der Sache zu bleiben, wenn man schnell Fortschritte erkennen kann. Anhand dieser Tests können Sie die Entwicklung Ihrer Lesegeschwindigkeit verfolgen. Beim ersten Test, dem Einstiegstest, geht es zunächst darum, Ihre derzeitige Lesegeschwindigkeit zu ermitteln. Gehen Sie folgendermaßen vor:

- Sorgen Sie für eine entspannte Atmosphäre. Suchen Sie sich am besten einen Platz, an dem Sie nicht gestört werden.
- Legen Sie eine Stoppuhr bereit.
- Starten Sie die Stoppuhr und lesen den folgenden Übungstext in Ihrer normalen Lesegeschwindigkeit. Stoppen Sie die Uhr, sobald Sie fertig sind.

Jens der Denker rät

Machen Sie nicht gleich alle Tests «hintereinander weg» – auch wenn Sie gerade so schön dabei sind. Am effektivsten ist es, wenn Sie zuvor die Übungen machen, die ich in Kapitel 6 für Sie zusammengestellt habe. So haben Sie eine echte Chance, sich von Mal zu Mal zu steigern.

Der Einstiegstest

Elternzeit – Darauf haben Sie Anspruch

Vielleicht wollen auch Sie – wie viele Eltern nach der Geburt ihres Kindes – eine Auszeit vom Job nehmen, um sich für eine bestimmte Zeit voll Ihrem Kind widmen zu können. Diese Möglichkeit räumt Ihnen der Gesetzgeber unabhängig von der etwaigen Zahlung von Elterngeld ein. Grundsätzlich haben Sie als Arbeitnehmer auch einen Rechtsanspruch auf Teilzeitarbeit.

Die Neuregelung zur Elternzeit zum 1. Januar 2007 greifen im Übrigen nicht erst für Geburten ab diesem Jahr, sondern auch für Eltern, deren Kinder schon vorher geboren wurden. An den prinzipiellen arbeitsrechtlichen Rahmenbedingungen für die Inanspruchnahme der Elternzeit hat der Gesetzgeber auch nach der Einführung des Elterngeldes nichts geändert.

Wann Sie Elternzeit nehmen dürfen

Ein Anspruch auf Elternzeit besteht, wenn Sie sich um Ihr Kind kümmern wollen. Es muss ein besonderes Verhältnis zum Kind bestehen. Im Einzelnen wird die Elternzeit gewährt zur Betreuung

- des eigenen leiblichen Kindes. Bei fehlender Sorgeberechtigung ist die Zustimmung des sorgeberechtigten Elternteils erforderlich.
- des Kindes eines Vaters, der noch nicht wirksam als Vater anerkannt worden ist oder über dessen Antrag auf Vaterschaftsfeststellung noch nicht entschieden wurde. In diesen Fällen muss die sorgeberechtigte Mutter zustimmen.
- eines Kindes des Partners, also des Ehegatten, der Ehegattin, des eingetragenen Lebenspartners oder der Lebenspartnerin mit Zustimmung des sorgeberechtigten Elternteils.
- eines Kindes, das in Vollzeitpflege aufgenommen wurde, mit Zustimmung des sorgeberechtigten Elternteils.
- eines Kindes, das adoptiert werden soll und bereits in den Haushalt aufgenommen wurde.
- eines Enkelkindes, Geschwisterkindes, eines Neffen oder einer Nichte bei schwerer Krankheit, Schwerbehinderung oder Tod der Eltern.

Das Kind lebt im Haushalt

Für den Anspruch auf Elternzeit müssen Sie außerdem folgende Voraussetzungen erfüllen:

- Das Kind lebt mit Ihnen im selben Haushalt und

- Sie übernehmen überwiegend selbstständig die Betreuung und Erziehung des Kindes.

Auszeit vom Job

Als Angestellte oder Angestellter können Sie unabhängig von Ihrer vertraglichen Situation Elternzeit nehmen – also auch bei befristeten Verträgen, bei Teilzeitarbeit und bei geringfügigen Beschäftigungen. Auch als Auszubildende oder Auszubildender, Umschülerin oder Umschüler, zur beruflichen Fortbildung oder in Heimarbeit Beschäftigte oder Beschäftigter können Sie Elternzeit beantragen. Wenn sich etwas hinsichtlich der Voraussetzungen ändert, müssen Sie Ihren Arbeitgeber darüber informieren.

Beamte haben einen Anspruch auf Elternzeit nach den Verordnungen des Bundes und der Länder. Berufs- und Zeitsoldatinnen und -soldaten haben nach den jeweiligen Vorschriften ebenfalls ein Recht auf Elternzeit.

Auch wenn Sie im Ausland leben, können Sie Elternzeit nehmen. Es kommt lediglich darauf an, dass Ihr Job deutschem Arbeitsrecht unterliegt.

Als selbstständig oder freiberuflich Tätige oder Tätiger müssen Sie Ihre Elternzeit selbst organisieren – in diesem Fall gibt es keinen Anspruch auf eine Auszeit. Sie sind selbst dafür verantwortlich, die Erziehung Ihres Kindes und die betrieblichen Belange unter einen Hut zu bringen.

Wann ist der richtige Zeitpunkt für die Auszeit?

Das Recht, Elternzeit zu nehmen, steht Ihnen grundsätzlich bis zur Vollendung des dritten Lebensjahres Ihres Kindes zu. Konkret endet die Möglichkeit, einen Antrag zu stellen, mit Ablauf des Tages vor dem dritten Geburtstag. Das heißt, die Elternzeit kann auch genommen werden, wenn das Kind bereits älter ist. Konkret können bis zu zwölf Monate der Elternzeit auf die Zeit bis zur Vollendung des achten Lebensjahres des Kindes übertragen werden. In diesem Fall muss allerdings der Arbeitgeber seine Zustimmung signalisieren.

Die Mutterschutzfrist wird auf die mögliche dreijährige Gesamtdauer der Elternzeit angerechnet. Die Elternzeit des Vaters kann ab der Geburt des Kindes bereits während der Mutterschutzfrist für die Mutter beginnen.

Bei der Adoption oder Aufnahme eines Kindes in Vollzeit- oder Adoptionspflege gilt eine Rahmenfrist bis zum Ende des achten Lebensjahres. Innerhalb dieses Zeitraums können die Elternteile jeweils bis zu drei Jahre Elternzeit ab der Aufnahme des Kindes nehmen. Auch für Adoptiv- und Pflegeeltern gibt es die Möglichkeit, einen Anteil von bis zu zwölf Monaten bis zum Ende des achten Lebensjahres zu übertragen.

Die Elternzeit kann ganz oder teilweise von einem Elternteil allein in Anspruch genommen werden; Sie können mit Ihrem Partner die Elternzeit aber auch untereinander aufteilen und sich bei der Elternzeit abwechseln. Es steht Ihnen frei, wer von Ihnen Elternzeit nimmt und für welche Zeiträume. Elternzeit kann auch für einzelne Monate oder Wochen genommen werden. Jeder Elternteil hat einen Anspruch – unabhängig davon, in welchem Umfang der Partner die Elternzeit nutzt.

Sie können die Elternzeit auf zwei Zeitabschnitte verteilen – auch bei gemeinsamer Nutzung pro Elternteil. Eine weitere Aufteilung der Elternzeit ist nur mit Zustimmung Ihres Arbeitgebers möglich. In der Regel wird bei Beanspruchung der Partnermonate für den anderen Teil keine Veranlassung bestehen, für diese Zeit die eigene Elternzeit in Zeitabschnitte aufzuteilen. Wenn Sie wollen, können Sie Anteile oder aber die gesamte dreijährige Elternzeit vollständig gleichzeitig nutzen.

Wenn Sie die Partnermonate beim Elterngeld in Anspruch nehmen wollen, sollten Sie die Anmeldung erst spätestens sieben Wochen vor Beginn bei Ihrem Arbeitgeber einreichen. Eine frühere Anmeldung ist nicht erforderlich, auch wenn im Rahmen des Elterngeldantrages bereits eine Festlegung getroffen wurde. Der Elternteil, der seine Erwerbstätigkeit reduziert oder unterbricht, dürfte in der Regel für die Dauer der Elterngeld-Partnermonate auch Elternzeit beanspruchen.

Stoppen Sie jetzt die Uhr! Um Ihre Lesegeschwindigkeit zu ermitteln, dividieren Sie die Anzahl der Wörter – in diesem Text sind es 816 – durch Ihre Lesezeit.

Lesegeschwindigkeit:

1. Verständnistest

So gehen Sie vor:
- Lesen Sie den folgenden Text so schnell wie möglich.
- Achten Sie dabei bewusst nicht auf das Textverständnis. Lassen Sie sich vom logischen Aufbau des Textes leiten.
- Vergessen Sie nicht, die Zeit zu stoppen.

Coachen Sie sich selbst

Sind Sie in Ihrem beruflichen Umfeld mit tiefgreifenden Veränderungen konfrontiert und machen sich nun Gedanken, was Sie tun sollten, um das Beste für sich daraus zu machen? Wollen Sie sich auf eine neue Situation einstellen, mit der Sie gar nicht gerechnet haben, z. B. eine strukturelle Umstellung in Ihrer Firma oder der Wechsel Ihres Vorgesetzten? Planen Sie selbst Weichenstellungen – oder haben diese bereits eingeleitet –, bei denen Sie sich mit neuen Anforderungen, Zielen oder Rahmenbedingungen auseinanderzusetzen haben? Denken Sie etwa an die Übernahme einer verantwortungsvollen Aufgabe oder die Mitarbeit in einem spannenden und komplexen Projekt? Wollen Sie beruflich weiter vorankommen, indem Sie Ihr Kommunikationsverhalten, Ihr Auftreten oder Ihre persönliche Wirkung verbessern?

Was auch immer die Gründe für neue berufliche Herausforderungen im Einzelnen sein mögen: Veränderungen im Job oder in Ihrer Firma treten fast ständig auf. Je flexibler und effektiver Sie sich auf die neuen Umstände einstellen, desto besser für Sie. Vielleicht sind auch Sie selbst der Motor der Veränderung, indem Sie an sich, Ihrer Persönlichkeit und Ihren Verhaltenskompetenzen arbeiten wollen. Möchten Sie eigene Stärken und Fähigkeiten mehr zur Geltung bringen und noch zielstrebiger handeln, damit Sie künftig weiterhin erfolgreich sind? Wahrscheinlich ist Ihnen bewusst, dass Sie durch unglückliche Entscheidungen oder eigene Inkonsequenz bei anstehenden Veränderungen Fehler machen können, die Sie später bereuen. Wenn Sie beispielsweise in einem neuen Team oder

Projekt mitwirken, hat schon Ihr Verhalten in den ersten Tagen Auswirkungen darauf, wie gut Sie als Kollege angenommen werden und ob womöglich gleich Porzellan zerschlagen wird, noch bevor Sie so richtig zu Ihren eigentlichen Aufgaben kommen.

Insofern stellen neue berufliche Anforderungen oder anstehende Veränderungen Sie persönlich auf die Probe: Wie gut gelingt es Ihnen, mit Menschen zusammenzuarbeiten, die Sie bisher noch gar nicht näher kannten? Wie schnell können Sie sich auf einen Wandel in Ihrem Umfeld in der Firma einstellen, durch den plötzlich alles ganz anders wird? Von Ihnen wird dabei erwartet, dass Sie sorgfältig, überlegt und mit Blick auf die möglichen Konsequenzen Ihres Handelns agieren. Je mehr Sie selbst gestalten und je weniger Sie nur reagieren, desto eher behalten Sie die Oberhand und können neue Entwicklungen vorausschauend beeinflussen. Befinden Sie sich womöglich gerade in einer für Sie brenzligen Situation, bei der Sie denken: «Jetzt muss ich achtgeben!» «Ich darf nicht überhastet handeln.» «Ich will die richtigen Entscheidungen treffen.» «Wie verhalte ich mich nun am besten gegenüber Vorgesetzten, Kollegen oder Kunden?»

Unter Umständen wünschen Sie sich einen oder mehrere kompetente Gesprächspartner, mit denen Sie sich darüber verständigen, wie Sie optimal vorgehen. In kniffligen Entscheidungssituationen oder bei neuartigen beruflichen Aufgabenstellungen könnte es für Sie gerade günstig sein, sich mit einem Berater auszutauschen, der Ihnen die Vor- und Nachteile verschiedener Verhaltensalternativen aufzeigt, Ihnen ergänzende Hinweise gibt oder Ihnen Lösungsmöglichkeiten verdeutlicht, damit Sie in einer verzwickten Lage die richtigen Schritte einleiten. Aber wie das Leben gelegentlich spielt: Genau dieser Berater fehlt Ihnen jetzt oder ist nicht so ohne Weiteres zu finden. Die Ihnen zur Verfügung stehende Zeit ist knapp. Ihnen kommt es darauf an, zügig zu entscheiden, planvoll zu handeln oder bald zu Ergebnissen zu kommen, die Sie in Ihrem Business weiter voranbringen.

Sie wollen die Dinge im Griff behalten, die richtigen Prioritäten setzen und trotzdem das eine oder andere gut durchdenken, damit

Sie nicht in eine Falle tappen! Und dazu suchen Sie Unterstützung, um die Situation genauer zu analysieren und sich dabei selbstkritisch unter die Lupe zu nehmen. Es mag sein, dass in einer solchen Situation tatsächlich ein persönlicher, professioneller Berater für Sie von Nutzen sein könnte, aber letztlich weiß das keiner genau. Vermutlich wollen Sie auch nicht zu lange zaudern und die Dinge selbst anpacken. In diesem Falle heißt die Devise für Sie: Coachen Sie sich besser selbst, bevor Sie gar nichts – oder das Falsche – tun!

Sie kennen sich bestimmt zwar gut, aber in manchen Situationen eventuell nicht gut genug, um das Beste für sich und andere aus Ihren eigenen Fähigkeiten und Potenzialen herauszuholen! Seien Sie deshalb vorsichtig, wenn Sie etwas nicht alleine stemmen können. Vermeiden Sie es, sich zu überfordern oder Ihre Ressourcen zu überschätzen. Backen Sie im Zweifelsfall eher etwas kleinere Brötchen. Wahrscheinlich geht es Ihnen so, dass Sie zwar leicht etwas in Gang setzen, aber unter Umständen die Dinge später nicht wieder einfach umkehren können. Das gilt gerade dann, wenn Sie als verantwortliche Fach- oder Führungskraft komplexe Entscheidungen mit Tragweite treffen, die mittelbar Ihre Firma, Ihre Vorgesetzten, Ihre Kollegen oder sogar Ihre Kunden mit betreffen. Es wäre wenig vorteilhaft für Sie, wenn andere das auszubaden hätten, was Sie etwa an durchaus gut gemeinten Umstellungen bei sich oder bei Dritten eingeleitet haben.

Sich selbst zu coachen ist die Grundhaltung, Denkprinzip und Methode zur eigenen, selbst gesteuerten Handlungsoptimierung: Erarbeiten Sie sich durch eine bewusste, achtsame und sorgfältige Situations- und Selbstanalyse neue Erkenntnisse, die es Ihnen ermöglichen, künftige Entscheidungen besser vorzubereiten. Dazu gehört, wünschenswerte Veränderungen – gerade bei sich selbst – konsequent umzusetzen. Wenn es Ihnen gelingt, Ihr Vermögen zur Selbstreflexion bzw. Ihr Selbstcoaching-Potenzial auszubauen, kann Ihnen dies helfen, aus Ihrem Job und Ihrer eigenen Persönlichkeit mehr zu machen. Schauen Sie deshalb genauer auf sich selbst, um mehr Reife zu gewinnen und dabei mit Bedacht beruflich nach vorne zu kommen. Aber ohne dass Sie sich auf dem eingeschlagenen Weg selbst aufgeben oder Ihre Werte, Ihre Bedürfnisse und Ihre Identität auf der Strecke bleiben.

Sich selbst zu coachen ist auch so gemeint, dass Sie eine Übereinstimmung finden zwischen dem, was Sie prinzipiell erreichen können, und dem, was Sie tatsächlich mit innerer Bewusstheit anstreben wollen. Achten Sie darauf, dass Sie imstande sind, sich selbst morgen noch im Spiegel anzuschauen. Vermeiden Sie es, Ihre Leistungsfähigkeit, Ihr Wohlbefinden und Ihr persönliches Profil für halbherzige, letztlich undurchdachte berufliche Entscheidungen, einseitige Karriereschritte oder eine stromlinienförmige, maskenhafte Selbstveränderung aufzuopfern.

(938 Wörter)

Stoppen Sie jetzt die Uhr.

Lesegeschwindigkeit:

So ermitteln Sie, wie schnell Sie gelesen haben und wie viel Sie vom Text verstanden haben:

- Dividieren Sie die Anzahl der gelesenen Wörter – in diesem Text waren es 939 – durch Ihre Lesezeit. Dann erhalten Sie Ihre Lesegeschwindigkeit in der Einheit Wörter pro Minute.
- Beantworten Sie nun die Fragen zum Text – ohne nachzublättern und ohne zu raten. Lassen Sie einfach offen, was Sie nicht wissen.

Fragen zum Verständnis

1. Auf welche Situation müssen Sie sich nicht einstellen?
   a) auf die Umstellung in Ihrer Firma
   b) auf den Wechsel des Vorgesetzten
   c) auf die Übernahme einer verantwortungsvollen Aufgabe
   d) auf den Wechsel zu einer anderen Firma
2. Was ist der Grund dafür, dass bei einer Teamarbeit (leicht) Porzellan zerschlagen werden kann?
   a) unglückliche Entscheidungen
   b) Inkonsequenz bei anstehenden Entscheidungen

   c) unangemessenes Verhalten in den ersten Arbeitstagen im neuen Betrieb

   d) Streit mit den Kollegen

3. Was bringt es Ihnen, selbst mehr zu gestalten, anstatt nur zu reagieren?

   a) Sie werden bei der nächsten Beförderung eher berücksichtigt.

   b) Sie bekommen mehr Anerkennung im Team.

   c) Sie behalten in jeder Situation die Oberhand.

   d) Sie machen weniger Fehler im Arbeitsablauf.

4. Was ist im geeigneten Moment nicht zur Stelle?

   a) ein kompetenter Berater

   b) Unterlagen zum Nachschlagen

   c) Zeit

   d) nichts von alledem

5. Warum heißt die Devise: Coachen Sie sich selbst?

   a) Es ist besser, als nichts oder das Falsche zu tun.

   b) So kann Ihnen keiner in Entscheidungen reinreden.

   c) Sie sind für Ihre Entscheidungen allein verantwortlich.

   d) Es bringt Sie innerhalb der Firma schneller nach oben.

6. Was sollten Sie auf alle Fälle vermeiden?

   a) alleinige berufliche Entscheidungen

   b) zu große persönliche Veränderungen

   c) das Überschätzen Ihrer Ressourcen

   d) Dienst nach Vorschrift

7. Was bedeutet es, sich selbst zu coachen?

   a) intensives autogenes Training

   b) selbstgesteuerte Handlungsoptimierung

   c) ein Weg, um rasch Veränderungen durchzusetzen

   d) nichts von alledem

8. Warum sollten Sie immer wieder auf sich selbst schauen?

   a) um mehr Reife zu gewinnen

   b) um Selbstzweifel auszuräumen

   c) um sich immer wieder neu motivieren zu können

   d) aus einem hier nicht genannten Grund

9. Was sollten Sie mit Selbstcoaching erreichen?
    a) die Übereinstimmung zwischen dem Veränderbaren und dem Angestrebten
    b) Leistungsfähigkeit und Wohlbefinden
    c) ein stimmiges persönliches Profil
    d) stromlinienförmige Selbstveränderung
10. Was will der Text insgesamt erreichen?
    a) Er will Sie zu beruflichen Veränderungen animieren.
    b) Er will Sie zu privaten Veränderungen animieren.
    c) Er will erklären, wie berufliche Herausforderungen gemeistert werden können.
    d) Nichts von alledem.

Fertig? Wunderbar. Vergleichen Sie Ihre Antworten mit der Auflösung auf Seite 269.

2. Verständnistest

Versuchen Sie, den folgenden Text etwas schneller zu lesen als den ersten Übungstext. Den Inhalt werden Sie nur dann nicht mitbekommen, wenn Sie mit Ihren Gedanken nicht bei der Sache sind. Erhöhen Sie nach und nach Ihre Lesegeschwindigkeit und tun Sie dies so lange, bis Sie den Text nicht mehr verstehen. An diesem Punkt lesen Sie genau in diesem Tempo weiter.

Entspannen Sie sich noch einmal vor dem Lesen, starten Sie dann die Stoppuhr und beginnen Sie.

ICE 3

Der ICE 3 ist ein Hochgeschwindigkeits-Elektrotriebwagenzug der Deutschen Bahn AG. Mit einer zugelassenen Höchstgeschwindigkeit von 330 km/h ist er der schnellste Reisezug in Deutschland. Im regulären Betrieb erreichen die Triebzüge bis zu 300 km/h in Deutschland beziehungsweise 320 km/h in Frankreich.

Die 200 m langen Halbzüge werden aus acht Wagen gebildet und seit Juli 2000 im Reisezugbetrieb eingesetzt. Sie stellen einen Technologiesprung im ICE-Bereich dar und sind Träger zahlreicher technischer Innovationen. So sind sie unter anderem die ersten europäischen Hochgeschwindigkeits-Serienzüge mit Unterflurantrieb, Wirbelstrombremsen und einer «Lounge», aus der Reisende dem Lokführer «über die Schulter» schauen können.

Die Bahn bestellte im Juli 1994, auf Grundlage eines 1993 abgeschlossenen Vertrags, insgesamt 50 der neuen, damals noch als ICE 2.2 bezeichneten Hochgeschwindigkeitszüge. 13 Züge sollten im grenzüberschreitenden Verkehr eingesetzt werden. Die ersten vier Züge sollten dabei mit dem Fahrplanwechsel im Dezember 1997 zwischen Frankfurt, Köln und Amsterdam zum Einsatz kommen. Die Anschaffungskosten beliefen sich auf etwa eine Milliarde Euro. Darüber hinaus bestand eine Option auf 50 weitere Triebzüge.

Charakteristische ICE-Designmerkmale sind die aerodynamische «Schnauze», das verspiegelte Fensterband sowie der rote Zierstreifen auf weißem Grund. Wegen ihres ähnlichen Designs können ICE 3 und ICE T leicht verwechselt werden.

Im Oktober 1998 erfolgten Rollversuche auf dem Rollprüfstand in München. 1999 lief die Inbetriebsetzung der Züge im Prüfcenter Wegberg-Wildenrath von Siemens an. Vertreter der ICE-3-Arbeitsgemeinschaft übergaben symbolisch dem damaligen Bahnchef Hartmut Mehdorn einen großen Schlüssel für den ersten ICE 3 (Tz 303). Bei einer anschließenden Präsentationsfahrt für Journalisten nach Wolfsburg erreichte der Zug, mit Sondergenehmigung, eine Höchstgeschwindigkeit von 307 km/h. Bei einer Testfahrt erreichte der Zug im Jahr 2000 eine Geschwindigkeit von 368 km/h und stellte damit einen neuen Weltrekord für in Serie gefertigte Schienenfahrzeuge auf. Der Rekord wurde im September 2006 durch den Velaro E mit 404 km/h überboten.

Ursprünglich bestanden die Züge aus vier Wagen der 2. und drei Wagen der 1. Klasse, die durch einen Speisewagen getrennt waren. Anfang 2002 erfolgte in den Ausbesserungswerken Delitzsch und Hagen ein Umbau der Inneneinrichtung der Züge. Untersuchungen im Hinblick auf die bevorstehende Eröffnung der Schnellfahrstrecke Köln–Rhein/Main hätten ergeben, dass die Zahl der Sitzplätze in der 1. Klasse zu hoch, in der 2. Klasse dagegen zu niedrig bemessen gewesen sei.

Im Kinderabteil entfielen Spielwand und Spielzeug-Motorrad; das Abteil wurde zum Multifunktionsabteil umdeklariert. Auf massive Kritik stieß die Entfernung des Restaurantbereiches, der durch Bistrotische und zwölf reguläre Fahrgastsitze der 2. Klasse ersetzt wurde. Im Rahmen eines neuen Gastronomiekonzeptes sollte dabei, ab Eröffnung der Schnellfahrstrecke Köln-Rhein/ Main, statt des Restaurants ein verstärkter «Am-Platz-Service» angeboten werden. Pläne, dieses Konzept nach Eröffnung der Strecke auf weitere ICE-Triebzüge auszuweiten, setzte die Deutsche Bahn nicht um.

Unfälle

- Am 1. April 2004 entgleiste Triebzug 321 *(Krefeld)* als ICE 600 bei Idstein, die örtlich zulässige Höchstgeschwindigkeit betrug 80 km/h, nachdem er mit einem Traktor zusammengeprallt war, der zuvor auf die Gleise gestürzt war. Der Traktorfahrer, der sich noch aus dem herabstürzenden Traktor befreien konnte, wurde schwer verletzt. Im Zug wurden zwei Personen leicht verletzt. Der Triebfahrzeugführer des ICE konnte noch kurz vor dem Zusammenprall eine Schnellbremsung einleiten, die den Zug nach rund 250 m zum Stehen brachte. Der entgegenkommende ICE 271 (ICE 1) streifte den verunglückten Zug und beschädigte eine Seitenscheibe des ICE 3, konnte die Fahrt jedoch fortsetzen. Weitere Personen kamen nicht zu Schaden. Der Triebzug 321 wurde daraufhin aufgelöst und mehrere seiner Wagen auf andere Triebzüge verteilt. Später wurde er mit Wagen aus anderen Garnituren wieder zusammengesetzt.
- Am 16. Mai 2008 geriet ein Wagen eines ICE 3MF, der als ICE 9554 auf der LGV Est européenne fuhr, in der Nähe von Paris in Brand. Die rund 300 Fahrgäste mussten den Zug auf offener Strecke verlassen und erreichten Paris mit einer Verspätung von rund drei Stunden mit einem TGV-Ersatzzug. Die Strecke war infolge des Brandes ab 16:40 Uhr für zwei Stunden gesperrt. Als Ursache gilt ein Schaden an einem Fahrmotorlager. Der betroffene Triebzug 4682 *(Köln)* ging erst Ende Dezember 2008 wieder in Betrieb.
- Am 8. Juli 2008, gegen 16 Uhr, prallte ICE 9555 auf der Fahrt von Paris nach Frankfurt, im Bereich des Haltepunktes Kennelgarten (bei Kaiserslautern) bei rund 100 km/h mit einem Baustellenfahrzeug zusammen, das sich im Schotter festgefahren hatte. Sechs Wagen des Triebzugs 4684 wurden beschädigt. Von den rund 400 Fahrgästen wurde niemand verletzt. Nach einer zweistündigen Streckensperrung konnte der beschädigte Zug aus eigener Kraft bis Kaiserslautern weiterfahren. Nach diesem Unfall wurde kurzzeitig überlegt, aus

den Triebzügen 4682 und 4684 eine einsatzfähige Garnitur zusammenzusetzen.

• Am 9. Juli 2008 entgleiste ein ICE 3 (Tz310 *Wolfsburg*), der als ICE 518 von München nach Dortmund unterwegs war, kurz nach 16 Uhr unmittelbar bei der Ausfahrt aus dem Kölner Hauptbahnhof vor der Hohenzollernbrücke. Als Ursache gilt eine gebrochene Radsatzwelle. Der Zug wurde durch eine Notbremsung zum Stillstand gebracht, nachdem der Radsatz über Schwellen gerumpelt war. Die Staatsanwaltschaft meldete, sie habe die Person gefunden, die die Notbremse betätigt hatte. Sie ließ dabei offen, ob es sich um einen Bahnmitarbeiter oder einen Fahrgast handelte. Wichtig sei, was die Person zuvor beobachtet hätte. Verletzt wurde bei dem Unfall niemand, die Fahrgäste konnten über Türen am Ende der beiden Zugteile auf den Bahnsteig zurückkehren. Nach Angaben von Fahrgästen waren bereits vor Köln in einem Wagen Geräusche zu hören; nach Abfahrt in Köln sei einer der beiden Triebzüge zwischen zwei Wagen auseinandergerissen.

Technik

Die wesentliche Neuerung der Züge, gegenüber den Vorgängerbaureihen ICE 1 und ICE 2, ist dabei der verteilte Antrieb. Fast die gesamte elektrische Ausrüstung (z. B. Fahrmotoren, Traktionsstromrichter und Transformatoren) ist unter dem Fahrgastraum angebracht und über die gesamte Länge des Zuges verteilt. Damit konnte auf Triebköpfe verzichtet werden. Jeweils vier der acht Wagen eines Halbzuges bilden dabei einen betrieblich nicht trennbaren Triebzug mit Fahrmotoren, Transformator und Stromrichtern.

Zwei mittig angeordneten, antriebslosen Mittelwagen folgt auf beiden Seiten des Triebzugs eine sogenannte Traktionsgruppe aus drei Wagen. Diese drei Wagen bilden dabei elektrotechnisch eine Einheit. Jeweils in der Mitte der beiden Gruppen läuft ein nicht angetriebener Transformatorwagen mit Stromabnehmer und

Transformator (5 MW Leistung je Wagen). Diesem folgen auf beiden Seiten Stromrichterwagen mit Stromrichtern und je zwei Triebdrehgestellen mit je vier Fahrmotoren. Die beiden Endwagen des Zuges nehmen zusätzlich je einen Führerstand auf. Die beiden Stromabnehmer des Einsystem-Zuges sind auf den beiden Transformatorwagen 2 und 7 angebracht. Im Mehrsystemzug sind die vier dazwischengereihten Wagen ebenso mit jeweils einem Stromabnehmer ausgestattet.

Die angetriebenen Wagen werden von jeweils vier 500 kW starken Motoren von 750 kg Masse angetrieben, welche bei rund 4100 Umdrehungen pro Minute eine planmäßige Laufleistung von etwa 2,3 Millionen Kilometern erreichen. Mit einer Antriebsleistung von 8 MW je Halbzug ergibt sich bei einer maximalen Dienstmasse von 420 Tonnen eine spezifische Leistung von 19 kW/t; diese liegt etwa doppelt so hoch wie die des ICE 1. Der ICE 3 kann damit im Planbetrieb größere Steigungen bewältigen als seine Vorgängerbaureihen. Er ist der einzige Personen befördernde Zug, der die mit bis zu 40 Promille trassierte Schnellfahrstrecke Köln–Rhein/Main planmäßig befahren darf, und verkehrt daher fast ausschließlich auf Linien, die über diese Strecke geführt werden.

Durch die Aufteilung der Antriebsleistung auf viele Achsen reduziert sich die Haftwertbeanspruchung, durch die gleichmäßigere Verteilung des Gewichts sank die maximale Achslast auf 17 Tonnen. Beide Maßnahmen ermöglichen eine höhere Beschleunigung. Durch die Vielzahl der angetriebenen Achsen sind die Fahrzeuge darüber hinaus weniger anfällig gegen das Durchrutschen einzelner Achsen. Durch das verringerte Gewicht sollte nicht zuletzt die Beanspruchung des Oberbaus minimiert werden. Der Vorteil der Unterflurtechnik ist in der besseren Lärmdämmung der unter dem Fahrgastraum liegenden Aggregate durch Lärmschutzwände zu sehen. Als Nachteil gilt hingegen die fehlende Möglichkeit, die Triebzüge zu trennen, sowie die höhere Seitenwindanfälligkeit. Berechnungen in der Frühphase der Entwicklung hatten ergeben, dass bei einem Antrieb der Hälfte der

Achsen ein Optimum aus Kraft auf der Schiene, Zahl der Motoren, Gewicht und zurückgewinnbarer Bremsenergie erreicht werden kann. Dieses Konzept ermöglicht Fahrgästen an beiden Zu-
genden eine freie Sicht auf die Strecke. Von den Lounge-Plätzen
kann man, nur durch eine Glasscheibe getrennt, dem Triebfahrzeugführer über die Schulter schauen. Gleichzeitig konnte die
Sitzplatzzahl bei gleicher Zuglänge um etwa 15 Prozent erhöht
werden.

Zur Erprobung des verteilten Antriebs wurde Ende der 1990er
Jahre ein angetriebener Mittelwagen in einen als ICE D verkeh-
renden, regulären ICE eingereiht und der neue Versuchszug ICE S
beschafft.

(1357 Wörter)

Stoppen Sie jetzt die Uhr und ermitteln Sie Ihre Lesegeschwindigkeit. Dividieren Sie die Anzahl der Wörter durch Ihre Lesezeit
und notieren Sie sich diesen Wert.

Lesegeschwindigkeit:

Beantworten Sie nachfolgende Fragen zum Text und werten Sie
sie wie in der vorigen Übung aus.

Fragen zum Verständnis

1. Wie schnell darf der ICE in Deutschland fahren?
    a) 300 km/h
    b) 310 km/h
    c) 320 km/h
    d) 330 km/h

2. Wie viele Züge bestellte die Bahn im Jahr 1994?
    a) 30
    b) 50
    c) 100
    d) 150

3. Welche beiden Züge können leicht verwechselt werden?
    a) ICE 1 und ICE 2
    b) ICE 2 und ICE T

c) ICE T und ICE D

d) ICE 3 und ICE T

4. Wohin ging die Präsentationsfahrt des ICE 3?

a) nach Wolfsburg

b) nach München

c) nach Berlin

d) nach Wegberg-Wildenrath

5. Was wurde beim Umbau im Spielabteil entfernt?

a) Schaukelpferd und Modellbahn

b) Spielwand und Spielmotorrad

c) Tafel und Fernseher

d) Spielwand und Schaukelpferd

6. Was brachte am 1. April 2004 einen ICE zum Entgleisen?

a) eine Kuh

b) ein Baustellenfahrzeug

c) ein Traktor

d) ein Baum

7. Welche Strecke befuhr der ICE 518, als er in Köln entgleiste?

a) München–Dortmund

b) Dortmund–München

c) Köln–Dortmund

d) Köln–München

8. Wo ist fast die gesamte elektrische Ausrüstung des ICE 3 untergebracht?

a) vorne im Zug

b) hinten im Zug

c) an der Decke des Fahrgastraums

d) unter dem Fahrgastraum

9. Von wie vielen Motoren werden die Wagen angetrieben?

a) von einem Motor

b) von zwei Motoren

c) von drei Motoren

d) von vier Motoren

10. Um wie viel Prozent konnte die Zahl der Sitzplätze durch
    Verteilung des Antriebs auf mehrere Achsen erhöht werden?
    a) um 5 %
    b) um 15 %
    c) um 30 %
    d) um 50 %

Die richtigen Antworten finden Sie auf Seite 269.

3. Verständnistest

Die Eberstadter Tropfsteinhöhle

Die Eberstadter Tropfsteinhöhle ist eine Tropfsteinhöhle nahe dem Dorf Eberstadt, einem Ortsteil von Buchen im Bauland am Übergang zum südöstlichen Odenwald. Die Höhle ist ungefähr 600 Meter lang, liegt 341 Meter über Normalnull und ist etwa ein bis zwei Millionen Jahre alt. Sie wurde im Dezember 1971 bei Sprengarbeiten in einem Muschelkalksteinbruch entdeckt und bis 1973 für den Publikumsverkehr erschlossen. Seither wird sie als Schauhöhle touristisch genutzt und ist eine der Attraktionen des Geo-Naturparks Bergstraße-Odenwald.

Der Höhlengang ist mehrfach abgewinkelt und stellenweise nur 1,5 Meter hoch, besitzt aber auch bis zu 6 Meter hohe Hallen. Er liegt im Unteren Muschelkalk und enthält reichen Tropfsteinschmuck wie schlanke und kegelförmige Bodentropfsteine, Sinterfahnen, Sinterterassen und Kristalle. Da die Höhle nach der Entdeckung verschlossen wurde und Führungen von Beginn an bei elektrischem Licht stattfanden, sind die Tropfsteine noch überwiegend kalkweiß erhalten, anders als in den meisten älteren deutschen Schauhöhlen, wo die Verwendung von Kerzen- und Fackelbeleuchtung eine Schwärzung der Tropfsteine verursachte. Die Eberstadter Tropfsteinhöhle gilt so als eine der schönsten Schauhöhlen in Deutschland.

Die Höhle befindet sich am Rand der Muschelkalklandschaft des Baulands. Vor rund 240 Millionen Jahren bildete sich an dieser Stelle ein flaches Randmeer; es lagerten sich große Mengen von Muschelschalen ab, die sich verdichteten und den Muschelkalk bildeten. Eine spätere Aufwölbung der Region, bedingt durch die Kontinentaldrift, die seit etwa 100 Millionen Jahren anhält, verursachte eine Schrägstellung der zunächst horizontal gelagerten Gesteinsschichten. Die Muschelkalkschichten sind von harten Bänken, andere Bereiche von weicheren, mergeligen oder tonigen Schichten durchzogen. Durch Spannungen bei der Aufwölbung entstanden Risse, und durch Einsickerung kohlensäurehaltigen Wassers bildeten sich Hohlräume im Unteren Muschelkalk. Dieser lässt zwar im Allgemeinen wegen seiner Brüchigkeit kaum größere Hohlräume zu, im Gebiet um Eberstadt ist er jedoch von mehreren, gegen Kalklösung sehr widerstandsfähigen Schichten, den Schaumkalkbänken, durchzogen. Diese sorgten dafür, dass die Hohlräume erhalten blieben. Sie bilden quasi das «tragende Dach» der Höhlen.

Durch das Einsinken der Bäche, vor allem des Gewesterbachs, und das dadurch bedingte Absinken des Grundwasserspiegels wurden die Hohlräume trockengelegt. Mit dem Abfluss des Wassers erweiterte sich das Höhlenprofil durch seitliche Abtragung und in die Tiefe und ergab das für die Höhle typische Schlüssellochprofil. Nach starken Niederschlägen oder der Schneeschmelze kam es im unterirdischen Entwässerungssystem zu Hochwassern. Es bildete sich ein Rückstau, und der Grundwasserspiegel stieg um mehrere Meter. Die Höhlenräume standen zeitweise völlig unter Wasser. Höhlenlehm konnte sich dadurch stellenweise bis an die Decke ablagern. Mit der Zeit grub sich der Höhlenbach schluchtartig ein, im oberen trockenen Bereich bildeten sich Tropfsteine. Diese Verkarstungsphase dauert noch an; sie wird verursacht durch den Wechsel verschiedener Eiszeiten, in denen keine Tropfsteinbildung stattfand, mit wärmeren Perioden. Es handelt sich also um eine sogenannte Sekundärhöhle, die erst lange Zeit nach der Gesteinsbildung entstand. Im späteren Höhlenstadium fielen instabile Gesteinspakete von der Höhlendecke und den Wänden und bildeten auf dem Boden Versturzberge. Verstürze entstanden vor allem an Stellen mit Richtungswechseln, wo das Wasser eine stärkere Wirkung ausübte, Höhlenwände untergraben wurden und Teile der Wände an Stabilität verloren. Die Höhlenwände sehen teilweise wie behauen aus, da es sich um Reste der Kluftwände handelt. Durch Korrosion und die Wirkung des abfließenden Wassers wurde die gegenüberliegende Wand abgetragen.

Die Eberstadter Tropfsteinhöhle verläuft beinahe parallel zu zwei benachbarten Höhlen. Der «Hohle Stein» ist auf einer Länge von über 3000 Metern vermessen, aber nicht allgemein zugänglich. Bereits im Jahre 1953 sollte der damals bekannte Bereich als Schauhöhle betrieben werden. Das Vorhaben scheiterte jedoch, da sich die Höhle bei stärkeren Niederschlägen mit Wasser und Lehm füllte, der immer wieder entfernt werden musste.

In der Höhle herrschen über das ganze Jahr nahezu konstante Temperaturen von etwa 11 Grad Celsius, bei einer sehr hohen relativen Luftfeuchtigkeit von 95 Prozent. Es treten geringe Temperaturunterschiede von 0,5 bis 1 Grad Celsius zwischen Sommer und Winter auf. Außerhalb der Höhle besteht ein Schwankungsbereich von über 20 Grad Celsius. Die äußeren Lufttemperaturen werden gedämpft auf die Höhlenluft übertragen. Messungen an unterschiedlichen Stellen ergaben, dass das Höhlenklima nicht an allen Stellen gleich ist. So wurden Temperaturunterschiede von 1,4 Grad Celsius festgestellt. Diese Anomalien sind auf das Höhlenprofil mit den zahlreichen Richtungswechseln und Querschnittsverengungen zurückzuführen.

Im Eberstadter Steinbruch wurde am 13. Dezember 1971 bei der Vorbereitung einer Sprengung ein größerer Hohlraum angebohrt. Nachdem ein Teil des abgesprengten Materials beiseitegeräumt worden war, zeigte sich an der von Ost nach West verlaufenden frischen Steinbruchwand in etwa acht Metern Höhe über der Steinbruchsohle und etwa zehn Meter unterhalb des oberen Geländeniveaus eine ungefähr zwei Meter breite und ein Meter hohe Höhlenöffnung. Den Boden der Höhle bedeckte eine Lehmschicht von etwa einem bis eineinhalb Metern Stärke. Das Wasser stand 10 bis 15 Zentimeter über lehmig-weichem Grund. Die Begehung war deshalb anfangs mühselig. Die schwierigste Passage war beim Vesuv, wo eine Felsstufe mit einer Strickleiter, später mit Holzleitern, überwunden werden musste.

Knapp zwei Jahre nach der Entdeckung der Höhle wurde sie am 9. September 1973 zur Besichtigung freigegeben. Für das Dorf war es ein großes, drei Tage dauerndes Fest. Am Eröffnungstag besichtigten 3400 Besucher die Höhle. Anwesend waren auch hochgestellte Gäste, wie Regierungspräsident Dr. Munzinger, zugleich

Vertreter der Landesregierung. Landrat Geisert öffnete das Höhlentor. An den darauffolgenden Sonntagen kamen jeweils über 4000 Besucher. Noch vor Ablauf des ersten Jahres konnte der 250 000. Besucher geehrt werden. Die Schauhöhle wurde 1973 vom Verband der Deutschen Höhlen- und Karstforscher, der alle deutschen Schauhöhlen erfasst, als siebenunddreißigste registriert.

In den Jahren 2004 bis 2008 lag die durchschnittliche Besucherzahl bei 62 729. Mit diesem Wert liegt die Schauhöhle im oberen Bereich der Schauhöhlen in Deutschland. Von den etwa 30 Schauhöhlen Süddeutschlands wird die Eberstadter Höhle nur von der Teufelshöhle bei Pottenstein (jährlich 167 000 Besucher) und der Bärenhöhle (jährlich 105 000 Besucher) übertroffen. Im Jahre 2008 waren 59 326 Besucher in der Höhle. Davon waren 2,3 Prozent Schwerbehinderte – ein für Schauhöhlen hoher Wert. Seit der Eröffnung der Höhle besuchten bis Jahresende 2008 3,59 Millionen Personen die Höhle.

(966 Wörter)

Stoppen Sie die Uhr und ermitteln Sie Ihre Lesegeschwindigkeit, indem Sie die Anzahl der Wörter durch Ihre Lesezeit dividieren.

Lesegeschwindigkeit:

Beantworten Sie nun die Fragen zum Text. Jede richtige Antwort entspricht einem Textverständnis von zehn Prozent.

Fragen zum Verständnis

1. Eberstadt ist ein Ortsteil welchen Ortes?
    a) Ein Stadtteil von Michelstadt.
    b) Ein Stadtteil von Buchen.
    c) Ein Stadtteil von Hirschhorn.
    d) Ein Stadtteil von Egelsbach.
2. Die Eberstadter Tropfsteinhöhle ist eine Attraktion …
    a) … des Geo-Naturparks Bergstraße/Odenwald.
    b) … des Touristikvereins Bergstraße.

c) ... der Vereinigung Schauhöhlen.

d) Nichts von alledem.

3. Was ist das besondere Merkmal an den Tropfsteinen der Eberstadter Tropfsteinhöhle?

a) Sie sind noch überwiegend kalkweiß erhalten.

b) Sie sind im Durchschnitt wesentlich länger als bei anderen Tropfsteinhöhlen.

c) Sie bestehen nicht aus Kalk.

d) Nichts von alledem.

4. Warum sind die Tropfsteine kalkweiß erhalten?

a) Die Eberstadter Tropfsteinhöhle verfügt über ein natürliches Belüftungssystem.

b) Sponsoren ermöglichen regelmäßige Sanierungsarbeiten.

c) Sie sind von den Besuchern durch häufiges Anfassen glatt und weiß erhalten.

d) Die Eberstadter Tropfsteinhöhle wird nur mit elektrischem Licht beleuchtet.

5. Durch das Absinken insbesondere welchen Baches sind die Hohlräume trockengelegt?

Durch das Absinken ...

a) ... des Buchenbachs.

b) ... des Schlierbachs.

c) ... des Gewesterbachs.

d) ... keines der genannten Bäche.

6. Was bilden herunterfallende Gesteinspakete?

a) Versturzberge

b) Risse im Kalkboden

c) Tropfsteintrümmer

d) neue Höhlengänge

7. Wie hoch ist die Temperatur in der Eberstädter Tropfsteinhöhle?

a) 8°C

b) 10°C

c) 11°C

d) 12°C

8. Wie hoch war 2008 der Eintrittspreis für einen Höhlenrundgang?
   a) 3,50 Euro
   b) 6,00 Euro
   c) 7,50 Euro
   d) Eintrittspreise werden im Text nicht erwähnt.

9. Welche Passage der Höhle wird im Text erwähnt?
   Die Passage …
   a) … Vesuv.
   b) … Ätna.
   c) … Vogelsberg.
   d) … Venus.

10. Wie hoch liegt die durchschnittliche Besucherzahl pro Jahr?
    a) Bei 60 000–65 000 Besuchern.
    b) Bei 70 000–75 000 Besuchern.
    c) Bei 80 000–85 000 Besuchern.
    d) Bei 90 000–100 000 Besuchern.

Die richtigen Antworten finden Sie auf Seite 270.

Der Abschlusstest

Opferrechte

Wer häufig in Schwurgerichtsprozessen sitzt, bekommt viele Opfer von Verbrechen zu Gesicht. Sie sind so unterschiedlich, wie Menschen nur sein können, und bloß dadurch vereint, dass eine schreckliche Tat die Sorglosigkeit ihres Lebens zerstört hat. Oft genug hat es sie nur aus bloßem, bösem Zufall getroffen. Manche sind schüchtern, manche wirken seltsam unbeteiligt, wieder andere weinen laut, sodass das Publikum, wenn es – beispielsweise bei Auftritten von Opfern von Sexualstraftaten – aus dem Gerichtssaal ausgeschlossen wird, ihren Kummer selbst durch die Türen des Gerichtssaals hören kann.

Manche Opfer machen von ihrem Recht, als Nebenkläger an der Hauptverhandlung mitzuwirken, nicht einmal Gebrauch. Sie treten vor Gericht lediglich als Zeugen auf, bekunden, was ihnen widerfahren ist, und gehen wieder heim. So hat es der Realschullehrer Hubertus N. gehalten, der im Dezember 2007 in der Münchner U-Bahn von zwei angetrunkenen jungen Männern fast umgebracht worden war. Ganz Deutschland nahm an seinem Schicksal Anteil, weil eine Überwachungskamera der Verkehrsbetriebe den Überfall aufgezeichnet hatte. Trotzdem nutzte Hubertus N. seine Popularität nicht aus und machte den Auftritt kurz.

Andere, wie der Multimillionär und Sozialforscher Jan Philipp Reemtsma, suchten die Konfrontation mit dem Täter regelrecht, um ihr Trauma zu überwinden. Reemtsma, der 1996 von einer Erpresserbande entführt und wochenlang in einem Keller angekettet worden war, saß später als Nebenkläger, flankiert von einem berühmten Anwalt, in jedem einzelnen Prozess gegen jeden einzelnen seiner Entführer. Keine Sekunde ließ er seinen bohrenden Blick von den Angeklagten, als wollte er sich ihre Gesichter – die sie während der Entführung sorgfältig vor ihm verborgen hatten – für immer einprägen.

Manchmal wird das Verbrechensopfer nach der Tat ein zweites Mal Opfer – und zwar der eigenen Anwälte. So erging es der 13-jährigen Stephanie aus Dresden, die im Januar 2006 von einem Sexualverbrecher drei Wochen lang in dessen Wohnung festgehalten und aufs Brutalste vergewaltigt worden war. Als der Täter gefasst war, ließ es ihr eigener Nebenklägervertreter nicht nur zu, dass die Vergewaltigungen im Vorfeld des Prozesses in allen abartigen Details in den Medien ausgebreitet wurden, ja er stattete die Journalisten auch noch mit Aktenteilen aus und schleppte seine minderjährige Mandantin ins Fernsehen, wo ein Millionenpublikum das traumatisierte Kind begaffen durfte.

Manchmal kann das Opfer vor Gericht selbst nicht mehr erscheinen – bei Mordprozessen. Dann sitzen die Hinterbliebenen auf der Nebenklägerbank, oft voller Hass und Ingrimm. So war es auch im Fall des Lübecker Unternehmers Hartmut Crantz: Der Mann war angeklagt, seine Frau 1999 ermordet zu haben, doch ihre Leiche wurde nie gefunden. Die eigenen Kinder des Angeklagten waren fest davon überzeugt, dass er ihre Mutter getötet hatte, und halfen der Staatsanwaltschaft, Crantz des Mordes zu überführen. Der Älteste saß täglich in der Hauptverhandlung – Auge in Auge mit dem Vater. Nach einem aufwendigen Indizienprozess wurde der Angeklagte 2003 zu einer lebenslangen Freiheitsstrafe verurteilt. Noch vor Rechtskraft des Urteils nahm er sich im Gefängnis das Leben.

Am traurigsten ist es, wenn bei Tötungsdelikten kein Nebenkläger auftritt, weil es einfach niemanden gibt, der für das tote Opfer sprechen könnte. Das war im Fall des zweijährigen Kevin aus Bremen so, dessen Leiche im Oktober 2006 aus dem Kühlschrank seines Stiefvaters gezogen worden ist. Der Mann hatte das Kind über Monate so grausam misshandelt, dass es zuletzt starb. Weil auch Kevins schwer rauschgiftsüchtige Mutter schon gestorben und sein leiblicher Vater unbekannt war und weil er weder Bruder noch Schwester besaß, blieb der Platz neben dem Staatsanwalt verwaist. Selten ist mir in einem Prozess ein Stuhl so schmerzlich leer erschienen.

Fast immer erfährt der Gerichtsreporter, wie wichtig der Strafprozess für den inneren Frieden eines Verbrechensopfers ist. Geschieht eine schwere Straftat, katapultiert der Täter nämlich nicht nur sich selbst aus dem Gefüge der Gesellschaft, sondern auch sein Opfer oder dessen Hinterbliebene. Jan Philipp Reemtsma, der sich mit der eigenen Opferrolle in vielen klugen Veröffentlichungen auseinandergesetzt hat, stellte fest, dass Kriminalitätsopfer durch die Tat eine Art sozialer Desorientierung erleiden. Sie müssten gewissermaßen selbst wieder resozialisiert werden. Das geschieht durch den Strafprozess. Er stellt die geltenden Regeln wieder her und signalisiert dem Opfer: Was dir geschehen ist, war kein Unglück, sondern Unrecht, und der Staat nimmt dieses Unrecht nicht ungestraft hin. Unterbleibt diese Bekräftigung der Norm, so tritt eine zusätzliche Traumatisierung des Opfers durch das nicht Recht sprechende Gericht hinzu.

Wie soll ein Opfer, dem keine Genugtuung widerfahren ist, über das Vergangene hinwegkommen? Wozu führt es, wenn Misshandelten, Missbrauchten oder Hinterbliebenen von der Gemeinschaft, in der sie leben, signalisiert wird, das an ihnen verübte Verbrechen sei letztlich irgendwie in Ordnung? Es führt zum Nichtvergessenkönnen. Zum immerwährenden inneren Weinen, das – sonst vom Alltagslärm übertost – in der Stille herausdrängt. Es führt zur Verfestigung des Hasses, zu einem verstümmelten Leben. Und auch solche Menschen habe ich kennengelernt, deren Leben 30 Jahre später immer noch ganz und gar von dem an ihnen verübten Verbrechen diktiert wurde, weil ihnen kein Recht geschehen war.

Doch es gibt auch noch eine ganz vergessene Opfergruppe – die sich nie zu Wort meldet und die fast nie zu ihrem Recht kommt. Ich meine die Justizopfer, die Opfer gerichtlicher Fehlurteile. Je länger ich Gerichtsreporterin bin, desto überzeugter bin ich davon, dass es nicht wenige Menschen gibt, die als angebliche Täter unschuldig verurteilt in Gefängnissen sitzen. Für diese – nicht durch Verbrecherhand, sondern durch die Strafjustiz selbst – Beschädigten interessieren sich keine Opferhilfegruppen und nur sehr wenige

Anwälte. Kaum einer unterstützt sie dabei, ihre Unschuld zu beweisen. Und wenn es doch einmal einem Verurteilten gelingt, die hohen rechtlichen Hürden zu überwinden, den eigenen Fall noch einmal vor Gericht zu bringen und – oft Jahre später – einen Freispruch zu erreichen, dann ist trotzdem sein Leben vernichtet und er muss einem schäbigen Staat auch noch jeden Euro der ihm zustehenden Entschädigung mühsam abringen. Auch diese Menschen sind Opfer und haben Anspruch auf unsere Anteilnahme.

Sabine Rückert
Gerichts- und Kriminalreporterin der ZEIT
(948 Wörter)

Stoppen Sie die Uhr und ermitteln Sie die Ergebnisse.
Lesegeschwindigkeit:

Beantworten Sie nun die Fragen zum Text.

Fragen zum Verständnis
1. Was vereint die Opfer von Verbrechen?
    a) Die Sorglosigkeit ihres Lebens ist zerstört.
    b) Sie haben finanziellen Schaden erlitten.
    c) Sie leiden bis zum Lebensende an ihren Verletzungen.
    d) Sie werden vom Staat allein gelassen.
2. Auf was verzichten manche Opfer?
    a) Auf ihr Recht, als Nebenkläger aufzutreten.
    b) Auf die eigene Verteidigung.
    c) Auf ihr Recht, die Aussage zu verweigern.
    d) Auf nichts von alledem.
3. Was widerfuhr Hubertus N.?
    a) Er wurde zu Unrecht aus seiner Tätigkeit als Realschullehrer entlassen.
    b) Er musste für das Ausnutzen seiner Popularität nach der Straftat büßen.
    c) Er wurde von zwei jungen Männern fast umgebracht.
    d) Er wurde gleich mehrfach beraubt.

4. Was ist richtig?

   a) Hubertus N. wurde von einem Täter in der Frankfurter U-Bahn schwer verletzt.

   b) Hubertus N. wurde von zwei Tätern in der Hamburger U-Bahn schwer verletzt.

   c) Hubertus N. wurde von zwei Tätern in der Münchner U-Bahn schwer verletzt.

   d) Hubertus N. wurde von einem Täter in der Münchner U-Bahn schwer verletzt.

5. Wann wurde Jan Philipp Reemtsma entführt?

   a) 1994

   b) 1995

   c) 1996

   d) 1997

6. Wer wurde durch ihren Anwalt zum zweiten Mal Opfer?

   a) Stephanie aus Dresden

   b) Monika aus Hamburg

   c) Sarah aus Dresden

   d) Heike aus Hamburg

7. Was wird im Text als «am traurigsten» bezeichnet?

   a) Wenn Kinder zu Opfern werden.

   b) Wenn es bei Tötungsdelikten niemanden gibt, der für die Opfer sprechen kann.

   c) Wenn Medien die Privatsphäre der Opfer missachten.

   d) Wenn sich Täter durch Suizid der Verurteilung entziehen.

8. Wer wird als «vergessene Opfergruppe» bezeichnet?

   a) Justizopfer

   b) Kinder

   c) Minderheiten

   d) keine dieser Gruppen

9. Wie steht die Reporterin zum Thema «Stalking»?

   a) Stalking sei eine neue Form der Gewalt.

   b) Stalking werde von der Presse hochgejubelt.

   c) Stalking betreffe nur Erwachsene.

   d) Darüber gibt der Text keine Auskunft.

10. Wie heißt die Reporterin?
    a) Ulrike Mingert
    b) Sabine Rückert
    c) Katja Deckert
    d) Rosa Löffert

So ist es richtig: Auflösungen zu den Testfragen

1. Verständnistest

Frage	richtige Antwort	Frage	richtige Antwort
1	d	6	c
2	c	7	b
3	c	8	a
4	a	9	a
5	a	10	c

Fertig? Zählen Sie nun die richtigen Antworten zusammen und multiplizieren Sie sie mit zehn. Das Ergebnis entspricht Ihrem Textverständnis in Prozent. Notieren Sie sich diesen Wert, dann haben Sie eine Kontrolle über den von Ihnen erzielten Fortschritt.

Textverständnis in Prozent:

Ich hoffe, der Test hat Ihnen ein wenig Spaß gemacht. Zurück zum Text kommen Sie auf Seite 188.

2. Verständnistest

Frage	richtige Antwort	Frage	richtige Antwort
1	d	6	c
2	b	7	a
3	d	8	d
4	d	9	d
5	b	10	b

Textverständnis in Prozent:

Und, konnten Sie sich schon verbessern? Mit den Übungen geht's auf Seite 192 weiter.

3. Verständnistest

Frage	richtige Antwort	Frage	richtige Antwort
1	b	6	a
2	a	7	c
3	a	8	d
4	d	9	a
5	c	10	a

Textverständnis in Prozent:

Machen Sie weiter so (auf Seite 195)! Ihre Ausdauer wird garantiert belohnt werden.

Abschlusstest

Frage	richtige Antwort	Frage	richtige Antwort
1	a	6	a
2	a	7	b
3	c	8	a
4	c	9	d
5	c	10	b

Textverständnis in Prozent:

Super, Sie haben es geschafft. Hartnäckigkeit zahlt sich aus! Weiter im Text geht es auf Seite 210.

Literaturhinweise

Paul R. Scheele, Foto Reading, Junfermann Verlag, Paderborn
Dr. Paul Natterer, Bewusstseinsfaktoren und -formen (Skript)
Jens Seiler, Gedächtnistraining, Verlag C. H. Beck, München
Jens Seiler, Schneller lesen, Verlag C. H. Beck, München
Tony Buzan, Das Mind-Map-Buch, mvg-verlag, Landsberg am Lech
Markus Hofmann, Hirn in Hochform, Verlag Carl Ueberreuter, Wien